LES ÉTATS D'ARTOIS

DE LEURS ORIGINES

A L'OCCUPATION FRANÇAISE

1340-1640

PAR

CHARLES HIRSCHAUER

Ancien Membre de l'École Française de Rome
Docteur ès Lettres

TOME II

<table>
<tr><td align="center">PARIS
LIBRAIRIE HONORÉ CHAMPION
ÉDOUARD CHAMPION
5, quai Malaquais, 5</td><td align="center">BRUXELLES
LIBRAIRIE HENRI LAMERTIN
MAURICE LAMERTIN, SUC^r
58-6o, rue Coudenberg, 58-6o</td></tr>
</table>

1923

LES ÉTATS D'ARTOIS

DE LEURS ORIGINES
A L'OCCUPATION FRANÇAISE

II

LES ÉTATS D'ARTOIS

DE LEURS ORIGINES

A L'OCCUPATION FRANÇAISE

1340-1640

PAR

CHARLES HIRSCHAUER

Ancien Membre de l'École Française de Rome
Docteur ès Lettres

TOME II

PARIS	BRUXELLES
LIBRAIRIE HONORÉ CHAMPION	LIBRAIRIE HENRI LAMERTIN
ÉDOUARD CHAMPION	MAURICE LAMERTIN, SUC^r
5, quai Malaquais, 5	58-6o, rue Coudenberg, 58-6o

1923

TABLE DES MATIÈRES DU TOME II

APPENDICE I

Liste chronologique des Assemblées d'Etats
(1340-1640)

[**1330, après le 25 avril**. Consultation individuelle des prélats, chapitres, gens d'église, religieux, nobles, communes « et autres gens » d'Artois. Demande d'une aide permettant d'opérer la réunion de l'Artois à la couronne.

COMMISSAIRES : Eustache de Conflans, avoué de Thérouanne ; Ferri de Picquigny, vidame d'Amiens ; Miles de Maisy, seigneur d'Achicourt : Raoul de Jouy.

(St-O., *reg. au renouvellement de la Loi A gothique*, fol. 55 v° sqq.)]

1340, 26-28 février ; St-Omer. Députation à l'assemblée convoquée à Amiens pour le 5 mars par devant les gens du Roi. Instructions aux députés.

COMMISSAIRE : Jean, seigneur de Trainel, chambellan et conseiller du Roi, pannetier de France.

(P.-de-C., *A 596*, n° 37.)

— 1ᵉʳ juin ; Hesdin. Délibérations sur la défense du pays contre les Anglais.

(P.-de-C., *A 604*, n° 3.)

1361, 16 mai ; ibid. Assemblée convoquée par le duc de Bourgogne pour délibérer sur l' « aide du Roi ». — Octroi d'une somme égale à celle que l'Artois avait payée en 1360 pour la délivrance du roi Jean, moyennant l'exemption pendant un an de la gabelle et de tous impôts établis ou à établir pour le payement de la rançon.

(P.-de-C., *A 696*, n° 35. — N., *B 13877* et *B 14586*. — St.-O., *XLVI*, 1. — GUESNON, *Chartes... d'Arras*, n° CXIII, p. 127. — *Ordonn. des rois de France*, III, p. XCXII, et p. XCXVI, note *a*.)

1362, 23 juillet; ibid. Accord fait, en présence de la comtesse d'Artois, pour la rançon du Roi, d'une aide semblable à celle que les États avaient octroyée en 1361, à lever entre le 1er août 1362 et Pàques 1363, moyennant les conditions et réserves stipulées lors du précédent accord.

COMMISSAIRES : Jean d'Augerant, évêque de Chartres; Gaucher de Châtillon, seigneur de la Ferté-en-Ponthieu, conseillers du Roi.

(*Ordonn.*, III, p. xcxvi, note *a*. — St-O., *LIV*, 1.)

1363, avant le 8 juillet. Délibérations sur les moyens militaires propres à la défense du pays contre les Grandes compagnies et accord de subsides à cet effet.

(Côte-d'Or, *B 401*, fol. 13-14. — N., *B 13877*. — GUESNON, *Documents... sur l'invasion anglaise*, 47-52.)

1364, fin d'avril ; Arras. Assemblée de nobles et d'ecclésiastiques convoqués par la comtesse d'Artois.

(N., *B 14594*.)

— 8 août; ibid. Réunion des Etats pour répondre aux demandes de subsides faites par les gens du Roi. Octroi, pour la rançon du Roi, d'une aide semblable à celle de juillet 1362, et, pour la solde des gens d'armes, d'un quart d'aide supplémentaire.

COMMISSAIRES : Tristan du Bos, seigneur de Famechon, gouverneur d'Artois; Guillaume de la Berguerie, conseiller de Marguerite de France comtesse de Flandres et d'Artois.

(P.-de-C., *A 709*, n° 16.)

1365, avant le 27 août. Octroi d'une aide semblable à celle que les États d'Artois avaient accordée le 23 juillet 1362, pour la rançon du feu roi et moyennant les mêmes exemptions.

(St.-O., *XLVI*, 4. — *Ordonn.*, IV, 589.)

1366, 4 octobre ; Cité d'Arras. Délibérations sur les subsides demandés par les gens du Roi.

COMMISSAIRES : Guillaume de la Berguerie, pour la comtesse d'Artois ; Simon de la Brosse, abbé de Cluny, et Tristan du Bos, gouverneur de Lille, pour le Roi.

(P.-de-C., *A 722*, n° 7. — N., *B 15274*. — St-O., *XLVI*, 6.)

1366, 25-26 octobre, Hesdin. Octroi d'une aide semblable à celle de l'année 1365.

COMMISSAIRES : les mêmes que le 4 octobre.

(St-O., *XLVI*, 6, 8 et 8 *bis*; *LIII*, 10. — *Ordonn.*, IV, 689.)

1367, avant le 27 octobre. Octroi d'une aide semblable à celle de l'année 1366.

(St-O., *XLVI*, 9; *LIII*, 11. — *Ordonn.*, V, 82.)

1368, 24-25 novembre; Lens. Demande d'une aide par les gens du Roi; sur refus des Etats, ajournement au dimanche suivant à Douai.

(N., *B 14406* et *B 14610*. — P.-de-C., *A 96*. — St-O., *XLVI*, 10 et 10 *bis*.)

— 1ᵉʳ décembre. Douai. Octroi de l'aide demandée par les gens du Roi, pour la rançon du feu roi et la défense du Royaume et moyennant les mêmes exemptions que précédemment.

(*Ibid.*)

1369, 30 octobre; Arras. Demande par les gens du Roi d'une aide pour la guerre.

COMMISSAIRES : Pierre, sire de Chevreuse, conseiller du Roi; Tristan du Bos, bailli de Vermandois; Pierre Cuiret, secrétaire du Roi.

(WAQUET, *le Bailliage de Vermandois...*, 237-238. — B. N., *P. O., vol. 747*, dossier Chevreuse, *n° 10*.)

1370, vers mars. Octroi d'une aide et demie pour les frais de la guerre.

(St-O., *XLVI*, 11.)

1371, avant le 23 mai. Octroi d'une aide semblable à celle que les États avaient accordée en décembre 1368.

(St-O., *XLVI*, 12 et 12 *bis*.)

1372, avant le 1ᵉʳ août. Octroi au Roi d'une aide pour les frais de la guerre.

(St-O., *XLVI*, 13 *bis* et 13 *ter*.)

1373, entre le 1ᵉʳ novembre et le 7 décembre. Délibérations sur les subsides demandés par les gens du Roi pour les frais de la guerre — Octroi d'une aide semblable à celle de l'année 1372.

(A., *Mém. II*, fol. 23. — St-O., *XLVI*, 14. — *Ordonn.*, VI, 651.)

1374, avant le 8 novembre. Octroi au Roi d'une aide semblable à celle de l'année 1373.

(St-O., *XLVI*, 15-16. — *Ordonn.*, VI, 68.)

1375, avant le 8 novembre. Octroi au Roi d'une aide semblable à celle de l'année 1374.

(St-O., *LIII*, 13. — *Ordonn.*, VI, 164.)

1376, avant le 24 février. Demande par la comtesse Marguerite de France aux États de recevoir d'eux avis, « confort et aide » dans son différend avec le roi de France, qui prétendait avoir en Artois la connaissance de diverses matières civiles. — Accord de deux tiers d'aide extraordinaire.

(P.-de-C., *B 867*, n° 1. — GUESNON,... *Chartes... d'Arras*, n° CXXXVII, p. 140. — GIRY, *Anal. et extr. d'un reg. des arch. comm. de St-O.*, 205 sqq.)

— avant le 20 novembre. Octroi au Roi d'une aide semblable à celle de l'année 1375.

(St-O., *XLVI*, 17, 17 *bis*, 17 *ter.*)

1377, avant le 3 novembre. Octroi au Roi d'une aide semblable à celle de l'année 1376.

(St-O., *XLVI*, 18 à 18 *ter.* — *Ordonn.*, VI, p. IV.)

1378, avant le 18 décembre. Octroi au Roi d'une aide semblable à celle de l'année 1377.

(St-O., *XLVI*, 19 à 19 *quater.* — *Ordonn.*, VI, 362 et 364.)

1379, octobre. Accord d'une aide fait par les bonnes villes à la comtesse d'Artois.

(N., *B 13884.*)

— avant le 21 novembre. Octroi au Roi d'une aide semblable à celle de l'année 1378.

(St-O., *XLVI*, 20 à 20 *ter.* — *Ordonn.*, VI, 449.)

1381, février. Octroi au Roi d'une aide et demie aux mêmes conditions que les précédentes.

(St-O., *XLVII*, 1; *LIII*, 14. — *Ordonn.*, VI, p. V et 600.)

1382, avant le 7 août; Hesdin. Octroi au Roi d'une aide pour les frais de la guerre.

(St-O., *LIII*, 15.)

1383, avant le 2 mai. Octroi au Roi d'une aide semblable à celle de l'année 1379.

(St-O., *XLVII, 3 à 3 ter. — Ordonn.,* VII, 4.)

1384, avant le 27 mai (1). Octroi au Roi d'une aide semblable à celle de l'année 1383.

(St-O., *XLVII,* 5 à 5 *ter* et 16. — *Ordonn.,* VII, 75-77.)

1385, avant le 31 mars. Octroi au Roi d'une aide semblable à celle de l'année 1384.

(St-O., *XLVII,* 4 à 4 *ter. — Ordonn.,* VII, 111-112.)

1386, avant le 21 février. Octroi au Roi d'une aide semblable à celle de l'année 1385.

(St-O., *XLVII,* 7 à 7 *ter. — Ordonn.,* VII, 144-145.)

1387. Octroi au Roi d'une aide semblable à celle de l'année 1386.

(St-O., *XLVII,* 8 à 8 *ter. — Ordonn.,* VII, 166.)

1388, avant le 21 avril. Octroi au Roi d'une aide semblable à celle de l'année 1387.

(St-O., *XLVII,* 10 à 10 *ter. — Ordonn.,* VII, 185.)

1389, 9 mars ; Arras. Renouvellement de l'aide royale en présence des élus d'Artois.

(St-O., *XLVII,* 9, 9 *bis* et 22 ; *LIII,* 17. — *Ordonn.,* VII, 265.)

— avant le 22 juin. Assemblée des États d'Artois, Lille, Douai et Orchies. — Accord d'une aide extraordinaire au duc de Bourgogne pour le voyage qu'il se prépare à faire avec le Roi en Languedoc et en Guyenne.

(P.-de-C., *B 867,* n° 2 ; N., *B 932,* n° 18677, et « *suppl* carton 26 » (Guesnon). — St-O., *LIII,* 18.)

1390. Accord au duc de Bourgogne d'une aide extraordinaire pour son voyage du Languedoc.

(N., *B 932,* n° 18705.)

— avant le 2 avril. Octroi au Roi d'une aide semblable à celle de l'année 1389.

(St-O., *XLVII,* 17 et 17 *bis.*)

(1) Le texte publié dans les *Ordonnances* porte à tort le 22 mai.

1391, avant le 18 février. Octroi au Roi d'une aide semblable à celle de l'année 1390.

(St-O., *XLVII*, 12 à 12 *quater.*)

1392, avant le 7 avril. Octroi d'une aide semblable à celle de l'année 1391.

(St-O., *XLVII*, 13 et 13 *bis.* — *Ordonn.*, VII, 461.)

1393, 9 avril; St-Vaast d'Arras. Réunion des bonnes villes pardevant les élus d'Artois. — Octroi au Roi d'une aide semblable à celle de l'année 1392.

(A., *reg. des Embrevures, 1392-93*, fol. 130 v°. — St-O., *XLVII*, 14 et 14 *bis.* — *Ordonn.*, VII, 567.)

1394, avant le 26 mai. Octroi au Roi d'une aide semblable à celle de l'année 1393.

(St-O., *XLVII*, 15 et 15ᵗ. — *Ordonn.*, VII, 618 et 687.)

— avant le 4 juillet. Accord au duc de Bourgogne d'une aide extraordinaire pour son expédition contre les Infidèles.

(N., *B 993*, n° 12947-48. — P.-de-C., *B 867*, n° 2, fol. 2 v°.)

1395, avant le 14 mai. Octroi au Roi d'une aide semblable à celle de l'année 1394.

(St-O., *XLVII*, 17 à 17 *ter.* — *Ordonn.*, VIII, 2-3.)

1396, avant le 17 mars. Octroi au Roi d'une aide semblable à celle de l'année 1395.

(St-O., *XLVII*, 16 à 16 *ter.* — *Ordonn.*, VIII, 59.)

— après le 25 septembre. Octroi au duc de Bourgogne d'une aide extraordinaire pour la rançon du comte de Nevers et des autres seigneurs prisonniers des Turcs.

(P.-de-C., *B 867*, n° 2, fol. 3 v°.)

1397, avant le 6 avril. Octroi au Roi d'une aide semblable à celle de l'année 1396.

(St-O., *XLVII*, 18 et 18 *b.* — *Ordonn.*, VIII, 129.)

1398, avant le 11 mai. Octroi au Roi d'une aide semblable à celle de l'année 1397.

(St-O., *XLVII*, 20. — *Ordonn.*, VIII, 639.)

1399, avant le **15 avril**. Octroi au Roi d'une aide semblable à celle de l'année 1398.

    (St-O., *XLVII*, 21. — *Ordonn.*, VIII, 318-19 et 321.)

1400, 4 avril; St-Vaast d'Arras. Renouvellement de l'aide en présence des élus d'Artois.

    (St-O., *XLVII*, 21 c et 21 d; *XLVIII*, 1. — *Ordonn.*, VIII, 512-13.)

1401, 18-19 avril ; St-Vaast d'Arras. Renouvellement de l'aide en présence des élus d'Artois.

    (A., *Mém. IV*, fol. 30. — St-O., *XLVIII*, 2. — *Ordonn.*, VIII, 435-36. — GUESNON, *o. c.*, n°ˢ CLII-CLIII, p. 178.)

1402, avant le 5 mai. Octroi au Roi d'une aide semblable à celle de l'année 1401.

    (St-O., *XLVIII*, 2; *LIV*, 2. — *Ordonn.*, VIII, 512-13.)

1403, 1ᵉʳ avril; St-Vaast d'Arras. Renouvellement de l'aide royale en présence des élus d'Artois.

    (St-O., *XLVIII*, 3 b et 5; *LIII*, 20. — *Ordonn.*, VIII, 606.)

1404, 17 mars; St-Vaast d'Arras. Renouvellement de l'aide royale en présence des élus d'Artois.

    (St-O., *XLVIII*, 5 e et 6 à 6 c. — *Ordonn.*, IX, 10-11.)

1405, après le 16 mars. Octroi à Jean sans Peur d'une aide extraordinaire pour son joyeux avènement au comté d'Artois.

    (P.-de-C., *B 867*, n° 2, fol. 4 v°.)

— 13 avril; St-Vaast d'Arras. Renouvellement de l'aide royale en présence des élus d'Artois.

    (St-O., *XLVIII*, 6 d. — *Ordonn.*, IX, 75.)

1406, avant le 17 avril. Octroi au Roi d'une aide semblable à celle de l'année 1405.

    (St-O., *XLVIII*, 8 et 8 c; *LIII*, 21. — *Ordonn.*, IX, 107.)

1407, 2 mai; St-Vaast d'Arras. Renouvellement de l'aide royale en présence des élus d'Artois.

    (St-O., *XLVIII*, 8 b à 8 d et 9. — *Ordonn.*, IX, 209.)

1408, entre le 4 janvier et le 8 mars. Octroi à Jean sans Peur d'un subside extraordinaire.

(St-O., *LIII*, 23; *LV*, 1. — MONSTRELET, *éd.* DOUET D'ARCQ, I, 172.)

— avant le 28 avril. Octroi au Roi d'une aide semblable à celle de l'année 1407.

(St-O., *XLVIII*, 10. — *Ordonn.*, IX, 323.)

1409, avant le 26 juin. Octroi au Roi d'une aide semblable à celle de l'année 1408.

(*Ordonn.*, IX, 441-42.)

1410, 27 mars; St-Vaast d'Arras. Renouvellement de l'aide royale en présence des élus d'Artois.

(*Ordonn.*, IX, 598. — St-O., *LIII*, 24-25.)

— avant le 4 août. Demande d'une aide extraordinaire par Jean sans Peur.

COMMISSAIRES : **Le seigneur de Croy; le gouverneur [d'Artois?]**

(A., *Mém. V*, fol. 10.)

1411, 3 avril; St-Vaast d'Arras. Renouvellement de l'aide royale en présence des élus d'Artois.

(St-O., *XLIX*, 1; *LIII*, 26-27. — *Ordonn.*, IX, 598.)

1412, 20 février; Arras. Assemblée du Tiers pour protester contre la levée par les élus d'Artois d'un quart d'aide extraordinaire au profit du Roi, tant pour les frais de la guerre et le remboursement des emprunts que pour le rachat du Gâtinais.

(Béth., *CC 17*, fol. 10 v°.)

— 8 avril; St-Vaast d'Arras. Renouvellement de l'aide en présence des élus d'Artois.

(St-O., *XLIX*, 2; *LIII*, 28. — *Ordonn.*, X, 9-11.)

1413, 26 avril; St-Vaast d'Arras. Renouvellement de l'aide royale en présence des élus d'Artois.

(St-O., *LIII*, 29; *comptes 1413-14* n. st.)

1413, avant le 4 octobre; St-Omer. Demande d'une aide extraordinaire par le duc de Bourgogne; ajournement au 6 octobre.

Commissaire : Le gouverneur d'Artois.

(A., *Mém. V*, fol. 37.)

— **6-7 octobre.** Réunion des Etats pour répondre à la demande susdite.

(*Ibid.*)

1414, après le 30 janvier ; Thérouanne. Réunion de membres des trois ordres pour délibérer sur la défense des frontières.

(St-O., *comptes 1414-15 n. st.*)

— **2 mars; Arras (à la Cour-le-Comte).** Réunion des États d'Artois et des nobles de Bourgogne par Jean sans Peur pour justifier son voyage à Paris et leur demander aide.

(A., *Mém. V*, fol. 4o. — St-O., *l. c.* — Le Fèvre de Saint-Remy, éd. Morand, I, 15o. — Monstrelet, édit. cit., II, 44o.)

— **après le 26 mai; Arras.** Réunion des États par Jean sans Peur pour leur faire part de diverses questions intéressant l'Artois.

(St-O., *l. c.*)

— **entre le 17 et le 22 juin; Lille.** Réunion des bonnes villes d'Artois pour entendre le duc de Bourgogne leur exposer diverses questions.

(*Ibid.*)

1415, avant le 26 mars; Tournai. Assemblée des trois États de Flandres et d'Artois pour entendre le rapport des négociations de Paris et la lecture du traité de paix conclu entre le duc de Bourgogne et le Roi.

(Mirot, *Autour de la paix d'Arras*, p. 3a6-a7.)

— **4 avril; St-Vaast d'Arras.** Renouvellement de l'aide ordinaire, en présence des élus d'Artois.

(St-O., *LIII*, 31 à 33.)

— **9 avril; Arras.** Assemblée des États d'Artois pour jurer la paix, en présence des commissaires du Roi.

(Mirot, *o. et l. c.*)

— **12 mai; Arras.** Assemblée des députés des villes pour délibérer au sujet de l'aide que le duc de Guyenne prétendait lever en Artois pour la guerre.

(N., *B 935*, n° 15281.)

1415, entre le 20 et le 22 septembre ; Arras. Assemblée du Tiers. — Procuration passée par devant tabellions apostoliques pour envoyer au Concile de Constance, de concert avec les deux premiers ordres, des députés chargés de défendre le duc de Bourgogne contre les diffamations de ses adversaires.

(St-O., *comptes 1415-16 n. st.*)

— 8 novembre ; Douai. Réunion, en présence du duc de Bourgogne, des députés des trois Membres de Flandres, des bonnes villes d'Artois et de Lille, Douai et Orchies pour mettre d'accord les deux provinces sur la question des grains, à la suite des instances faites par les Flamands afin de pouvoir se procurer du blé en Artois.

(*Ibid.*)

— 30 novembre ; Lille. Réunion, en présence du duc de Bourgogne, des députés de Flandres et des bonnes villes d'Artois pour délibérer sur la même question ; accommodement des deux parties.

(*Ibid.*)

1416, fin février ; Arras. Réunion de députés des trois ordres provoquée par les élus d'Artois ; étude des moyens à employer pour décharger la province de la taille récemment imposée par le Roi dans le royaume entier, sur laquelle l'Artois aurait à payer 12.000 l. — Mesures à prendre, aux frais des villes, contre les gens d'armes vivant sur le pays et détroussant les voyageurs.

(St-O., *comptes 1416-17 n. st.*)

— vers le 8 mars ; Lille. Députation des trois ordres au duc de Bourgogne pour le remercier d'avoir déchargé le pays des tailles imposées par le Roi en 1415 et 1416 et lui demander de débarrasser la province des gens de guerre qui la pillent. — Promesses du duc.

(*Ibid.*)

1417, 13 février ; Arras. Demande faite en présence du duc de Bourgogne d'une aide extraordinaire à son profit.

(Béth., *CC 19*, fol. 30. — St-O., *comptes 1417-18 n. st.*)

— après le 24 février ; Arras. Assemblée des États pour rendre réponse sur la demande susdite.

(St-O., *l. c.*)

1417, 5 et 6 juin; Hesdin. Assemblée du tiers en présence du duc de Bourgogne. Demande faite par lui-même d'un tiers d'aide extraordinaire pour le « charroi », dont il avait besoin pour son voyage en France.

(Béth., *CC 19*, fol. 36. — St-O., *l. c.*)

— **après le 12 juin; Douai.** Accord fait en présence du duc de l'aide demandée par lui.

(St-O., *l. c.*)

1418, 20 mars; Arras. Réunion des États d'Artois et des députés de Picardie et autres pays de l'obéissance du duc de Bourgogne. Serment de fidélité à Isabeau de Bavière et à Jean sans Peur, prêté à Philippe, comte de Charolais. — Demande de subsides aux députés des villes.

(Amiens, *BB 2*, fol. 123 v°. — MONSTRELET, éd. cit., III, 249.)

— **1ᵉʳ-2 septembre ; Arras.** Demande par le comte de Charolais d'un subside de 10.000 francs pour aider son père à supporter les frais des guerres. — Ajournement au 14 septembre.

(Béth., *CC 20*, fol. 11. — St-O., *comptes 1418-19 n. st.*)

— **14 septembre ; Arras.** Assemblée des États pour répondre à la précédente demande. — Excuses non acceptées des villes. — Ajournement au 24 septembre.

(Béth., *l. c.*, fol. 11 v°. — St-O., *l. c.*)

— **24 septembre ; Arras.** Nouvelles excuses collectives du Tiers : doléances sur la pauvreté du pays.

(Béth., *l. c.*, fol. 12. — St-O., *l. c.*)

— **6 octobre, Arras.** Assemblée du Tiers. — Demande d'entretenir un contingent d'arbalétriers et de « paviseurs » pour l'expédition projetée par le duc de Bourgogne contre les Anglais assiégeant Rouen.

COMMISSAIRES : Le seigneur de Bonnières; le seigneur de la Thieuloye, gouverneur d'Artois.

(Béth., *l. c.* fol. 12 v°. — St-O., *l. c.*)

1419, 22 janvier; Arras. Assemblée du Clergé et du Tiers d'Artois [et de Picardie]. — Demandes faites par le comte de Charolais au nom de son père et du roi de France pour mettre le pays en état de défense contre les Anglais.

(Béth., *l. c.*, fol. 13 v°. — Amiens, *BB 2*, fol. 155 v°-156; *CC 17*, fol. 72 v°.)

1419, 13 février ; Arras. Assemblée pour rendre réponse.

(Amiens, *BB* 2, fol. 156 v° et 158 ; *CC 17*, fol. 72 v°.)

— **18 octobre ; Arras.** Assemblée des États d'Artois et des députés de Picardie par le nouveau duc de Bourgogne, Philippe le Bon, pour recevoir leurs promesses de dévouement et leur recommander la défense du pays. Requête des États au duc, en vue d'avoir bonne justice et d'obtenir provision sur la question monétaire.

(St-O., *comptes 1419-20 n. st.* — Amiens, *BB* 2, fol. 138 et 139 v° ; *CC 17*, fol. 74. — MONSTRELET, éd. cit., III, 359-61.)

— **28 octobre ; Arras.** Assemblée des États pour assurer le duc de Bourgogne de leur dévouement.

(St-O., *l. c.* — Amiens, *BB* 2. fol. 139 v° ; *CC 17*, fol. 74 v°.)

1420, 10 mars ; Arras. Demande par le duc de Bourgogne d'une aide extraordinaire. — Ajournement au 18 mars.

COMMISSAIRES : Le seigneur d'Olhain ; Louis de Luxembourg, évêque de Thérouanne ; le seigneur de Bonnières, gouverneur d'Arras ; M° Quentin le Blond, procureur d'Artois ; Jean Sacquespée.

(St-O., *comptes 1420-21 n. st.*)

— **18 mars ; Arras.** Réponse à la demande précédente.

(*Ibid.*)

— **entre le 17 et le 20 mai ; Arras.** Assemblée du Clergé et du Tiers réunie sur mandement du Roi pour délibérer sur la question monétaire.

COMMISSAIRE : Le seigneur de Bonnières, gouverneur d'Arras.

(*Ibid.*)

— **entre le 8 et le 11 juin ; Arras.** Assemblée du Clergé et du Tiers réunie par les soins de la ville d'Arras, pour délibérer sur la question des monnaies et les démarches à faire auprès du Roi et du duc de Bourgogne en vue d'obtenir soulagement.

(*Ibid.*)

— **entre le 16 et le 19 juin ; Arras.** Assemblée du Clergé et du Tiers pour délibérer sur le même objet.

(*Ibid.*)

1421, 17 janvier; Arras. Assemblée du Clergé et du Tiers en présence du duc de Bourgogne. — Demande d'une aide.

>   (St-O., *XLIX*, 4; *comptes 1421-22 n. st.*)

— **entre le 26 et le 29 janvier; Arras**. Assemblée des États pour répondre à la demande précédente. — Refus des députés de St-Omer d'accorder l'aide requise.

>   (St-O., *comptes 1421-22 n. st.*)

— **entre le 29 mars et le 1ᵉʳ avril; Arras**. Renouvellement de la composition d'Artois par devant les élus.

>   (*Ibid.*)

— **entre le 26 avril et le 1ᵉʳ mai; Arras**. Assemblée des États d'Artois et des bonnes villes de Picardie.

>   (*Ibid.*)

— **entre le 26 et le 30 juillet; Arras**. Assemblée du Clergé et du Tiers pour aviser à la manière de livrer la vaisselle accordée pour l'amélioration de la monnaie.

>   (*Ibid.*)

— **entre le 8 et le 12 décembre; Arras**. Assemblée des États d'Artois en présence du duc de Bourgogne. — Demande d'une aide extraordinaire à l'occasion de sa chevalerie.

>   (N., « recette générale, 1421-22, fol. 101 vᵒ » (Guesnon). — St-O., *l. c.*)

— **24 décembre**. Accord d'une aide extraordinaire pour la chevalerie du duc de Bourgogne et pour ses autres affaires.

>   (Béth., *BB* 2, fol. 6, — St-O., *l. c.*)

1422, 15 mars; Arras. Assemblée du Clergé et du Tiers pour donner avis sur le fait des monnaies.

>   Commissaires : Le seigneur de Bonnières, gouverneur d'Arras; Martin Poré, évêque d'Arras; Jean de Méricourt, abbé de St-Vaast d'Arras.

>   (Béth., *l. c.*, fol. 10.)

— **15 mai; St-Vaast d'Arras**. Renouvellement de l'ordre ordinaire en présence des élus d'Artois.

>   (St-O., *LIII*, 34.)

1423, 29 mars; Arras. Assemblée des États d'Artois et des députés de Péronne, St-Quentin, Laon, Soissons, Montdidier, Roye, Corbie, Doullens, etc. — Demande d'une aide extraordinairs pour les entreprises projetées contre Guise et le Crotoy. — Ajournement au 6 avril,

COMMISSAIRE : Le seigneur de Bonnières, gouverneur d'Arras.

(Béth., *BB* 2, fol. 36 v°. — St-O., *comptes 1423-24 n. st.*)

— **6 avril; Arras.** Assemblée des États pour répondre à la demande précédente. — Refus des députés de St-Omer d'accorder plus d'une demi-aide.

COMMISSAIRES : Jean de Thoisy, évêque de Tournai ; le seigneur de Roubaix.

(Béth., *l. c.*, fol. 37. — St-O., *l. c.*)

— **23 mai; St-Vaast d'Arras.** Renouvellement de l'aide ordinaire par devant les élus d'Artois.

(St-O., *LIII*, 36, et *comptes 1423-24 n. st.*)

— **21 novembre; Arras.** Demande d'une nouvelle aide pour le siège de Guise. — Consultation des États sur le cours des monnaies. — Ajournement au 6 décembre.

COMMISSAIRES : Hue de Lannoy, gouverneur de Lille; Jean de Thoisy, évêque de Tournai.

(Béth., *BB* 2, fol. 48 v°-49.)

— **6 décembre; Arras.** Assemblée des États pour répondre aux demandes précédentes,

(*Ibid.* — St-O., *comptes 1423-24 n. st.*)

1424, 28 avril; St-Vaast d'Arras. Renouvellement de l'aide ordinaire en présence des élus d'Artois.

(St-O., *LIII*, 37 ; *comptes 1424-25 n. st.*)

— **2 juin sqq.; Arras.** Assemblée des États d'Artois (ou du Tiers?) en présence du duc de Bourgogne. — Demande d'une aide pour le siège de Guise.

(St-O., *comptes 1424-25 n. st.*)

— **entre le 12 et le 14 juin; Arras.** Assemblée du Tiers. — Accord de l'aide demandée.

COMMISSAIRES : Jean de Thoisy, évêque de Tournai, et autres conseillers du duc.

(Béth., *BB* 2, fol. 6o. — St-O., *l. c.*)

1424. 10 septembre ; **Arras**. Assemblée du Tiers. — Nouvelle demande d'une aide pour le siège de Guise.

Commissaires : Les mêmes qu'à l'assemblée précédente.

(Béth., *CC 25*, fol. 17.)

1425, 12-16 avril ; **Hesdin**. Assemblée du Tiers. — Demande d'une aide pour le nouveau mariage du duc de Bourgogne (avec Bonne d'Artois) et diverses autres causes. — Ajournement au 25 avril à Lille.

(*Ibid.*, fol. 21 v°-22. — St-O., *comptes 1425-26 n. st.*)

— **25 avril** ; **Lille**. Assemblée du Tiers pour rendre réponse sur les précédentes demandes. — **Refus des députés de St-Omer d'accorder l'aide requise.**

(Béth., *l. c.*, fol. 21 v°. — St-O., *l. c.*)

— **mai** ; **Arras**. Renouvellement de l'aide ordinaire par devant les élus d'Artois.

(St-O., *l. c.*)

1426, entre le 13 et le 15 avril ; **Arras**. Renouvellement de l'aide ordinaire par devant les élus d'Artois.

(St-O., *comptes 1426-27 n. st.*)

— **23 mai**. Envoi d'une lettre au Pape pour protester contre le mariage de Jacqueline de Bavière, comtesse de Hainaut, avec le duc de Glocester.

(St-O., *table des délib. du Magistrat de St-O.*, par le greffier Gaillon, p. 276. — Dom Devienne, *Hist. d'Art.*, I, 2ᵉ part., 195.)

— **entre le 6 et le 10 juin** ; **Arras**. Assemblée des États en présence du duc de Bourgogne, demande d'une aide extraordinaire.

(St-O., *comptes 1426-27 n. st.*)

— **entre le 13 et le 15 juin** ; **Hesdin**. Assemblée des États, en présence du duc de Bourgogne, pour rendre réponse sur la demande précédente.

(*Ibid.*)

1427, 25 avril ; **St-Vaast d'Arras**. Renouvellement de l'aide ordinaire en présence des élus d'Artois.

(St-O., *LIII*, n° 44.)

1427, juillet. Accord d'une aide extraordinaire au duc de Bourgogne.

(P.-de-C., *B 867*, n° 3, fol. 1.)

— **10 septembre** ; **Arras**. Assemblée du Tiers.

(N., *B 13.912*.)

1428, 13 avril ; **St-Vaast d'Arras**. Renouvellement de l'aide ordinaire en présence des élus d'Artois.

(St-O., *LIII*, 39. — N., *B 1478*.)

1429, 5 avril ; **St-Vaast d'Arras**. Renouvellement de l'aide ordinaire en présence des élus d'Artois.

(St-O., *LIII*, 40.)

— **7-14 août** ; **Arras**. Assemblée des États d'Artois, de Flandres et de Picardie, en présence du duc de Bourgogne, pour entendre les propositions de paix faites par les ambassadeurs du Dauphin.

(Béth., *CC 26*, fol. 14. — Amiens, *CC 27*, fol. 51.)

— **5 décembre** ; **Arras**. Demande d'un prêt de 10.000 francs, à rembourser sur la première aide, pour les frais de la guerre projetée par Philippe le Bon et pour ceux de son mariage avec Isabelle de Portugal.

Commissaires : Jean de Thoisy, évêque de Tournai ; Hugues de Cayeu, évêque d'Arras ; Jean de Diénat, conseiller du duc.

(Béth., *l. c.* fol. 15.)

1430, 2 avril ; **Arras**. Demande de deux aides extraordinaires pour les frais de la guerre de Hollande et pour ceux des ambassades envoyées vers le roi de Portugal, à l'occasion du mariage de sa fille aînée avec Philippe le Bon. — Ajournement au 11 avril.

Commissaires : Hugues de Cayeu, évêque d'Arras ; Renaud de Fontaines, évêque de Soissons ; Pierre Cauchon, évêque de Beauvais ; et autres conseillers du duc.

(*Ibid.*, fol. 16 v°.)

— **10-11 avril** ; **Arras**. Assemblée des États pour rendre réponse sur les demandes précédentes. — Accord d'un quart d'aide à la duchesse de Bourgogne.

(N., « *carton 264* » (Guesnon). — Béth., *CC 26*, fol. 17.)

— **30 avril** ; **St-Vaast d'Arras**. Renouvellement de l'aide ordinaire en présence des élus d'Artois.

(St-O., *LIII*, 41.)

1431, entre le 11 et le 16 avril ; Hesdin. Assemblée des États d'Artois. — Délibérations sur les mesures à prendre pour réprimer les incursions ennemies en Artois. — Demande de deux aides extraordinaires.

(St-O., *comptes 1431-32 n. st.*)

— **20 avril ; Arras.** Renouvellement de l'aide ordinaire par devant les élus d'Artois.

(St-O., *l. c.* ; ibid., *LIII*, 42-43.)

— **octobre ; Arras.** Assemblée des États pour prendre les mesures propres à la sécurité du pays. — Députation vers Philippe le Bon pour obtenir des trêves analogues à celles dont jouit la Bourgogne. Vote d'un subside de 1.000 livres pour les frais de la députation.

(Béth., *CC 27*, fol. 15. — St-O., *comptes 1431-32 n. st.* — N., *B 1491*.)

1432, 3-4 octobre ; Arras (à la Cour-le-Comte). Assemblée des États d'Artois et des députés de Péronne, Roye, Montdidier et Amiens (?). — Demande d'un subside, pour entretenir sur les frontières d'Artois 200 hommes d'armes et 400 archers en prévision des attaques des Armagnacs. — Accord immédiat fait par une partie de la Noblesse. — Ajournement du reste des États au 11 octobre.

Commissaires : Guy Guillebaut, trésorier du duc ; le seigneur de Croy ; le bailli d'Amiens ; Jean d'Aveluis ; Jean de Diénat ; Jean Sacquespée.

(A., *Mém. VII*, fol. 67 v°. — Béth., *CC 28*, fol. 18. — St-O., *comptes 1432-33 n. st.* — Amiens, *CC 25*, fol. 44.)

— **11 octobre ; St-Vaast d'Arras.** Députation chargée de représenter au duc la pauvreté du pays (1).

Commissaires : Les mêmes qu'à l'assemblée précédente.

(Béth., *l. c.*, fol. 18 v°. — St-O., *l. c.*)

— **18 décembre ; Arras.** Assemblée du Clergé et du Tiers. — Demande réitérée de subsides pour la défense des frontières de Somme. — Députation envoyée à Lucheux pour demander au duc le maintien des trêves. — Ajournement de l'assemblée par suite de l'absence du comte de St-Pol.

Commissaires : David de Brimeu, gouverneur d'Arras ; Philippe Maugart ; le gouverneur de Lille.

(N., *recette générale, comptes 1432-33*, fol. 84 (Guesnon). — Béth., *l. c.*, fol. 21. — St-O., *l. c.*)

---

(1) Il semble qu'Amiens, consulté séparément le 7 octobre, envoya des députés à cette seconde assemblée (Amiens, *BB 4*, fol. 23 v°).

1432, 27 décembre ; Arras. Assemblée du Clergé et du Tiers pour rendre réponse sur les demandes précédentes.

COMMISSAIRES : Les mêmes qu'à la précédente assemblée.

(Béth., *l.c.*, fol. 21 v°. — St-O., *l.c.*)

1433, 9 janvier sqq. ; Bruges et Gand (1). Assemblée des États d'Artois et des députations de Montreuil-sur-mer, Abbeville, Amiens, Corbie, etc., pour délibérer sur les moyens de défendre la ligne de la Somme. — Demande d'une aide extraordinaire. — Ajournement au 3 février à Arras.

(P.-de-C., *sér. E, comptes d'Arras 1432-33.* — N., « *recette générale, comptes 1432-33*, fol. 96 » (GUESNON). — Béth., *CC 28*, fol. 21 v°. — St-O., *comptes 1433-34 n. st.* — Amiens, *CC 25*, fol. 45 v°.)

— 3 février ; Arras. Accord d'une aide extraordinaire par la Noblesse. — Ajournement de la réponse du Tiers au 15 février.

(Béth., *l.c.*, fol. 23. — St-O., *l.c.*)

— 15 février sqq. ; Arras. Réunion des États d'Artois pour rendre une réponse définitive sur les demandes faites à Bruges. — Premier ajournement au 18 février ; puis, remise de l'assemblée au 1er mars.

COMMISSAIRES : David de Brimeu, gouverneur d'Arras ; Jean de Diénat, receveur d'Artois ; et autres conseillers du duc.

(Béth., *l.c.*, fol. 23 v°. — St-O., *l.c.*)

— 1er mars ; Arras. Assemblée des États d'Artois et des députés d'Amiens pour le même objet.

(St-O., *l.c.* — Amiens, *BB 4*, fol. 28 ; *CC 25*, fol. 46.)

— 23-28 mai ; Arras. Dernières recommandations de Philippe le Bon aux États avant son départ pour la Bourgogne. — Demande d'une aide extraordinaire. — Ajournement au 6 juin.

[N., « *recette générale, comptes 1432-33*, fol. 109 » (GUESNON). — Béth., *CC 28*, fol. 24 v°. — St-O., *l.c.*]

— 8 juin ; Arras. Assemblée du Clergé et du Tiers. — Accord d'une aide extraordinaire. — Demande d'un emprunt sur les riches pour le siège de St-Valéry.

(N., *B 936*, n° 15624. — A., *Mém. VII*, fol. 70 v°. — Béth., *l.c.* fol. 25 v°. — St-O., *comptes 1433-34 n. st.*)

---

(1) L'assemblée semble avoir été primitivement convoquée à **Arras** (Amiens, *BB 4*, fol. 26 v°).

1433, 26 juin; St-Pol. Assemblée du Tiers. — Demande d'un subside de 4.000 livres tournois à lever sur les villes pour le siège de St-Valéry.

Commissaire : Le comte de St-Pol.

(P.-de-C., *sér. E, comptes d'Arras, 1432-33.* — A., *l. c.* — Béth., *l. c.,* fol. 26.— St-O., *l. c.*)

— 7 août sqq.; Arras (à la Cour-le-Comte). Demande réitérée d'un emprunt sur les riches pour le siège de St-Valéry. — Mesures à prendre pour assurer la sécurité du pays.

Commissaires : L'archidiacre de Rouen ; Guy Guillebaut, trésorier du duc ; Jean de Diénat, receveur général d'Artois ; Philippe Maugart, conseiller du duc.

(N., « *recette générale, comptes 1432-33* », fol. 85 (Guesnon). — Béth., *l. c.* — St-O., *l. c.*)

1434, 27 janvier sqq.; Arras (1). Assemblée des États d'Artois [et des villes de Picardie] pour délibérer sur les mesures à prendre à la suite de la perte de St-Valéry. — Demande de deux aides extraordinaires.

Commissaires : Le comte de Lumey, le comte de St-Pol, le seigneur de Croy.

(St-O., *comptes 1434-35 n. st.* — Amiens, *BB 4,* fol. 46 ; *CC 26,* fol. 55 v°.)

— entre le 14 et le 18 février; Arras. Refus opposé par les États à la demande de deux aides précédemment faite. — Ajournement au 18 mars.

(St-O., *l. c.*)

— entre le 17 et le 22 mars; Arras. Nouvelle demande de subsides aux États d'Artois et députés de Picardie.

(St-O., *l.c.* — Amiens, *BB 4,* fol. 46 v°.)

— entre le 1er et le 3 avril; Béthune (2). Assemblée du Clergé et du Tiers d'Artois et de Picardie. — Délibérations sur la défense du pays ; aucune résolution prise, par suite de l'absence de la Noblesse.

(*Ibid.*)

— entre le 22 et le 28 avril; Lille. Assemblée des États d'Artois en présence du duc de Bourgogne. — Demande de trois aides pour mettre le pays en état de défense.

(St-O., *l. c.*)

---

(1) L'assemblée avait d'abord été convoquée à Hesdin.
(2) L'assemblée avait d'abord été convoquée à Arras pour le 5 avril.

1434, entre le 19 et le 21 août ; Houdain. Assemblée des États d'Artois pour donner une réponse sur la demande ci-dessus et pour délibérer sur les trêves précédemment conclues avec le connétable de Richemont.

(N., *B 13918*. — St-O., *l. c.*)

— entre le 6 et le 11 septembre ; Corbie. Assemblée des États d'Artois et de Picardie réunis pour trouver de nouvelles ressources en vue de la reddition d'Étain et Breteuil et pour prendre connaissance des trêves conclues entre le duc et ses adversaires.

Commissaires : Le comte d'Étampes et d'autres gens du duc de Bourgogne.

(St-O., *l. c.* — Amiens, *BB 4*, fol. 54-55 ; *CC 26*, fol. 46.)

— entre le 28 septembre et le 2 octobre ; Houdain. Assemblée des États d'Artois pour aviser aux moyens de trouver les 50.000 saluts d'or promis au connétable de Richemont pour la reddition de Ham en Vermandois et de Breteuil. — Accord de deux aides par le Clergé et la Noblesse.

Commissaires : Jean, comte d'Étampes.

(N., *B 13918*. — A., *Mém. VII*, fol. 78 v°. — St-O., *l. c.*)

— entre le 9 et le 14 octobre ; Lille. Assemblée du Tiers pour rendre réponse sur la demande précédemment faite. — Accord de deux aides extraordinaires pour payer les 45.000 saluts d'or promis au connétable de Richemont. — Refus des députés d'Arras de s'associer à la décision du Tiers.

(P.-de-C., *B 867*, n° 5. — N., *l. c.* — A., *l. c.* — St-O., *l. c.* — Monstrelet, éd. cit.)

— 25 octobre ; Corbie. Assemblée des trois États « des villes royaulx de dessus la rivière de Somme ».

(N., *l. c.* — Amiens, *BB 4*, fol. 59 : *CC 26*, fol. 46.)

1435, entre le 23 et le 27 septembre ; Arras. Publication de la paix d'Arras. — Demande d'aide par le duc et la duchesse pour couvrir les frais du congrès. — Ajournement pour rendre réponse.

(St-O., *comptes 1435-36 n. st.*)

— entre le 8 et le 15 octobre ; Arras. Accord d'une aide et demie.

(*Ibid.*)

1436, 17 mai sqq. ; **Arras** (1). Assemblée du Tiers. — Déclarations faites au nom du duc touchant le siège de Calais.

COMMISSAIRE : Le comte d'Étampes.

(St-O., *comptes 1436-37 n. st.*)

— **avant le 20 juin.** Assemblée du Clergé et du Tiers. — Accord d'un subside pour le siège de Calais.

(*Ibid.*)

— **13 août; Arras.** Assemblée du Tiers. — **Demande** de subsides pour le siège de Calais. — Refus de l'accorder.

(*Ibid.*)

— **début de septembre; Gand.** Députation des bonnes villes près du duc de Bourgogne pour obtenir une diminution sur les subsides demandés par lui. — Accord d'une demi-aide par mois de siège (?).

(*Ibid.*)

1437, entre le 15 et le 22 janvier; Lille. Assemblée des États d'Artois, de Flandres et de Picardie pour délibérer sur la mise en défense des Pays-Bas contre les Anglais. — Ajournement à Arras au 5 février.

(St-O., *l. c.* — Amiens, *BB 4*, fol. 15 sqq. — Bibl. roy. de Belg., *ms. 14846*, passim.)

— **5 février sqq.; Arras.** Assemblée des États d'Artois et des députés de Picardie pour aviser à la défense du pays. — Demande d'aides en vue d'entretenir pendant trois mois 12.000 hommes d'armes et 2.400 archers — Ajournement au 20 février.

(St-O., *l. c.* — Amiens, *l. c.*, fol. 158-159 v°.)

— **20 février; Arras.** Assemblée des États pour rendre réponse sur la précédente demande. — Aucune décision n'étant prise, ajournement à une date ultérieure à Lille.

(St-O., *l. c.* — Amiens, *l. c.*, fol. 160 v°.)

— **entre le 1ᵉʳ et le 7 mars; Lille.** Assemblée du Tiers pour le même objet.

(S-O., *l. c.* — Bibl. roy. de Belg., *l. c.*)

---

(1) L'assemblée avait d'abord été convoquée pour le 8 mai.

1437, entre le 15 et le 24 mai; Lille. Assemblée du Tiers pour rendre réponse sur la demande de trois aides précédemment faite pour la guerre contre les Anglais. — Offre d'une seule aide.

(*Ibid.*)

1438, 9 janvier; Arras. Assemblée des États pour entendre les demandes du duc. — Ajournement au 21 janvier, par suite du petit nombre des députés présents.

(Béth., *CC 29*, fol. 19 v°. — St-O., *comptes 1438-39 n. st.*)

— 21 janvier sqq.; Arras (à l'abbaye de **St-Vaast**). Demande de 28 ou 30.000 livres tournois pour défendre les Pays-Bas coutre les attaques des Anglais. — Ajournement au 11 février.

(Béth., *l. c.*, fol. 20. — St-O., *l. c.*)

— 11 février sqq.; Arras. Remise de l'assemblée au 1er mars par suite de l'absence des Nobles.

(Béth., *l. c.*, fol. 21. — St-O., *l. c.*)

— du 1er au 4 mars; Arras. Avis donné par les États sur la sentence prononcée par Philippe le Bon contre les Brugeois. — Accord d'une aide extraordinaire pour la défense de la Picardie contre les Anglais.

(Béth., *l. c.*, fol. 21 v°. — St-O., *l. c.*)

1439, 14 avril; Arras. Demande d'une aide extraordinaire. — Ajournement pour rendre réponse au 23 courant.

Commissaires : Le comte d'Étampes et d'autres députés du duc.

(St-O., *comptes 439-40 n. st.*)

— entre le 21 et le 27 avril; Arras. Demande réitérée d'une aide extraordinaire. — Remise de l'assemblée par suite de l'absence des Nobles.

Commissaires : Le comte d'Étampes; Jean Chevrot, évêque de Tournai.

(Béth., *CC 30*, fol. 26. — St-O., *l. c.*)

— 15 mai; St-Omer. Demande d'une aide extraordinaire pour les frais des ambassades envoyées afin de parvenir à la paix générale entre les rois de France et d'Angleterre. — Accord d'une aide qui devra être en partie consacrée à la défense des frontières.

(Béth., *l. c.*, fol. 27 v°.)

1439, 11 septembre ; St-Omer. Députation aux États généraux convoqués à Paris [et Orléans?] pour délibérer au sujet des négociations engagées pour la paix entre la France et l'Angleterre.

(A., *Mém. VIII*, fol. 87-88. — Béth., *CC 31*, fol. 12.)

— 17 décembre ; St-Omer. Rapport des députés aux États généraux. — Demande de deux aides extraordinaires pour payer les frais des députations envoyées à Paris par le duc de Bourgogne et la solde des garnisons défendant les frontières. — Ajournement au 4 janvier suivant.

(Béth., *l. c.* fol. 13. — B. Nat., *n. a. fr. 21208*, fol. 4 v°.)

1440, 4 janvier ; St-Omer. Remise de l'assemblée au 25 janvier à Arras par suite de l'insufflsance du nombre des ecclésiastiques et nobles présents.

(Béth., *l. c.*, fol. 13 v°. — B. Nat., *l. c.*)

— du 24 janvier au 2 février ; Arras. Assemblée des États pour rendre réponse sur la demande faite le 17 décembre 1439. — Accord d'une aide extraordinaire pour les frais de la députation envoyée vers le Roi à Orléans.

(Béth., *l. c.* — St-O., *comptes 1440-41 n. st.* — N., *B 1521*.)

1441, entre le 5 et le 9 mars ; Arras. Assemblée des États d'Artois pour entendre l'exposé fait au nom du duc de Bourgogne.

(St-O., *comptes 1441-42 n. st.*)

— entre le 27 et le 31 mars ; Arras. Demande d'une aide extraordinaire de 2.500 saluts d'or.

(*Ibid.*)

— entre le 2 et le 9 avril ; Arras. Assemblée des États en vue d'envoyer au duc de Bourgogne une députation chargée d'obtenir l'exemption de l'aide demandée. — Abandon de ce projet par suite de l'absence de plusieurs députés.

(*Ibid.*)

— vers le 8 mai ; Arras. Renouvellement de l'aide ordinaire par devant les élus d'Artois.

(*Ibid.*)

— 4 août ; Arras. Assemblée des États pour rendre réponse sur la demande d'aides précédemment faite aux États. Ajournement par suite du petit nombre des Nobles.

COMMISSAIRES : Le seigneur d'Auxy; David de Brimeu, gouverneur d'Arras.

(Béth., *CC 32*, fol. 15. — St-O., *l. c.*)

1441, 21-22 août; Arras (à la Cour-le-Comte). Accord d'une aide extraordinaire et quart, y compris les 2.5oo saluts précédemment requis pour la rançon de Charles d'Orléans.

COMMISSAIRES : Le seigneur d'Auxy; David de Brimeu, gouverneur d'Arras; Martin Cornille, trésorier de Boulenois (1).

(A., *Mém. VIII*, fol. 88 v°. — Béth., *l.c.* — St-O., *l.c.*)

1442, entre le 9 et le 11 avril; Arras. Renouvellement de l'aide ordinaire par devant les élus d'Artois. .

(St-O., *l. c.*)

— 19 au 21 juin; Arras. Demande de deux aides extraordinaires pour couvrir les 10.ooo francs dépensés au cours de l'année pour la défense du pays et la guerre contre les Anglais. — Ajournement au 1er juillet.

COMMISSAIRES : Le comte d'Étampes, lieutenant général du duc; Jean Chevrot, évêque de Tournai.

(Béth., *l. c.*, fol. 18. — St-O., *comptes 1442-43 n. st.*)

— 3 juillet sqq. ; Arras. Accord d'une aide extraordinaire sur les villes et d'une aide et demie sur le plat pays.

COMMISSAIRES : Les mêmes qu'à l'assemblée précédente.

(Béth., *CC 33*, fol. 13 v°. — St-O., *l. c.*)

1443, avant le 8 juin; Arras. Demande de deux aides extraordinaires.

COMMISSAIRES : Le comte d'Étampes.

(Béth., *l. c.*, fol. 19.)

—8 juin; Arras. Refus d'accorder les aides demandées, par suite de la pauvreté du pays.

COMMISSAIRES : Le comte d'Étampes et d'autres conseillers du duc.

(Béth., *l. c.*, fol. 19 v°.)

---

(1) Cf., sur Martin Cornille, les Mém. de S. DU CLERCQ, éd. BUCHON (*Panthéon littéraire*), pp. 146-149, 158 et 166.

1443, 25 juin sqq. ; **Arras**. Demande d'une aide extraordinaire et demie pour couvrir les frais causés par la prise « des places de Thois, Milly, Corbeul », etc., et les autres mesures utiles à la défense du pays. Ajournement au 3 juillet.

COMMISSAIRE : Le comte d'Étampes.

(St-O., *comptes 1443-44 n. st.*)

— **entre le 3 et le 7 juillet** ; **Arras**. Assemblée des États pour répondre à la précédente demande.

COMMISSAIRE : Le comte d'Étampes.

(*Ibid.*)

1444, 6 avril ; **St-Vaast d'Arras**. Renouvellement de l'aide ordinaire en présence des élus d'Artois.

(St-O., *XLIX,* 5 *bis.*)

— **entre le 25 et le 28 mai** ; **Arras**. Demande de deux aides extraordinaires pour la garde des frontières de Picardie et les autres dépenses du duc. — Ajournement au 8 juin.

COMMISSAIRE : Le comte d'Étampes.

(St-O., *comptes 1444-45 n. st.*)

— **entre le 8 et le 11 juin** ; **Arras**. Accord des deux aides demandées à la précédente assemblée.

(*Ibid.*)

1445, 15 avril ; **St-Vaast d'Arras**. Renouvellement de l'aide ordinaire par devant les élus.

(St-O., *XLIX,* 5, *comptes 1445-46 n. st.,* fol. 51 v°.)

— **entre le 16 et le 23 mai** ; **Arras**. Demande de trois aides extraordinaires.

COMMISSAIRE : Le comte d'Étampes.

(St-O., *comptes 1445-46 n. st.,* fol. 52 v°.)

— **entre le 26 et le 30 mai** ; **Arras**. Assemblée des États d'Artois pour rendre réponse sur la demande faite au nom du duc de Bourgogne de trois aides extraordinaires. — Excuses des États de ne pouvoir accorder un subside si important. — Ajournement au 7 juin.

(*Ibid.*)

— **7 juin sqq.** ; **Arras**. Assemblée des États pour prendre une résolution définitive sur la précédente demande. — Lecture de lettres du duc qui déclare se contenter de deux aides. — Accord des deux aides demandées, par les uns totalement et par les autres sous certaines conditions.

(St-O., *l. c.*, fol. 53.)

1446, 3 mai ; Arras. Demande de deux aides extraordinaires pour la défense du pays et les frais des ambassades envoyées vers le roi de France. — Ajournement à une date ultérieure à Hesdin.

(Béth., *CC 34*, fol. 22 v°.)

— 12 mai ; Hesdin. Assemblée des États pour rendre réponse sur la demande susdite.

(St-O., *comptes 1446-47 n. st.*, fol. 51.)

— 20 mai ; Hesdin. Remontrances des États qui, vu la pauvreté du pays, déclarent s'en remettre au duc et à son conseil.

(Béth., *CC 34*, fol. 22 v°.)

1447, 28 avril ; Arras. Demande de deux aides extraordinaires motivées par les grandes dépenses du duc.

Commissaire : Le comte d'Étampes.

(St-O., *comptes 1447-48 n. st.*)

— 10 mai ; Arras. Assemblée des États pour rendre réponse sur la précédente demande. — Octroi des deux aides demandées, à lever au cours des deux années suivantes.

Commissaire : Le comte d'Étampes.

(*Ibid.*)

1448, 27 mai sqq. ; Arras. Demande de quatre aides extraordinaires à octroyer sans ajournement. — Octroi de deux aides.

Commissaire : Nicolas Rolin, chancelier de Bourgogne.

(St-O., *reg. délib.* B, fol. 3 v°-4.)

1449, avant le 4 août ; St-Omer. Demande de trois aides extraordinaires pour la défense du pays contre les Anglais. — Ajournement au 9 août.

(*Ibid.*, fol. 10.)

— 9 août ; St-Omer. Accord de deux aides extraordinaires pour l'objet ci-dessus.

(*Ibid.*, fol. 10 v°.)

1450, 29 août ; Arras. Demande de deux aides extraordinaires pour la défense du pays et les frais d'une ambassade envoyée vers le roi de France. — Ajournement au 4 septembre.

> (St-O., *l. c.*, fol. 15 ; *comptes 1450-51 n. st.* — P.-de-C., *comptes du grenetier de St-Bertin 77*, fol. 151 v°.)

— 4 septembre ; Arras, Assemblée des États d'Artois pour rendre réponse sur la précédente demande. — Accord d'une aide.

> (St-O., *reg. de délib. B*, fol. 15 ; *comptes 1450-51 n. st.*)

1451, 29 juin ; Arras. Demande de deux aides extraordinaires par an, cinq ans durant, pour subvenir aux affaires du duc. — Ajournement au 11 juillet.

Commissaires : Le comte d'Étampes ; Oudard Chupperel, maître des requêtes de l'Hôtel et conseiller du duc.

> (St-O., *reg. de délib. C*, fol. 17 v°-18 ; *comptes 1450-51 n. st.*)

— 12-13 juillet ; Arras. Accord par les deux premiers ordres et une partie du Tiers de trois aides extraordinaires payables en trois ans. — Excuses présentées par St-Omer.

Commissaires : Le comte d'Étampes et d'autres conseillers du duc.

> (St-O., *reg. C.*, fol. 18 ; *comptes 1450-51 n. st.*)

1453, 17 mai ; Arras. Demande de trois aides extraordinaires pour le payement des garnisons mises contre les Anglais à Ardres, Fiennes, Hardenthun et autres lieux de la frontière. — Ajournement au 31 mai.

Commissaire : Le comte d'Étampes.

> (St-O., *comptes 1453-54 n. st.* — N., *B 1494.*)

— 2 juillet ; Arras. Assemblée des États pour rendre réponse définitive sur la précédente demande. — Octroi d'une seule aide extraordinaire, que le comte d'Étampes juge insuffisante.

Commissaire : Le comte d'Étampes.

> (*Ibid.*)

1454, 17 juin ; Arras. Demande de trois aides extraordinaires pour la défense des frontières. — Ajournement au 1er juillet.

Commissaire : Le comte d'Étampes.

> (St-O., *reg. de délib. B*, fol. 22 v°.)

1454, 1ᵉʳ juillet ; Arras. Assemblée des États pour rendre réponse sur la précédente demande. — (Ajournement au 1ᵉʳ août ?)

(*Ibid.*)

— **1ᵉʳ août ; Arras.** Accord d'une aide extraordinaire que le commissaire juge insuffisante.

Commissaire : Le comte d'Étampes.

(St-O., *l. c.*, fol. 23.)

— **22 août ; Arras.** Accord par les deux premiers ordres d'une aide et demie pour la défense du pays et d'une demi-aide au profit du comte de Charolais. — Délai de 8 jours accordé au Tiers pour faire connaître sa réponse (qui fut conforme à celle des privilégiés).

(St-O., *l. c.*, fol. 23 r°-v°.)

1455, 26 février ; Arras. Demande d'un subside permettant l'entretien pendant un an de 200 hommes d'armes et 600 archers pour la croisade contre les Turcs projetée par le duc. — Ajournement au 9 mars.

(St-O., *l. c.*, fol. 24 v° ; *comptes 1455-56 n. st.* — Du Clercq, *Mémoires*, l. III, chap. xviii.)

— **9-10 mars ; St-Vaast d'Arras.** Exposé par le prévôt du chapitre d'Arras des charges pesant sur le pays et, en particulier, des dégâts causés par les Anglais entre St-Omer et Thérouanne. — Accord de trois, puis de quatre aides extraordinaires payables en seize mois, à la condition que le duc conduira en personne la croisade.

(N., *B 16760.* — St-O., *reg. de délib. B,* fol. 25 ; *comptes 1455-56 n. st.* — B. Nat., *ms. fr. 11618,* passim. — Du Clercq, *l. c.*)

— **4 septembre ; Arras.** Demande de deux aides extraordinaires pour la défense du pays contre les Anglais. — Ajournement au 15 septembre à Béthune.

Commissaires : Le comte d'Étampes ; Oudard Chupperel.

(St-O., *reg. B,* fol. 26 ; *comptes 1455-56 n. st.*)

— **15 septembre ; Béthune.** Accord d'une aide extraordinaire avec promesse de modération de la moitié pour les villes.

(*Ibid.*)

1457, 9 juin ; St-Omer. Demande de trois aides extraordinaires pour la défense des frontières. — Ajournement au 20 juin.

Commissaire : Le comte d'Étampes.

(St-O., *reg. B,* fol. 32.)

1457, 20 juin ; St-Omer. Accord d'une aide extraordinaire et demie.

Commissaire : Le comte d'Étampes.

(*Ibid.*)

1458, 22-28 août ; Arras. Demande en présence du duc de deux aides pour le payement des frais des ambassades envoyées par Philippe le Bon vers le roi de France et le Pape. — Ajournement au 4 septembre.

(St-O., *l.c.*, fol. 37 v°; *comptes 1458-59 n. st.* — Du Clercq, l. III, ch. xxxvi.)

— **4 septembre ; Arras**. Accord d'une aide extraordinaire et demie.

(St-O., *reg. B*, fol. 37 v°; *comptes 1458-59 n.st.* — Du Clercq, *l.c.*)

1459, 11 novembre ; Arras. Demande de deux aides pour le payement des gens d'armes établis sur la frontière et pour les frais des ambassades envoyées vers le roi de France et le Pape. — Ajournement au 25 novembre.

Commissaires : Le comte d'Étampes; Guillaume Fillastre, évêque de Toul.

(St-O., *reg. B*, fol. 42 v°; *comptes 1459-60 n. st.*)

— **25 novembre ; Arras**. Accord d'une aide extraordinaire et demie. — Diminutions octroyées aux villes.

(N., « *Ch. des comptes de Lille, orig.*, ann. 1461 » (Guesnon). — St-O., *reg. B*, fol. 42 v°; *comptes 1459-60 n.st.*)

1460, 24 octobre ; Arras. Demande de trois aides pour les frais des ambassades envoyées vers les rois de France et d'Angleterre et la reine d'Écosse, ainsi que pour la défense du pays. — Ajournement au 4 novembre.

Commissaire : Le comte d'Étampes.

(St-O., *reg. B*, fol. 47; *comptes 1460-61 n. st.* — Du Clercq, o. c., l. IV, chap. xiv.)

— **4 novembre ; Arras**. Accord d'une aide extraordinaire et demie pour le duc et une demi-aide pour son fils.

Commissaire : Le même.

(N., *l. c.* — St-O., *reg. B*, fol. 47 v°; *comptes 1460-61 n.st.* — Du Clercq, *l. c.*)

1461, 15 octobre ; Arras. Demande de trois aides extraordinaires pour couvrir les dépenses faites par Philippe le Bon pour soutenir le dauphin Louis et assister à son couronnement et à son sacre. — Ajournement au 3 novembre.

(St-O., *reg. B*, fol. 51 v°-52.)

1461, 3 novembre; Arras. Accord de deux aides extraordinaires.

Commissaire : Le comte d'Étampes.

(*Ibid.*, fol. 52.)

1462, entre le 17 octobre et le 12 novembre; Arras. Convocation des États d'Artois pour envoyer à leurs frais une députation à une assemblée générale des provinces à Bruxelles. — Lettre des États au duc pour s'excuser, pareille députation n'étant pas conforme aux usages du pays.

(St-O., *comptes 1462-63 n. st.*)

— 18 novembre; Arras. Demande de deux aides extraordinaires par an, dix ans durant, motivée en particulier par l'achat du duché de Luxembourg, et d'une bonne « courtoisie » pour le comte de Charolais et sa femme pendant le même temps. — Ajournement au 18 décembre.

Commissaires : Guillaume Fillastre, évêque de Tournai ; le seigneur de Créquy ; Richard Pinchon ; Thomas Malet, conseillers du duc.

(St-O., *reg. B*, fol. 56; *comptes 1462-63 n. st.* — Du Clercq, o. c., l. IV, ch. xliv.)

— 18 décembre; Arras. Remontrances écrites remises au comte de Charolais pour lui exposer la misère du pays et obtenir, si possible, qu'il ss désiste des précédentes demandes. — Sur nouvelle insistance, accord d'une aide et demie pour le duc de Bourgogne et une demi-aide pour son fils.

(St-O., *reg. B*, fol. 57; *comptes 1462-63 n. st.* — Du Clercq, l. c.)

1464, 8 mars; Lille. Réunion des députés des États d'Artois et des autres pays, pour entendre le duc leur exposer son intention toujours ferme d'accomplir son vœu de croisade, une fois la paix établie entre la France et l'Angleterre.

(St-O., *comptes 1464-65 n. st.*)

— 8 juillet; Hesdin (église St-Martin). Demande d'une aide et demie pour les frais des ambassades et de la réception du roi et de la reine de France et d'une demi-aide pour le comte de Charolais. — Ajournement au 1er août.

(A., *Mém. IX*, fol. 6. — St-O., *reg. B*, fol. 62.)

— 1er août; Hesdin (ibid.) Accord d'une aide pour le duc et d'un quart d'aide pour son fils, sans modération pour les villes.

(St-O., *reg. B*, fol. 62 v°; *comptes 1464-65 n. st.*)

1465, 12 mai ; Arras. Assemblée des États d'Artois pour rendre réponse sur la demande de 12.000 écus d'or faite aux députés de la province aux États généraux tenus à Bruxelles les 24 et 25 avril. — Accord d'une aide à payer à l'expiration de l'aide en cours.

Commissaires : Le seigneur de Contay ; Richard Pinchon.

(St-O., *reg. B*, fol. 63 ; *comptes 1465-66 n.st.* — Champollion-Figeac, *Docum. hist. inéd.*, II, 233-234. — Du Clercq, *o.c.*, l. V, ch. xxiv.)

1466, 28 mai ; Arras. Demande aux États de deux aides extraordinaires pour les frais des guerres liégeoises et ceux des ambassades envoyées à Paris et en Angleterre, ainsi que d'une demi-aide pour le comte de Charolais. — Ajournement au 16 juin.

Commissaires : Le seigneur de Créquy ; le seigneur de Humbercourt ; Richard Pinchon.

(St-O., *reg. B*, fol. 67 ; *comptes 1466-67 n.st.*)

— 16 juin ; Arras. Offre d'une aide pour le duc et d'un quart d'aide pour son fils. — Refus des commissaires.

Commissaires : Les mêmes ?

(*Ibid.*)

1467, avant le 16 septembre ; [Arras]. Renouvellement de l'aide ordinaire par devant les élus.

[*N.*, « Chambre des comptes, n° 327 » (Guesnon).]

1469, entre le 15 et le 20 mars ; Arras. Demande de trois aides extraordinaires, six ans durant, pour les frais occasionnés par la guerre, la conclusion de la paix avec le roi de France, le mariage de Charles le Téméraire et son nouvel avènement au duché de Bourgogne, ainsi que d'une aide pour la duchesse. — Ajournement au 21 ou 22 mars.

(St-O., *reg. B*, fol. 73 v°-74 ; *comptes 1469-70 n. st.*)

— 22 mars ; Cité d'Arras (Hôtel épiscopal). Accord de douze aides payables en six ans pour le duc et d'une aide pour la duchesse.

(N., *B 16847.* — St-O., *reg. B*, fol. 74 ; *comptes 1469-70 n. st.*)

1470, 1ᵉʳ août ; Hesdin. Assemblée des États en présence du duc de Bourgogne. — Demande à la province de contribuer, trois ans durant, au subside de 120.000 livres que le duc entend lever sur l'ensemble des Pays-Bas pour la levée et l'entretien de mille lances destinées à la défense du pays. — Ajournement au 18 août.

(St-O., *comptes 1470-71 n. st.*)

1470, 18 août sqq.; Hesdin. Octroi, après de longues discussions, de la contribution demandée, à condition qu'elle se lèvera à la manière accoutumée, sous forme d'aides, et que l'Artois en restera exempt si les autres provinces refusent leur consentement.

(*Ibid.*)

1471, 10 juillet; Arras. Désignation de députés pour assister aux États généraux convoqués d'abord à Arras, puis à Abbeville. — Décision prise par le Clergé et le Tiers, en l'absence de la Noblesse qui n'avait pas répondu à la convocation, de ne rien conclure au sujet de la répartition entre les provinces de la contribution de 120.000 écus, avant d'avoir écrit au duc à ce propos (1).

(N., *B 13939* et *B 16753*. — St-O., *comptes 1741-72 n. st.*)

1472, avant le 1ᵉʳ décembre; Arras. Députation aux États généraux convoqués à Bruges.

Commissaire : Guillaume Fillastre, évêque de Tournai.

(A., *Mém. IX*, fol. 86 v°. — Béth., *CC 45*, fol. 12.)

1473, du 3 au 7 février; Arras. Délibérations sur les demandes faites aux États généraux; remontrances pour le bien du pays. — Députation aux États généraux convoqués à Bruxelles le 20 février.

Commissaires : Thomas Malet; Richard Pinchon, procureur général du duc.

(Béth., *l. c.*, fol. 12 v°. — St-O., *comptes 1473-74 n. st.*, fol. 67.)

— entre le 22 et le 26 mars; Arras. Accord de trois aides et demie par an, six ans durant, pour la portion due par l'Artois du subside de 500.000 écus accordé au duc par la généralité des provinces, à la condition que toutes autres aides, précédemment accordées, cesseront. — Envoi de lettres closes au duc et au chancelier.

(Béth., *l. c.*, fol. 13. — St-O., *l. c.*, fol. 68.)

1475, 10 avril; Arras. Demande, en remplacement des pionniers que le duc avait coutume de lever en Artois, d'un subside de 10.000 livres pour ses affaires urgentes. — Ajournement au 25.

Commissaire : Jacques de Savoie, comte de Romont, lieutenant général du duc.

(Béth., *CC 47*, fol. 13. — St-O., *comptes 1475-76 n. st.*, fol. 77.)

---

(1) Les députés d'Artois aux États d'Abbeville accordèrent pour la quote de la province une somme de 21.000 écus, à lever en trois ans sous forme de trois quarts d'aide.

1475, 25 avril ; **Arras**. Assemblée du Clergé et du Tiers, les Nobles n'ayant pas répondu à la convocation. — Refus d'accorder les subsides demandés.

Commissaire : Le même qu'à l'assemblée précédente.

(*Ibid.*)

— **début de juillet** ; **St-Omer**. Assemblée des bonnes villes d'Artois, auxquelles s'était joint l'évêque d'Arras, pour demander au duc de prendre les mesures pour la défense du pays, à la suite des pillages commis par les Français aux environs d'Arras et d'Hesdin.

(Béth., *CC 48*, fol. 10.)

— **23-24 juillet** ; **Arras**. Vives remontrances faites aux États par le duc. — Demande aux députés des villes d'un subside destiné à l'entretien de 1000 piétons. Ajournement à huitaine.

(Béth., *l.c.* — St-O., *comptes 1475-76 n. st.*, fol. 77.)

— **avant le 19 août** ; **Arras**. Assemblée du Tiers. — Accord d'un quart d'aide à lever sur les villes seulement.

Commissaires : Guillaume Hugonet, chancelier de Bourgogne ; Ferry de Clugny, évêque de Tournai.

(Béth., *l. c.*, fol. 11. — St-O., *l.c.*)

1476, 17 février ; **Arras**. Assemblée des États. — Refus du Tiers de subvenir à l'équipement, à la solde et à l'entretien de 200 archers.

Commissaire : Adolphe de Clèves, seigneur de Ravestein, capitaine d'Artois.

(Béth., *l. c.*, fol. 12 v°. — St-O., *comptes 1476-77 n. st.*)

— **16-17 avril** ; **St-Vaast d'Arras**. Demande aux villes d'équiper 114 hommes d'armes. — Refus et doléances du Tiers. — Députation aux États Généraux à Gand.

Commissaires : Adolphe de Clèves, lieutenant général du duc ; Jean Lorfèvre, président de Brabant.

(A., *Mém. IX*, fol. 114 v°. — Béth., *l.c.*, fol. 14. — St-O., *l.c.* — Guesnon,... *Chartes d'Arras*, n° ccix, p. 281.)

— **14-16 mai** ; **Arras**. Délibérations sur les demandes faites aux États Généraux. — Ajournement au 20 mai.

Commissaire : Philippe de Crèvecœur, seigneur d'Esquerdes.

(Béth., *l. c.*, fol. 14. — St-O., *l. c.*)

1476, 20 mai ; Arras. Délibérations sur les précédentes demandes. — Aucune décision prise, par suite du petit nombre des Ecclésiastiques et des Nobles présents à l'Assemblée. — Députation aux États Généraux à Gand.

(Béth., *l. c.*, fol. 13 v°. — St-O., *l. c.*)

— **17-18 juin ; Arras**. Rapport des députés aux États Généraux. — Delibérations des États.

COMMISSAIRE : Adolphe de Clèves.

(Béth., *l. c.*, fol. 14. — GUESNON, *o. c.*, n° ccx, p. 281.)

— **9 juillet ; Arras**. Assemblée des États où furent convoqués tous les nobles d'Artois.

(St-O., *comptes 1476-77 n. st.*)

— **4 novembre ; St-Vaast d'Arras**. Demande d'une aide pour le payement des gens de guerre. — Ajournement au 18 novembre.

COMMISSAIRES : Adolphe de Clèves et d'autres officiers du duc.

(A., *Mém. IX*, fol. 119 v°. — Béth., *CC 49*, fol. 10. — St-O., *l. c.* — GUESNON, *o. c.*, n° ccxvi, p. 286.)

— **18 novembre ; Arras**. Refus d'accorder les subsides demandés. — Ajournement au 3 décembre.

(A., *l. c.* — Béth., *l. c.*, fol. 10 et 17 v°. — St-O., *l. c.*)

— **2-3 décembre ; Arras**. Accord d'une demi-aide par les deux premiers ordres. — Offre par les villes de 3.000 francs seulement.

COMMISSAIRE : Adolphe de Clèves.

(Béth., *l. c.*, fol. 10. — St-O., *l. c.*)

— **27 décembre ; Arras**. Acceptation par Adolphe de Clèves de l'accord fait par la Noblesse et le Clergé. — Protestations du Tiers qui est ajourné au 6 janvier 1477.

COMMISSAIRE : Adolphe de Clèves.

(Béth., *l. c.*, fol. 10 v° et 17 v°. — St-O., *comptes 1477-78 n. st.*)

1477, 6 janvier ; Arras. Assemblée du Tiers pour donner une réponse définitive, au sujet de l'aide demandée par le lieutenant général. — Nouvelle offre de 3.000 francs.

(Béth., *l. c.*, fol. 10 v°. — St-O., *l. c.*)

1477, avant le 15 février; Arras. Assemblée du Tiers pour donner avis sur la défense du pays.

COMMISSAIRE : Philippe de Crèvecœur.

(Béth., *l. c.*, fol. 11.)

— 11 mars sqq.; Arras (près de la porte de Cité). Reconnaissance par les États des droits de Louis XI sur le comté d'Artois. — Promesse de prêter serment de fidélité au Roi.

(Béth., *l. c.*, fol. 13. — GUESNON, *o. c.*, n° CCXIX, CCXXI et CCXXII, p. 288, 290 et 294.)

1484 (?) Députation aux États Généraux de Tours (?). — Accord d'un tiers d'aide pour les frais de la députation (?).

(Aire, *comptes 1483-84*, fol. 35 ; *comptes 1484-85*, fol. 30 v°, 31 v° et 32 v°. — Béth., *CC 56*, fol. 39.)

1488, avant le 22 octobre; Aire. Assemblée du Tiers. — Délibéra-tions sur les monnaies.

COMMISSAIRE : Philippe de Crèvecœur, maréchal d'Esquerdes.

(Béth., *CC 60*, non fol.)

1490, avant le 28 janvier ; Arras. Assemblée du Tiers. — Délibéra-tions sur les monnaies.

(Béth., *CC 61*, fol. 10 v°.)

1497, 14-18 décembre; St-Vaast d'Arras. Demande de deux aides extraordinaires par an, quatre ans durant. — Ajournement au 10 janvier suivant.

COMMISSAIRES : Adolphe de Bourgogne, seigneur de Beveren, amiral de la mer, lieutenant général de l'Archiduc; Philippe, bâtard de Bourgogne; le seigneur de Forest, gouverneur d'Arras; Jacques de Coupigny, bailli de Lens et maître de l'Hôtel de l'Archiduc; Jean Le Sauvage, président de Flandres.

(A., *Mém. XI*, fol. 54, 56 v° et 57 v°. — Béth., *CC 68*, fol. 14 v°-15 v°. — St-O., *comptes 1497-98 n.st.*, fol. 88 v°. — GUESNON, *o. c.*, n° CCLV, p. 341.)

1498, du 10 au 13 janvier ; Cité d'Arras (à l'hôtel épiscopal). Accord à l'archiduc d'une aide extraordinaire et demie pour un an.

(*Acte d'accord :* A., *Mém. XI*, fol. 65. — N., *B 939*, n° 17835. — A., *l. c.*, fol. 63. — Béth., *l. c.*, fol. 13 v°.)

1499, 6 septembre ; St-Omer. Assemblée des États d'Artois.

(Aire, *comptes 1498-99*, fol. 29.)

1500, 28 mai ; St-Omer (église N.-D.). Demande de deux aides pour l'Archiduc et d'une demi-aide pour sa femme, quatre ans durant. — Ajournement au 4 juin.

(N., *B 13955*. — A., *Mém. XI*, fol. 127 v°-128 et 129. — Béth., *BB 3*, p. 55 et 63-64.)

— 4 juin ; St-Omer (St-Bertin). Accord de 35.000 francs « à portion de taille » (soit deux aides extraordinaires et demie).

(*Acte d'accord* : A., *Mém. XI*, fol. 134. — *Ibid.*, fol. 131. — Béth., *l.c.*, p. 68.)

— 26 novembre ; St-Vaast d'Arras. Demande de deux aides extraordinaires par an, quatre ans durant. — Ajournement au 5 décembre.

COMMISSAIRES : Le seigneur de Sempy ; Philippe de Contay, seigneur de Forest, gouverneur d'Arras ; Jean Le Sauvage, président de Flandres.

(A., *l.c.*, fol., 144 v°-146. — Béth., *l.c.*, p. 101, 107, 109 et 110. — St-O., *comptes 1500-01 n.st.*, fol. 86. — GUESNON, *o. c.*, n° CCLVIII, p. 343.)

— 6 décembre ; St-Vaast d'Arras. Accord de quatre aides extraordinaires payables en quatre ans.

(*Acte d'accord* : A., *Mém. XI*, fol. 147. — *Ibid.*, fol. 149. — Béth., *l.c.*, p. 112-113. — St-O., *l.c.*, fol. 86.)

1501, 27 au 28 août ; St-Vaast d'Arras. Assemblée des États du quartier d'Arras. — Députation aux États Généraux convoqués à Bruxelles.

(N., *B 13957*.)

1502, vers octobre ; Arras. Députation aux États Généraux convoqués à Malines.

(N., *B 13958*.)

1503, 3 novembre ; Arras. Députation aux États Généraux convoqués à Bruxelles pour le 15 novembre.

(N., *B 13959*. — Aire, *comptes 1502-03*, fol. 14. — Béth., *BB 4*, fol. 35.)

1504, 28 décembre ; St-Vaast d'Arras. Députation aux États Généraux convoqués à Anvers au 10 janvier.

(A., *Mém. XI*, fol. 232 v°-233. — Béth., *BB 4*, fol. 55.)

1505, 11 février; St-Vaast d'Arras. Demande de trois aides extraordinaires par an, six ans durant, pour les frais des ambassades, de la guerre de Gueldre, et du voyage en Espagne du nouveau roi de Castille. — Ajournement au 19 à Hesdin.

COMMISSAIRE : Jean Le Sauvage, président de Flandres.

(P.-de-C., annexe de St-O.,'*G 149.* — A., *Mém. XI*, fol. 241 v°-243 v°. — Béth., *BB 4*, fol. 57.)

— 19 février; Hesdin. Accord de deux aides par an, pendant deux ans, et d'une aide la troisième année.

(A., *l. c.*, fol. 245 v°. — Béth., *l. c.*, fol. 57 v°. — St-O., *comptes 1505-06 n. st.*, fol. 65.)

1506, 7 septembre; St-Vaast d'Arras. Sur demande faite aux États Généraux à Malines, accord par le Clergé et le Tiers d'une demi-aide, repoussé par la Noblesse.

(Béth., *l. c.*, fol. 90. — St-O., *Corr. du Mag.; comptes 1506-07 n. st.*, fol. 74 v°.)

— entre le 22 et le 25 septembre; Arras. Assemblée des États pour prendre une résolution définitive sur la demande faite à Malines. — Députation aux États Généraux convoqués à Bruxelles ; mandat donné aux représentants de la province de présenter les excuses des États de ne rien pouvoir accorder, par suite du petit nombre des comparants.

(Béth., *l. c.*, fol. 91. — St-O., *comptes 1506-07 n. st.*, fol. 75.)

— 14 novembre; Arras (Hôtel de ville). Assemblée du Tiers. — Délibérations sur la tutelle des enfants de Philippe le Beau.

(Béth., *l. c.*, fol. 99. — St-O., *Corr. du Mag.* — GUESNON, *o. c.*, n° CCLXX, p. 356-357. — HIRSCHAUER, *la Rédaction des coutumes d'Artois*, 47.)

1507, 17 mai; Arras. Assemblée des États pour saluer à son passage la duchesse de Savoie et entendre ses protestations d'affection à l'égard du pays.

(Béth., *l. c.*, fol. 110. — St-O., *comptes 1507-08 n. st.*, fol. 69.)

— 25-28 août; Arras. Délibérations sur la rédaction des coutumes. — Demande aux États d'un impôt sur les feux, déjà proposé aux États Généraux. — Ajournement au 1er octobre.

COMMISSAIRE : Odo des Moulins, maître des requêtes ordinaires de l'archiduc.

(Béth., *l. c.*, fol. 119 v°-121 v°. — St-O., *l. c.*, fol. 71. — HIRSCHAUER, *o. c.*, 50-51.)

1507, 1ᵉʳ octobre; Arras. Demande, au lieu de l'impôt sur les feux, d'un subside de 2.000 francs philippus. — Réponse défavorable des États.

Commissaire : François de Melun, prévôt de St-Omer.

(Béth., *BB 4*, fol. 123.)

1508, 31 mars; St-Vaast d'Arras. Assemblée des États pour rendre réponse sur les demandes faites aux États Généraux.

(Aire, *comptes 1507-08*, fol. 17 vᵒ. — A., *Mém. XI*, fol. 329 vᵒ. — Béth., *BB 4*, fol. 138 vᵗ.)

— 8 mai; St-Vaast d'Arras. Députation envoyée vers l'Empereur à Namur, puis à Luxembourg.

(N., *13963*. — Aire, *l. c.*, fol. 18 vᵒ. — A., *l. c.*, fol. 332. — Béth., *l. c.*, fol. 140 rᵒ-vᵒ.)

— 16-17 juillet; Arras. Demande de trois aides extraordinaires par an, quatre ans durant. — Ajournement au 10 août.

Commissaires : Le seigneur de Montigny [bailli de Lens]; Jean Caulier.

(Aire, *l. c.*, fol. 19 vᵒ. — Béth., *l. c.*, fol. 147 vᵒ.)

— 10-11 août ; Ibid. Accord par la Noblesse d'une aide et demie, trois ans durant, repoussé par le Clergé et agréé par le Tiers sous réserve de l'acceptation de ses commettants.

Commissaires : [Robert de Melun], gouverneur d'Arras ; le seigneur de Montigny ; Jean Caulier.

(*Acte d'accord* : Béth., *BB 4*, fol. 149 vᵒ. — *Ibid.*, fol. 149 et 150 rᵒ-vᵒ.)

— 10 et 11 septembre; St-Vaast d'Arras. Maintien par la Noblesse et le Tiers de leur acte d'accord du 11 août. — Accord particulier par le Clergé d'une aide extraordinaire et demie pendant trois ans, sans aucune diminution. — Députation aux États Généraux.

Commissaire : Le lieutenant du gouverneur d'Arras.

(*Acte d'accord* : Béth., *BB 4*, fol. 153 vᵒ. — *Ibid.*, fol. 153. — Aire, *comptes 1507-08*, fol. 20 vᵒ. — A., *Mém. X¹*, fol. 340.)

1509, 8 janvier; Arras. Assemblée des États d'Artois pour entendre les demandes faites au nom de l'Archiduc et y répondre. — Accord, sous condition du consentement des villes, d'une aide extraordinaire par an, trois ans durant. — Députation aux États Généraux.

Commissaires : Jean Caulier; [Nicolas de Ruistre], évêque d'Arras.

(Béth., *l. c.*, fol. 164 vᵒ. — St-O., *comptes 1509-10 n. st.*, fol. 65.)

1509, 19 janvier; **Arras**. Accord d'une aide extraordinaire par an, trois ans durant, annulant l'accord précédent.

(A., *Mém. XII*, fol. 8 v°.)

— **13 juin**; **St-Vaast d'Arras**. Ratification des coutumes générales d'Artois.

Commissaires : Robert de Melun, gouverneur d'Arras ; Jean Caulier.

(N., *B 941*, n° 18002. — Béth., *BB 4*, fol. 180. — St-O., *comptes 1509-10*, fol. 68. — Hirschauer, *la Rédaction des coutumes d'Artois...*, 56-57.)

1511, 23-25 août; **Arras**. Assemblée des États pour entendre les demandes faites au nom de Marguerite d'Autriche, régente des Pays-Bas. — Ajournement au 15 septembre.

Commissaires : Robert de Melun ; Antoine de Berghes, abbé de St-Bertin ; Roland de Morbecque, conseiller et maître des requêtes de l'hôtel de l'archiduc d'Autriche.

(St-O., *comptes 1511-12*, fol. 89 v°. — Guesnon, *o.c.*, n° cclxxv, p. 362.)

— **15 septembre**; **St-Vaast d'Arras**. Accord d'une demi-aide extraordinaire pour les frais de la guerre de Gueldre.

(*Acte d'accord* : A., *Mém. XII*, fol. 46.)

1512, 11 février; **Arras**. Assemblée du Tiers pour députer aux États Généraux, les deux premiers ordres ne s'étant pas présentés.

(*Ibid.*, fol. 49 v°. — Béth., *BB 5*, fol. 23. — St-O., *Corr. du Mag.*)

— **12 mars**; **Ibid**. Assemblée des États pour rendre réponse sur les demandes faites aux États Généraux. — Accord d'une aide extraordinaire et demie. — Députation en cour.

(Aire, *comptes 1511-12*, fol. 18. — Béth., *l. c.*, fol. 29 r°-v°. — St-O., *comptes 1512-13*, fol. 70.)

— **12 novembre**; **Arras**. Députation aux États Généraux convoqués à Malines.

(P.-de-C., comptes de St-Bertin, *n° IV*, *reg. 79*, fol. 345 v°.)

1513, 8-9 janvier; **St-Vaast d'Arras**. Accord d'une aide extraordinaire et demie.

Commissaires : Robert de Melun ; Jean Jonglet, conseiller et maître des requêtes ordinaires de l'hôtel de l'Empereur.

(*Acte d'accord* : A., *Mém. XII*, fol. 63 v°. — N., *B 942* (n° 16676 du Trésor des Chartes). — Aire, *comptes 1512-13*, fol. 19. — A., *l. c.*, fol. 65.)

1514, 30 novembre; Arras. Députation aux États Généraux convoqués à Bruxelles.

(St-O., *comptes 1514-15*, fol. 71 r°-v°.)

1515, 24 septembre; Arras. Députation aux États Généraux convoqués à Alost (puis à Bruxelles).

(A., *Mém. XII*, fol. 101 v°. — St-O., *comptes 1515-16*, fol. 75 r°-v°.)

— 16-17 novembre; Ibid. Demande de deux aides extraordinaires et demie. — Délibérations sur les monnaies.

Commissaires : Robert de Melun; Claude de Bonnard, seigneur de Gommegnies, gouverneur de Béthune; Jean de Carondelet, haut doyen de Besançon, premier maître des requêtes du prince d'Espagne.

(St-O., *l. c.*, fol. 75 v°-76.)

— 29 novembre; St-Vaast d'Arras. Accord de deux aides extraordinaires et demie.

Commissaires : Les mêmes qu'à l'assemblée précédente.

(*Acte d'accord* : A., *Mém. XII*, fol. 104.)

1516, 6 février; Arras. Députation aux États Généraux convoqués à Bruxelles.

(Aire, *comptes 1515-16*, fol. 19 v°. — St-O., *comptes 1516-17*, fol. 71.)

— 6 mars; St-Vaast d'Arras. Rapport des demandes faites aux États Généraux. — Accord non agréé par les commissaires de deux aides extraordinaires payables à l'expiration des deux aides en cours.

Commissaires : Claude de Bonnard; Jean Chucquet, maître des requêtes ordinaires de l'hôtel du prince d'Espagne.

(P.-de-C., annexe de St-O., *G 149*. — A., *Mém. XII*, fol. 107-109.)

— 15-19 mai; Ibid. Joyeuse entrée de Charles [Quint] à Arras. — Accord de trois aides extraordinaires par an, quatre ans durant.

(*Acte d'accord* : *Ibid.*, fol. 116. — Aire, *l. c.*, fol. 21 v°. — A., *l. c.*, fol 115 v°. — St-O., *Corr. du Mag.*; *comptes 1516-17*, fol. 73.)

— 14-15 septembre; Ibid. Députation aux États Généraux convoqués à Anvers.

(P.-de-C., comptes de St-Bertin, *n° III, reg. 80*, fol. 350 v°. — A., *l. c.*, fol. 121.)

1516, 16-17 octobre; Ibid. Assemblée des États pour rendre réponse sur les demandes faites aux États Généraux. — Refus d'accorder l'aide demandée.

(Aire, *comptes 1515-16*, fol. 23. — St-O., *Corr. du Mag.*)

— 15 décembre; Ibid. Assemblée des États pour rendre une réponse définitive sur les demandes faites aux États Généraux. — Accord d'un tiers d'aide extraordinaire.

Commissaires : Jacques d'Oignies, seigneur d'Estrées, conseiller et chambellan du roi, bailli d'Aire; Antoine de Wautripont, conseiller et maître des requêtes ordinaires du Roi.

(*Acte d'accord* : A., *Mém. XII*, fol. 124 v°. — Aire, *comptes 1515-16*, fol. 24. — St-O., *comptes 1516-17*, fol. 83 v°.)

1517, 24 avril; Arras. Députation aux États Généraux convoqués à Gand.

(Aire, *comptes 1516-17*, fol. 18. — St-O., *Corr. du Mag.*)

— 3 août; St-Vaast d'Arras. Députation aux États Généraux convoqués à Bruxelles (puis à Middelbourg).

(Aire, *l. c.*, fol. 19. — A., *l. c.*, fol. 131.)

— 12-13 septembre; Arras. Assemblée des États d'Artois pour rendre réponse sur les demandes faites aux États Généraux. — Refus d'accorder le subside demandé.

(Aire, *l. c.*, fol. 19 v°. — St-O., *Corr. du Mag., comptes 1517-18*.)

1520. 15 janvier; Arras. Assemblée du Tiers. — Délibérations sur les monnaies.

(Aire, *comptes 1519-20*, fol. 18.)

— 14 juin; St-Vaast d'Arras. Députation aux États Généraux convoqués à Bruxelles.

(*Ibid.*, fol. 20. — A., *Mém. XII*, fol. 174 v°. — St-O., *Corr. du Mag.* — Guesnon,... *Chartes... d'Arras*, n°° CCLXXXV et CCLXXXVIII, p. 368 et 369.)

— 8-9 juillet; Ibid. Accord par les États d'Artois de vingt et une aides extraordinaires payables en six ans.

Commissaires : Le seigneur de Sempy, chevalier de l'Ordre; Jean Jonglet, seigneur de Maretz, maître des requêtes ordinaires de l'hôtel.

(*Acte d'accord* : A., *Mém. XII*, fol. 175. — Guesnon, *o. c.*, n° CCXCII, p. 371.)

1520, avant le 20 septembre; Arras. Assemblée des États d'Artois pour députer aux États Généraux convoqués à Bruxelles (?).

(Aire, *comptes 1519-20*, fol. 21. — St-O., *Corr. du Mag.*)

1521, 10 juillet; Ibid. Députation aux États Généraux convoqués à Gand.

(St-O., *l. c.*)

— **26-29 juillet; St-Vaast** d'Arras. Accord par les États de trois aides extraordinaires.

COMMISSAIRES : Robert de Melun ; Jean Jonglet.

(*Acte d'accord* : A., *Mém. XII*, fol. 196. — St-O., *comptes 1521-22*, fol. 82 v°.)

— **18 décembre; Ibid.** Députation aux États Généraux convoqués à Gand.

(A., *l. c.*, fol. 199 v°.)

1522, 10 janvier; Arras. Refus d'accorder les trois aides extraordinaires demandées par l'Empereur aux députés d'Artois aux États Généraux.

(St-O., *l.c.*, fol. 88; *Corr. du Mag.*)

— **18 septembre ; Lens.** Demande aux États de trois aides extraordinaires. — Ajournement au 24 septembre.

COMMISSAIRES : Robert de Melun ; [Claude de Boisset], doyen de Poligny, chef du Conseil Privé; Jean Jonglet; M° George Despleglen.

(N., *B 13972*. — A., *Mém. XII*, fol. 212.)

— **24 septembre ; Ibid.** Accord de trois aides extraordinaires.

COMMISSAIRES : Les mêmes qu'à l'assemblée précédente.

(St-O., *comptes 1522-23*, fol. 82 v°-83 v°; *comptes 1523-24*, fol. 82.)

1523, 15 février; Arras. Assemblée des États d'Artois (pour députer aux États Généraux convoqués à Malines?).

(Aire, *comptes 1522-23*, fol. 21 v°.)

— **16 mars; Ibid.** Assemblée des États d'Artois pour rendre réponse sur les demandes faites aux États Généraux. — Remise au 22 mars en raison de l'absence des nobles.

(St-O., *comptes 1523-24*, fol. 95 v°.)

1523, 22-24 mars ; St-Vaast d'Arras. Accord d'une aide extraordinaire et demie sur demande de trois aides.

Commissaires : Philippe de Souastre, maître de l'hôtel de Marguerite d'Autriche ; Jean Anstonyes, maître des requêtes ordinaires de l'Empereur.

(*Acte d'accord* : A., *Mém. XII*, fol. 220 v°. — Aire, *comptes 1522-23*, fol. 21.)

— 6 novembre ; Arras. Assemblée des États pour entendre les demandes de l'Empereur. — Ajournement au 16 novembre.

Commissaires : Robert de Melun ; Nicolas Perrenot, conseiller et maître des requêtes ordinaires de l'Empereur.

(*Ibid.*, fol. 22 v°.)

— 16 novembre ; St-Vaast d'Arras. Accord de deux aides extraordinaires.

Commissaires : Les mêmes.

(*Acte d'accord* : A., *Mém. XII*, fol. 232. — St-O., *comptes 1523-24*, fol. 100 v°.)

1525, 25 avril ; Arras. Demande aux États de vendre 4.000 livres de rente sur le pays d'Artois et d'accorder trois aides extraordinaires. — Ajournement au 2 mai.

Commissaires : Philippe de Lannoy, gouverneur de Tournai et du Tournésis ; Nicolas Perrenot.

(Aire, *comptes 1524-25*, fol. 23.)

— 2 mai ; St-Vaast d'Arras. Accord par les deux premiers ordres de sept aides extraordinaires et par le Tiers de la vente de 3.000 livres de rente sur les villes.

Commissaires : Les mêmes.

(*Acte d'accord du Tiers* : A., *Mém. XIII*, fol. 14. — *Acte d'accord des privilégiés* : Belg., Ét. et Aud., *reg. 818*, fol. 23. — Aire, *l.c.*, fol. 23 v°.)

1526, 28-29 mars ; Ibid. Députation aux États Généraux convoqués à Malines.

(*Ibid.*, *comptes 1525-26*, fol. 20. — A., *l.c.*, fol. 49 v°.)

1527, 15 février ; Arras. Demande de trois aides extraordinaires et demie par an, trois ans durant. — Ajournement au 25 février.

Commissaires : Le comte du Rœulx, chevalier de l'Ordre, gouverneur d'Artois, le seigneur d'Agny.

(Aire, *comptes 1526-27*, fol. 20 v°. — St-O., *comptes 1527-28*, fol. 83.)

1527, 25 février; St-Vaast d'Arras. Accord de deux aides extraordinaires par an, trois ans durant.

COMMISSAIRES : Les mêmes qu'à l'assemblée précédente.

(*Acte d'accord* : A., *Mém. XIII*, fol. 61 v°. — Aire, *l.c.*, fol. 21.)

— 15-18 novembre ; Arras. Demande de deux aides extraordinaires par an, deux ans durant. — Ajournement au 25 novembre.

COMMISSAIRES : Philippe de Lannoy; Jean Jonglet.

(Aire, *l.c.*, fol. 25 v°. — St-O., *l. c.*, fol. 91 v°.)

— 25 novembre; Ibid. Réunion des États pour rendre réponse sur la demande précédente.

(*Ibid.*)

1528, 25 octobre; Arras. Assemblée du Tiers. — Délibérations sur les monnaies.

(St-O., *comptes 1528-29*, fol. 82.)

1529, entre les 26 et 31 mars; Ibid. Demande de trois aides extraordinaires.

(St-O., *comptes 1529-30*, fol. 81.)

— 4 mai; Ibid. Demande de trois aides extraordinaires par an, quatre ans durant. — Ajournement au 12 mai.

COMMISSAIRES : Philippe de Lannoy; le seigneur de Saint-Prix, gouverneur du Quesnoy; [Claude de Boisset], archidiacre d'Arras, doyen de Poligny.

(Béth., *BB 6*, fol. 7 v° et 8 v°.)

— 12 mai; St-Vaast d'Arras. Accord par les deux premiers ordres de trois aides extraordinaires par an, six ans durant; par le Tiers, d'une aide jusqu'à l'expiration des deux aides en cours et de deux aides les trois années suivantes. — Refus des commissaires d'agréer l'offre des villes.

COMMISSAIRES : Philippe de Lannoy; Claude de Boisset.

(*Acte d'accord* : A., *Mém. XIII*, fol. 89 v°. — Béth., *l.c.*, fol. 8 r°-v°.)

— 12-13 décembre; Ibid. Délibérations relatives à la ratification du traité de Madrid et de la paix de Cambrai et à l'établissement d'un Conseil provincial en Artois.

COMMISSAIRES : Claude de Boisset ; le seigneur de Trasignies, chevalier de l'Ordre ; Renaud Grignard, procureur d'Artois.

(N., *B 13979*. — Béth., *l.c.* fol. 19. — St-O., *comptes 1529-30*, fol. 84.)

1529, 21-22 décembre ; St-Vaast d'Arras. Ratification du traité de Madrid et de la paix de Cambrai : approbation du projet de création du Conseil Provincial.

COMMISSAIRES : Les mêmes.

(Béth., *l. c.*, fol. 20.)

1530, janvier (?) Assemblée du Clergé et de la Noblesse pour délibérer sur la création du Conseil d'Artois.

(N., *B 13979*.)

1531, avant le 2 mars ; Arras. Députation aux États Généraux convoqués à Bruxelles.

(Béth., *l. c.*, fol. 64.)

— **15-18 mars ; St-Vaast d'Arras**. Accord d'une aide à payer jusqu'à l'expiration des trois aides en cours (soit pendant quatre ans) et de la continuation de ces quatre aides pendant deux autres années. — Demande d'une demi-aide pour le comte du Rœulx. — Délibérations sur les monnaies, les coutumes et le Conseil d'Artois.

COMMISSAIRES : Adrien de Croy, comte du Rœulx, grand maître d'hôtel de l'Empereur et gouverneur d'Artois, etc...; Philippe Nigri, grand archidiacre de Thérouanne, maître des requêtes au Grand Conseil.

(*Acte d'accord* : A., *Mém. XIII*, fol. 121. — Béth., *l. c.*, fol. 67 v° et 68 v°. — St-O., *comptes 1531-32*, fol. 78.)

— **20-21 juillet ; Ibid**. Délibérations et remontrances à l'Empereur sur le cours des monnaies.

COMMISSAIRES : Wallerand de Landas et Louis [de] Martigny, conseillers au Conseil d'Artois.

(Béth., *l. c.*, fol. 80. — St-O., *l. c.*, fol. 79.; *Corr. du Mag.*)

— **entre les 17 et 19 septembre ; Arras**. Demande aux États d'un avis sur le cours des monnaies. — Ajournement à huitaine.

COMMISSAIRE : Baudoin Lecocq, procureur général de l'Empereur.

(St-O., *comptes 1532-33*, fol. 84.)

— **26-27 septembre ; St-Vaast d'Arras**. Remontrances faites à l'Empereur en vue d'obtenir qu'il soit sursis à l'exécution des placards sur le cours des monnaies.

COMMISSAIRE : Le même.

(*Acte des États* : Béth., *BB G*, fol. 85 v°. — *Ibid.*, fol. 84 et 85.)

1534, 30 juin ; Arras. Députation aux États Généraux convoqués à Malines.

> (A., *Mém. XIII*, fol. 168. — St-O., *comptes 1534-35*, fol. 79.)

— 10 septembre ; Ibid. Assemblée des États pour rendre réponse sur les demandes faites aux États Généraux. — Remise de l'assemblée.

> (*Ibid.*, fol. 79 v°.)

— 12 à 16 octobre ; St-Vaast d'Arras. Remontrances de la Régente sur le cours des monnaies. — Accord d'une aide extraordinaire pour sa joyeuse venue. — Requête présentée par la Noblesse et le Clergé touchant la sayetterie et les coutumes d'Artois.

> (*Acte d'accord* : A., *Mém. XIII*, fol. 172 v°. — N., *B 944*, n° 17272. — St-O., *l. c.*, fol. 80. — HIRSCHAUER, *la Rédaction des coutumes d'Artois...*, 59.)

1535, 30 juin ; Arras. Délibérations sur un projet d'union des pays de par-deçà et sur la question monétaire. — Députation aux États Généraux convoqués à Malines.

> (St-O., *comptes 1535-36*, fol. 77 v°. — GUESNON,... *Chartes d'Arras*, n° CCCIV, p. 383.)

1536, entre les 24 et 29 mai ; Ibid. Demande de six aides extraordinaires. — Ajournement au 8 juin.

> (St-O., *comptes 1536-37*, fol. 76. — Belg., Ét. et Aud., *reg. 685*, fol. 1.)

— 8 juin ; Arras. Assemblée des États pour rendre réponse sur la demande précédente. — Députation aux États Généraux convoqués à Bruxelles.

> (St-O., *l. c.*, fol. 76 v°.)

— 26 juin-3 juillet ; Ibid. Assemblée des États pour rendre réponse sur la demande faite à leurs députés aux États Généraux de trois aides extraordinaires et demie [par an, six ans durant?]. — Accord de trois aides payables en deux ans et de trois aides par an, quatre ans durant.

> COMMISSAIRE : Le comte du Rœulx.
>
> (*Acte d'accord* : A., *Mém. XIII*, fol. 208 v°. — St-O., *l. c.*, fol. 77 v°.)

— entre le 12 octobre et le 4 novembre ; Ibid. Assemblée des États pour rendre réponse sur la demande faite à leurs députés aux États Généraux.

> (*Ibid.*, fol. 79.)

1536, avant le 27 décembre; Ibid. Demande aux États d'un subside de 100.000 livres. — Ajournement au 27 décembre.

COMMISSAIRES : Jean Jonglet; [Pierre de Barbençon], sénéchal de Hainaut.

(*Ibid.*, fol. 80.)

— 27-29 décembre; Ibid. Accord de 50.000 l. à lever sur la bière et le vin.

COMMISSAIRES : Les mêmes qu'à l'assemblée précédente.

(*Acte d'accord* : A., *Mém. XIII*, fol. 217 v°.)

1537, entre les 4 et 24 mars; Ibid. Députation aux États Généraux convoqués à Bruxelles.

(St-O., *comptes 1537-38*, fol. 78.)

1538, 18 juin; St-Vaast d'Arras. Accord de trois aides extraordinaires payables en trois ans.

COMMISSAIRES : Le comte du Rœulx ; Guillaume Hangouart, président du Conseil d'Artois.

(*Acte d'accord* : A., *Mém. XIII*, fol. 247.)

— 10 août; St-Vaast d'Arras. Réduction à deux années, par les deux premiers ordres, du terme de payement des aides octroyées le 18 juin. — Maintien du premier acte d'accord par le Tiers.

COMMISSAIRES : Pontus de Lallaing, gouverneur d'Arras ; Louis de Martigny, conseiller au Conseil d'Artois.

(*Acte d'accord* : Belg., Ét. et Aud., *reg. 685*, fol. 4. — St-O., *comptes 1539-40*, fol. 61 v°.)

1539, 19-20 juin ; Ibid. Projet de voyage en Espagne vers l'Empereur.

COMMISSAIRE : Guillaume Hangouart.

(*Ibid.*, fol. 73 v°.)

— 25 juin ; Ibid. Assemblée du Tiers. — Délibérations sur le voyage d'Espagne.

(A., *Mém. XIII*, fol. 284 v°. — St-O., *l. c.*, fol. 74.)

1540, 16 novembre ; St-Omer (à St-Bertin). Demande par l'Empereur de quatre aides par an, six ans durant. — Promesse faite aux États de décréter les coutumes générales. — Ajournement au 22 novembre à Arras.

> (A., *l.c.*, fol. 309 v°. — Béth., *BB 7*, fol. 65 r°-v°. — Belg., *l.c.*, fol. 8. — Hirschauer, *la Rédaction des Coutumes d'Artois...*, 59.)

— 23-25 novembre ; St-Vaast d'Arras. Accord de quatre aides extraordinaires par an, six ans durant. — Délibération sur les coutumes. — Requête relative au payement des arrérages des aides dus par les villages, aux dommages subis par les sujets d'Artois entrant en France et au décret des coutumes.

> (*Acte d'accord* : Belg., Ét. et Aud., *reg. 819*, fol. 97. — Béth., *BB 7*, fol. 70 et 71 v°. — Hirschauer, *o. c.*, 59-60.)

1542, 15 janvier; St-Vaast d'Arras. Demande de subsides pour l'entretien de 1500 piétons et de 500 cavaliers. — Députation aux États Généraux convoqués à Bruxelles.

> Commissaire : Le comte du Rœulx.

> (*Ibid.*, fol. 97 v°.)

— 15-17 février ; Ibid. Accord de 30.000 l. à lever par des impôts indirects.

> Commissaire : Guillaume Hangouart.

> (*Acte d'accord* : A., *Mém. XIII*, fol. 343.)

— entre les 23 et 30 juin ; Ibid. Députation aux États Généraux convoqués à Bruxelles.

> (Béth., *BB 7*, fol. 116.)

— 23 juillet ; Ibid. Accord de 25.000 l. à lever à cours de rente.

> Commissaire : Le comte du Rœulx.

> (*Acte d'accord* : A., *Mém. XIII*, fol. 349. — St-O., *Corr. du Mag.*)

— 21 novembre; Arras. Députation aux États Généraux convoqués à Bruxelles.

> (St-O., *l. c.*)

— 17 décembre; St-Vaast d'Arras. Rapport des demandes faites aux députés d'Artois aux États Généraux. — Accord, pour un an, du 100° denier sur les marchandises sortant d'Artois et du 20° denier du revenu des immeubles et du gain des marchands. — Approbation des coutumes générales.

> Commissaire : Guillaume Hangouart.

> (*Acte d'accord* : Belg., Ét. et Aud., *reg. 685*, fol. 13.)

1543, 24 janvier; Ibid. Rapport des demandes faites aux députés d'Artois aux États Généraux. — Accord de 6o.ooo l. payables en huit mois. — Demande de ratification des coutumes générales.

COMMISSAIRE : Le même.

(*Actes d'accord* : 1° Belg., *l. c.*, fol. 20; 2° A., *Mém. XIII*, fol. 368-372.)

— **entre le 26 juin et le 2 août; Arras.** Demande de 6o.ooo l. — Députation aux États Généraux convoqués à Bruxelles.

(St-O., *comptes 1543-44*, fol. 77.)

— **2 août; St-Vaast d'Arras.** Accord de 3o.ooo l., à lever sur les boissons et les grains. — Requête à l'Empereur de faire au plus tôt décréter les coutumes.

COMMISSAIRE : Le comte du Rœulx.

(*Acte d'accord* : A., *Mém. XIII*, fol. 378.)

— **7 octobre; Ibid.** Rapport des demandes faites aux États Généraux réunis à Diest. — Accord de 4o.ooo l. à lever sur les maisons urbaines et suburbaines, les terres labourables, le gain des marchands, les rentes par lettres, etc.

(*Acte d'accord* : Belg., Ét. et Aud., *reg. 685*, fol. 32.)

1544, 28 février; Ibid. Sur demande de 120.000 l., accord de 48.000 l.

(St-O., *comptes 1544-45*, fol. 78. — A., *Mém. XIII*, fol. intercalé entre les fol. 135 et 136.)

— **23 mars; Ibid.** Accord de 66.ooo l., au lieu de 48.000, à lever sur les boissons, les terres labourables, etc.

(P.-de-C., *compte général des États B*, fol. 21 v°. — St-O., *l. c.*, fol. 78. — Belg., *l. c.*)

— **avant le 17 octobre; Arras.** Députation aux États Généraux. — Remontrances relatives au traité de Crépy-en-Laonnois.

(Belg., Ét. et Aud., *reg. 119*, fol. 42.)

— **18 novembre.** Rapport des demandes faites aux États Généraux réunis à Bruxelles. — Accord de deux aides extraordinaires (1). — Remontrances relatives au traité de Crépy-en-Laonnois.

(*Acte d'accord* : A., *Mém. XIII*, fol. 4o9. — St-O., *reg. H*, fol. 8 v°. — DANVIN,... *Vieil-Hesdin*, 233-238.)

---

(1) L'Empereur fit remise à l'Artois de ces deux aides.

1545, 29-31 mai ; St-Vaast d'Arras. Consentement du Clergé et du Tiers à homologuer le traité de Crépy-en-Laonnois. — Refus de la Noblesse. — Remontrances des États à l'Empereur.

Commissaire : Le comte du Rœulx.

(St-O., *l.c.*, fol. 22 r°-v°. — Danvin, *o. c.*, 239-243.)

— **20 juillet ; Ibid**. Homologation du traité de Crépy-en-Laonnois par le Clergé et le Tiers.

Commissaire : Le même.

(St-O., *l.c.*, fol. 23-24. — Belg., Ét. et Aud., *reg. 119*, fol. 49.)

— **23 septembre ; Ibid**. Rapport des demandes faites aux États Généraux réunis à Bruxelles. — Accord de quatre aides extraordinaires par an, quatre ans durant. — Requête à l'Empereur de faire décréter les coutumes générales d'Artois.

(*Acte d'accord* : A., *Mém. XIII*, fol. 429. — St-O., *l. c.*, fol. 25. — Hirschauer, *la Rédaction des Coutumes d'Artois...*, 62.)

— **20-21 octobre ; Ibid**. Accord de cinq aides extraordinaires par an, pendant cinq ans, au lieu de quatre octroyées le 23 septembre.

(*Acte d'accord* : Belg., Ét. et Aud., *reg. 685*, fol. 43. — St-O., *l. c.*, fol. 25 v°-26 v°.)

1547, 1er-2 janvier ; Ibid. Nomination des auditeurs du compte général des impôts levés depuis le 17 février 1542.

Commissaire : Le comte du Rœulx.

(P.-de-C., *comptes généraux des États A et B*, folios non foliotés. — Béth., *BB 8*, fol. 6 v°. — St-O., *l.c.*, fol. 41 v°.)

— **1er-2 mai ; Ibid**. Demande de 40.000 l. pour la construction d'un fort au lieu dit les « Waudrues ». — Refus des États d'y accéder.

Commissaire : Le même.

(*Acte des États* : Béth., *BB 8*, fol. 14 v°. — St-O., *comptes 1547-48*, fol. 58.)

— **septembre**. Accord de cinq aides extraordinaires par an, quatre ans durant.

(St-O., *comptes 1548-49*, fol. 59 v°.)

1548, 20 octobre ; Ibid. Députation aux États Généraux convoqués à Bruxelles.

(Béth., *BB 8*, fol. 67. — P.-de-C., *comptes de Saint-Bertin, n° xiv, reg. 90*, fol. 74.)

1548, 19-21 novembre; St-Vaast d'Arras. Rapport des demandes faites aux États Généraux. Homologation de l'acte d'union du cercle de Bourgogne à l'Empire. — Accord, pour trois ans, de quatre aides extraordinaires par an, au lieu de cinq demandées aux États Généraux.

(A., *Mém. XIV*, fol. 95. — Béth., *BB 8*, fol. 75 v°. — St-O., *reg. H*, fol. 59 v°; *comptes 1548-49*, fol. 67 v°.)

— 29 décembre; Ibid. Accord de cinq aides extraordinaires pendant trois ans, au lieu de quatre octroyées précédemment.

(*Acte d'accord* : A., *Mém. XIV*, fol. 103. — St-O., *reg. H*, fol. 60 r°-v°; *comptes 1548-49*, fol. 69 ; *Corr. du Mag.*)

1549, 10-11 mars; Ibid. Accord d'un don gratuit de 30.000 l. pour la joyeuse entrée du prince d'Espagne en Artois. — Différend entre les ordres sur les moyens de lever cette somme.

COMMISSAIRE : Le comte du Rœulx.

(*Acte du Tiers* : A., *Mém. XIV*, fol. 108 v°. — *Acte des privilégiés* : *Ibid.*, fol. 110 v°. — Béth., *BB 8*, fol. 92. — St-O., *reg. H*, fol. 62. — HIRSCHAUER, *les États... et la Joyeuse Entrée...*, in : *Bull. Ant. Mor.*, XII, 423-427.)

— 1er août; St-Omer : 1° chez le comte du Rœulx, 2° à St-Bertin. Réception du prince d'Espagne. — Présentation du don gratuit. — Ajournement au 11 août à Arras.

(A., *l.c.*, fol. 127 sqq. — Béth., *l.c.*, fol. 166 v°. — HIRSCHAUER, *o.c.*, 431-434 et sources citées *ibid.*)

— 11 août; Arras (sur la Grand Place). Serment de fidélité au prince d'Espagne comme comte d'Artois.

(A., *Mém. XIV*, fol. 135 v°-136. — Béth., *BB 8*, fol. 166 v°. — N., *B 944*, n° 17336. — HIRSCHAUER, *o.c.*, 435-436 et sources citées *ibid.*)

— 12 octobre; Arras. Assemblée des États pour entendre les demandes qui leur seront faites au nom de l'Empereur.

(Béth., *BB 8*, fol. 178.)

1549, 14-15 novembre; St-Vaast d'Arras. Rapport des demandes faites aux États Généraux. — Accord pour quatre ans des droits sur les vins requis par l'Empereur.

(*Acte d'accord* : A., *Mém. XIV*, fol. 146. — St-O., *reg. H*, fol. 68 v°-69 ; *Corr. du Mag.*)

1551, 18 décembre; Arras. Députation aux États Généraux convoqués à Bruges.

> (Béth., *BB 8*, fol. 263.)

1552, 17-20 janvier ; St-Vaast d'Arras. Rapport des demandes faites aux États Généraux. — Accord de cent mille livres à lever sur les boissons.

> (*Acte d'accord :* Béth., *BB 8*, fol. 279 v°. — *Ibid.*, fol. 267 v° et 277 v°. — P.-de-C., *reg. du conseil de St-Bertin*, n° 2, fol. 148 v°.)

1553, 10 janvier; Arras. Députation aux États Généraux convoqués à Bruxelles.

> (Béth., *l. c.*, fol. 321.)

— **du 28 février au 3 mars; St-Vaast d'Arras**. Rapport des demandes faites aux États Généraux. — Sur demande de 150.000 l., accord de 120.000 l. à lever sur les boissons, les terres, l'exportation des céréales, etc.

> (*Acte d'accord :* Belg., Ét. et Aud., *reg. 685*, fol. 68. — Béth., *l. c.*, fol. 333.)

— **16-17 avril ; Ibid**. Accord de délais plus courts pour le payement de 120.000 l. octroyées précédemment.

> (*Acte d'accord :* Belg., Ét. et Aud., *reg. 685*, fol. 91.)

— **8 juillet; Ibid**. Accord de 15.000 l. pour la destruction de Thérouanne.

> COMMISSAIRE : Louis de Martigny, président du Conseil d'Artois.
>
> (*Acte d'accord :* P.-de-C., *C 874*. — Ibid., *C 793*, fol. 18. — RICHARD, *Deux plans de Thérouanne*, in : *Bull. Comm. Antiq. du P.-de-C.*, V, 124 sqq.)

— **4 août; Ibid**. Députation aux États Généraux convoqués à Bruxelles. — Remontrances relatives à l'attribution à St-Omer du siège épiscopal de Thérouanne.

> (St-O., *Corr. du Mag.*)

— **24-26 août; Ibid**. Rapport des demandes faites aux États Généraux. — Accord de 40.000 l. à lever sur les immeubles urbains et suburbains.

> (*Acte d'accord :* P.-de-C., *C 874*.)

1554, avant le 15 mars; Ibid. Députation aux États Généraux convoqués à Bruxelles.

> (St-O., *Corr. du Mag.*)

1554, 15-16 mars ; St-Vaast d'Arras. Rapport des demandes faites aux États Généraux. — Sur demande de 100.000 l., accord de 25.000 l.

(*Acte d'accord* : P.-de-C., *C 874.*)

— **23 septembre ; Arras (chez le gouverneur)**. Demande de 60.000 l. pour la construction d'Hesdinfert. — Ajournement au lendemain.

(P.-de-C., *C 792*, fol. 19 v°. — MEUNIER, *Histoire d'Hesdin*, I, 11-13.)

— **24-25 septembre; St-Vaast d'Arras**. Accord de 30.000 l. pour la construction d'Hesdinfert.

(*Acte d'accord* : P.-de-C., *C 874*. — MEUNIER, *o. c.*, 13.)

1555, 18-19 mars ; Ibid. Rapport des demandes faites aux États Généraux. — Sur demande de 30.000 l. et de trois aides extraordinaires pour les travaux d'Hesdinfert, accord de 30.000 l. — Requêtes relatives à la police du pays et au libre échange des blés.

(*Acte d'accord* : P.-de-C., *C 874*. — Ibid., *C 792*, fol. 22 v°.)

— **4 septembre; Ibid**. Députation aux États Généraux convoqués à Bruxelles. — Doléances sur la misère du pays et le poids des impôts.

(P.-de-C., *C 792*, fol. 27 v°. — Belg., Ét. et Aud., *reg. 685*, fol. 18.)

— **24-25 septembre; Ibid**. Rapport des demandes faites aux États Généraux. — Sur demande de 30.000 l., accord de 10.000 l. pour la construction d'Hesdinfert.

(*Acte d'accord* : P.-de-C., *C 874*. — MEUNIER, *o. c.*, 15.)

— **4 octobre; Ibid**. Pouvoirs donnés aux députés envoyés à Bruxelles pour représenter l'Artois à la cession des Pays-Bas au prince Philippe. — Modifications apportées au dernier accord par les deux premiers ordres.

COMMISSAIRES : Pontus de Lallaing, seigneur de Bugnicourt, chevalier de l'Ordre, gouverneur d'Artois; Pierre Asset, seigneur de Naves, président du Conseil d'Artois.

(*Acte des privilégiés* : Belg., Ét. et Aud., *reg. 685*, fol. 48. — GUESNON,... *Chartes d'Arras*, n° CCCXVI, p. 396.)

— **6 novembre ; Ibid**. Demande itérative de 30.000 l. — Ajournement de la session par suite du petit nombre des comparants.

(P.-de-C., *C 792*, fol. 35 v°. — MEUNIER, *o. c.*, 15-16.)

1555, 24-25 novembre; St-Vaast d'Arras. Accord de 20.000 l., au lieu de 10.000 accordées les 24 et 25 septembre.

> (*Acte d'accord* : P.-de-C., *C 874*.)

1556, 19 février; Ibid. Députation aux États Généraux convoqués à Bruxelles.

> (P.-de-C., *C 792*, fol. 37.)

— **29 mars-1ᵉʳ avril; Ibid**. Rapport des députés aux États Généraux : demande du Cᵉ denier sur les immeubles et du Lᵉ sur les meubles. — Accord de 72.000 l. — Protestations contre les abus commis par les fermiers des impôts du roi de France.

> (*Acte d'accord* : Belg., Ét. et Aud., *reg. 685*, fol. 107. — P.-de-C., *C 792*, fol. 44 v°. — A., *Mém. XIV*, fol. 280. — Béth., *BB 9*, fol. 21.)

1557, 22 juillet; Ibid. Députation aux États Généraux convoqués à Bruxelles.

> (P.-de-C., *l. c.*, fol. 45.)

— **28-29 septembre; Aire-sur-la-Lys**. Rapport des députés aux États Généraux. — Avis touchant la réduction des rentes sur le domaine. — Accord de 75.000 l.

> (*Acte d'accord* : Béth., *BB 9*, fol. 82 v°. — *Ibid.*, fol. 81. — St-O., *comptes 1557-58*, fol. 91.)

1558, 7-9 février; St-Vaast d'Arras. Rapport des députés aux États Généraux : demande d'une aide novennale de 800.000 livres sur l'ensemble du pays. — Accord de 10.666 l. 13 s. 4 d. par an, neuf ans durant, pour la part de l'Artois.

> (*Acte d'accord* : Belg., Ét. et Aud., *reg. 685*, fol. 132. — Ibid., *reg. 670*, fol. 91 v°; *reg. 672*, fol. 138. — P.-de-C., *C 792*, fol. 45 r°-v°. — A., *Mém. XIV*, fol. 310. — Béth., *BB 9*, fol. 116 v°.)

— **15-16 juin; Ibid**. Rapport des députés aux États Généraux. — Accord de 14.200 l. par an, pendant neuf ans, au lieu de 10.666 l. 13 s. 4 d.

> (*Acte d'accord* : P.-de-C., *C 874*. — Ibid., *C 793*, fol. 13. — St-O., *Corr. du Mag.*)

— **6-8 septembre; Ibid**. Délibérations sur les demandes faites aux États Généraux réunis à St-Vaast le 15 août. — Accord, au lieu des Cᵉ et Lᵉ demandés, d'une somme de 30.000 l. — Octroi pour quatre ans d'un droit de 30 s. par tonneau de vin demandé par le Roi pour sa flotte.

> (*Acte d'accord* : P.-de-C., *C 874*.)

1559, 26 avril; **St-Vaast d'Arras.** Accord de 55.000 l. au lieu de 3o.ooo octroyées en septembre 1558. — Prêt consenti au Roi pour le licenciement de 2.000 soldats étrangers.

Commissaires : [Philippe de Montmorency], seigneur d'Achicourt, chef des finances du Roi ; Pierre Asset, président du Conseil d'Artois.

(*Acte d'accord* : *Ibid.*)

— **14 juillet**; **Ibid.** Rapport des députés aux États Généraux. — Accord de 42.000 l. payables en trois ans. — Prêt consenti au Roi pour l'entretien de 3.000 hommes de guerre. — Délibérations sur un projet d'impôt sur le sel.

(*Acte d'accord* : *Ibid.*)

— **24 août**; **Ibid.** Rapport des députés aux États Généraux. — Accord de termes plus courts pour le payement des 42.000 l. octroyées le 14 juillet. — Députations aux États Généraux convoqués à Bruxelles.

(*Acte d'accord* : *Ibid.*)

1560, 4 mars; **Ibid.** Demande de 15.000 l. pour trois ans afin d'entretenir des mercenaires non espagnols. — Ajournement au 11 mars.

Commissaire : [Maximilien de Melun], vicomte de Gand, gouverneur d'Arras.

(P.-de-C., *C 792*, fol. 56 ; *C 793*, fol. 106.)

— **11 mars**; **Ibid.** Accord des 15.000 l. demandées, à lever en trois ans sous forme de deux aides extraordinaires auxquelles seul le plat pays sera soumis.

(*Acte d'accord* : P.-de-C., *C874.* — Ibid., *C 792*, fol. 56-57 ; *C 793*, fol. 106-113. — Belg., Ét. et Aud., *reg. 670*, fol. 220 v° ; *reg. 672*, fol. 256 v° ; *reg. 685*, fol. 166.)

1561, 23-24 octobre; **Ibid.** Demande de 6o.ooo fl. payables en deux ans pour la défense des frontières ; demande de remboursement de 3o.ooo fl. que le comte d'Egmont a pris sur son crédit pour le même objet. — Don d'une maison au dit gouverneur. — Nomination d'un receveur général. — Ajournement au 3o octobre.

Commissaire : Lamoral, prince de Gavre et comte d'Egmont, gouverneur de Flandres et d'Artois.

(P.-de-C., *C 874* ; *C 792*, fol. 60 ; *C 793*, fol. 116.)

1561, 30 octobre; St-Vaast d'Arras. Accord des 90.000 fl. demandés.

Commissaire : Le même qu'à l'assemblée précédente.

(*Acte d'accord* : P.-de-C., *C 874*. — Ibid., *C 793*, fol. 116-122. — Belg., *reg. 670*, fol. 270 ; *reg. 685*, fol. 117 et 180.)

— 20-22 décembre; Ibid. Rapport des députés en cours. — Refus des États de modifier leur accord du 30 octobre.

(*Acte d'accord* : 1° P.-de-C., *C 792*, fol. 60 ; 2° *Ibid.*, fol. 61. — *Ibid.*, fol. 60 v°-62.)

1562, 15 juin ; Ibid. Députation aux États Généraux convoqués à Bruxelles.

(*Ibid.*, fol. 62 v°-63.)

— 16 juillet ; Ibid. Rapport des députés aux États Généraux. — Refus d'accorder le subside de 100.000 l. demandé.

(*Acte d'accord* : P.-de-C., *C 792*, fol. 63. — Ibid., *C 793*, fol. 124 v°-126.)

1563, 21 avril ; Ibid. Assemblée du Clergé. — Accord d'un subside pour l'entretien des députés du clergé d'Artois au concile de Trente.

Commissaire : Pierre Asset, président du Conseil d'Artois.

(*Acte d'accord* : P.-de-C., *C 792*, fol. 64 v°. — *Ibid.*, fol. 65 r°-v°.)

— 20-21 décembre ; Ibid. Rapport des députés aux États Généraux. — Accord de 15.000 l. par an, trois ans durant, à lever comme le subside octroyé le 11 mars 1560.

(*Acte d'accord* : P.-de-C., *C 874*. — Ibid., *C 792*, fol. 66 v°. — St-O., *Corr. du Mag.*)

1565, avant le 24 mai ; Ibid. Assemblée du Clergé. — Nomination d'auditeurs des comptes.

(A., *Mém. XIV*, fol. 377.)

1566, 4 mai ; Ibid. Approbation d'un projet de placard. — Apostille favorable sur requête des députés généraux tendant à faire déclarer le receveur général seul comptable.

Commissaire : Lamoral d'Egmont, gouverneur d'Artois.

(*Acte des États* : P.-de-C., *C 792*, fol. 67 v°. — A., *Mém. XIV*, fol. 383. — St-O., *Corr. du Mag.*)

1568, 12 mai; Ibid. Demande aux États de bailler lettres obligatoires

de 75.000 l. remboursables sur le premier accord. — Ajournement au
20 mai.

> (P.-de-C., *l. c.*, fol. 67 v°.)

1568, 20-22 mai ; St-Vaast d'Arras. Octroi de l'obligation demandée.

COMMISSAIRE : [Maximilien de Melun], vicomte de Gand, gouverneur
d'Arras.

> (*Acte d'accord* : P.-de-C., *C 792*, fol. 67 v°. — *Ibid.*, fol. 68 v°. — St-O., *Corr.
> du Mag.*)

— 5 juin ; Ibid. Assemblée des membres des États résidant aux environs
d'Arras. — Refus de modifier l'acte conclu les 20, 21 et 22 mai par l'assemblée générale.

COMMISSAIRE : Le même qu'à l'assemblée précédente.

> (P.-de-C., *l. c.*, fol. 68 v°. — Belg., Ét. et Aud., *reg. 685*, fol. 187.)

— 28 juin ; Ibid. Modification par les États de leur acte d'accord du
mois de mai.

COMMISSAIRE : Le même.

> (*Acte d'accord* : P.-de-C., *C 792*, fol. 69. — *Ibid.*, fol. 69 v°.)

— 20-21 décembre ; Ibid. Nouvelle modification par les États de leur
acte d'accord du mois de mai. — Députation en cour.

COMMISSAIRE : Le même.

> (*Acte d'accord* : Belg., Ét. et Aud., *reg. 685*, fol. 189. — P.-de-C., *C 792*, fol·
> 71.)

1569, 6 mars ; Ibid. Députation aux États Généraux convoqués à Bruxelles.

> (*Ibid.*, fol. 71 v°.)

— 4 avril ; Ibid. Rapport des députés aux États Généraux : demande
du C° denier des immeubles, du X° de la vente des meubles et du XX° de
celle des immeubles. — Ajournement au 20 avril.

> (*Ibid.*, fol. 72 v° et 80.)

— 20-23 avril ; Ibid. Accord de 200.000 l. payables en quinze mois au
lieu des C°, XX° et X° demandés.

> (*Acte d'accord* : P.-de-C., *C 792*, fol. 80. — *Ibid.*, fol. 83 et 85. — HIRSCHAUER,
> *l'Artois et le X° denier...*, in *Revue du Nord*, ann. 1911, pp. 216-217.)

1569, 18 mai; St-Vaast d'Arras. Accord des C⁰, XX⁰ et X⁰ par les deux premiers ordres, sous toutes réserves.

Commissaires : Le vicomte de Gand; le seigneur de Noircarmes, grand bailli de Hainaut, gouverneur de Cambrai, grand bailli de St-Omer et chef des finances du Roi.

(*Acte des privilégiés* : P.-de-C., *G 792*, fol. 86. — Hirschauer, *o. c.*, 217.)

— 23-24 mai; Ibid. Refus du Tiers de se conformer à l'accord fait le 18 mai par les deux premiers ordres. — Députation en cour.

Commissaire : Le seigneur de Noircarmes.

(P.-de-C., *l. c.*, fol. 89 v°. — St-O., *Corr. du Mag.*)

— 15 octobre; Ibid. Demande en remplacement des X⁰ et XX⁰ d'un subside annuel de 136.000 l., six ans durant, et d'un second C⁰. — Ajournement au 7 novembre.

Commissaire : Le vicomte de Gand.

(P.-de-C., *l. c.*, fol. 90-92. — Hirschauer, *o. c.*, 218.)

— 7-9 novembre; Ibid. Accord d'un subside annuel de 56.000 l., dix ans durant. — Députation en cour.

(*Acte d'accord* : P.-de-C., *C 792*, fol. 92. — Ibid., fol. 93. — Hirschauer, *o. c.*, 218.)

— 12 décembre; Ibid. Demande itérative des subsides requis le 15 octobre. — Ajournement au 29 décembre.

Commissaire : Le vicomte de Gand.

(P.-de-C., *l. c.*, fol. 93 v°.)

— 29-30 décembre; Ibid. Maintien par les États de leur offre du mois de novembre. — Députation en cour.

(*Ibid.* — Hirschauer, *o.c.*, 218.)

1570, 13 mars; Ibid. Accord du X⁰ pour six ans et d'un second C⁰ au bout de ces six années. — Députation en cour.

Commissaire : Le vicomte de Gand.

(*Acte d'accord* : P.-de-C., *G 792*, fol. 95. — *Ibid.*, fol. 97. — Hirschauer, *o. c. et l. c.*)

— 20 avril; Ibid. Demande réitérée du XX⁰ denier de la vente des immeubles.

Commissaire : Le vicomte de Gand.

(P.-de-C., *l. c.*, fol. 97-98.)

1570, 10 mai; St-Vaast d'Arras. Offre par les deux premiers ordres de 136.000 l. par an, six ans durant, au lieu des Xe et XXe demandés.

(*Acte des privilégiés* : P.-de-C., *C 792*, fol. 98. — HIRSCHAUER, *o. c.*, 218-219.)

— **23-26 juin**; **Ibid.** Rapport des députés aux États Généraux. — Accord du sixième de Flandres (= 108.333 l. 6 s. 8 d.) pour six ans.

COMMISSAIRE : [Pierre Asset], président du Conseil d'Artois.

(*Acte d'accord* : P.-de-C., *l. c.*, fol. 100 v°. — HIRSCHAUER, *o. c.*, 219.)

— **2-3 août**; **Ibid.** Demande de modifications à l'acte d'accord du mois de juin. — Refus des États d'y consentir et d'octroyer un impôt nouveau sur les vins. — Accord de 12.000 l. pour la joyeuse venue de la Reine aux Pays-Bas.

COMMISSAIRE : Le vicomte de Gand.

(*Acte d'accord* : P.-de-C., *l. c.*, fol. 108. — Béth., *BB 11*, fol. 316 v°.)

— **15 octobre**; **Ibid.** Acceptation par les États de modifier leur acte du mois de juin selon les vues du duc d'Albe. — Octroi de l'impôt sur les vins. — Réduction à 8.000 l. du don fait à la Reine.

COMMISSAIRES : Le vicomte de Gand ; Pierre Asset.

(*Acte d'accord* : P.-de-C., *l. c.*, fol. 114. — HIRSCHAUER, *o. c.*, 219.)

1571, 10 août; **Ibid.** Demande des Xe et XXe deniers par le duc d'Albe. — Ajournement au 3 septembre.

(P.-de-C., *l. c.*, fol. 118; *C 793*, fol. 143 v°.)

— **3-5 septembre**; **Ibid.** Refus d'accorder les Xe et XXe. — Offre par les deux premiers ordres de continuer le VIe de Flandres pendant quatre ans. — Députation en cour. — Désignation des députés qui devront aller en Espagne présenter au Roi les remontrances des États touchant le Xe.

(*Actes des États* : P.-de-C., *C 792*, fol. 118. — *Ibid.*, fol. 119. — HIRSCHAUER, *o. c.*, 220-221.)

1572, 15 juillet; **Arras (en halle échevinale).** Demande aux États d'un subside de 108.333 l. 6 s. 8 d. en remplacement des Xe et XXe. — Députation aux États Généraux convoqués à Bruxelles. — Ajournement au 21 juillet.

(P-de-C., *l. c.*, fol. 123.)

— **21 juillet**; **Ibid.** Accord des 108.333 l. 6 s. 8 d. demandées, à condition d'en déduire 40.000 l. déjà versées.

(*Acte d'accord* : P.-de-C., *l. c.*, fol. 123. — Béth., *BB 12*, non fol.)

1572, 1ᵉʳ octobre; St-Vaast d'Arras. Assemblée du Clergé. — Election d'un député général en remplacement de l'abbé de St-Vaast décédé.

(P.-de-C., *l. c.*, fol. 136.)

— **15-16 octobre; Ibid**. Rapport des députés en cour. — Rejet des projets d'impôts nouveaux. — Offre du VIᵉ de Flandres pour trois ans.

(*Acte des États* : P.-de-C., *l. c.*, fol. 137 v°. — Béth., *l.c.* — St-O., *Corr. du Mag.*)

1573, 8 mars; Ibid. Demande aux États d'avancer la moitié de leur contingent annuel de 108.333 l. — Ajournement au 27 mars.

(P.-de-C., *l. c.*, fol. 138 v°.)

— **27 mars; Ibid**. Accord de l'avance de fonds demandée, sous diverses conditions.

(*Acte d'accord* : P.-de-C., *l.c.*, fol. 140. — St-O., *l.c.*)

— **20 avril; Cité d'Arras (hôtel épiscopal)**. Assemblée du Clergé. — Refus d'accorder un subside de 40.000 l. précédemment demandé.

(P.-de-C., *l. c.*, fol. 143 v°.)

1574, 22 janvier; St-Vaast d'Arras. Demande aux États d'une avance de 106.000 fl. sur le second Cᵉ soi-disant accordé au roi. — Ajournement au 5 février.

CommissaiRe : Pierre Asset.

(*Ibid.*, fol. 145 v°.)

— **5-6 février; Ibid**. Doléances des États sur l'importance des contributions qui leur sont demandées.

(*Acte d'accord* : P.-de-C., *C 874*. — Ibid., *C 792*, fol. 148; *C 793*, fol. 184 v°-188; *reg. des fermes*, fol. 14.)

— **7 mars; Ibid**. Répétition de la demande faite le 22 janvier. — Ajournement au 16 mars.

CommissaiRes : Le baron de Rassenghien, gouverneur d'Artois; Pierre Asset.

(P.-de-C., *C 792*, fol. 153.)

— **16-17 mars; Ibid**. Maintien de la réponse faite les 5 et 6 février.

(*Acte des États* : P.-de-C., *C 874*. — Ibid., *C 792*, fol. 152 v°; *reg. des fermes*, fol. 14.)

1574, 19 avril; St-Vaast d'Arras. Députation aux États Généraux convoqués à Bruxelles.

(P.-de-C., *C 792*, fol. 153.)

— **20 juin; Ibid**. Rapport des députés aux États Généraux : demande, en plus du subside annuel de deux millions pour les quatre années restant à payer, du second C° prétendûment accordé au Roi. — Ajournement au 3o juin.

(*Ibid.*, fol. 153 v° et 162; *C 793*, fol. 214 r°-v°.)

— **30 juin, 1ᵉʳ et 2 juillet ; Ibid**. Accord de 108.000 l. au lieu du second C° demandé, sous diverses conditions. — Députation en cour.

(*Acte d'accord* : P.-de-C., *C 874*. — Ibid., *C 792*, fol. 163 v° ; *C 793*, fol. 219.)

— **4 août ; Ibid**. Demande réitérée d'un second Cᵉ. — Demande d'un subside de 32.971 l. 11 s. 3 d. pour le licenciement des reîtres et d'une avance de 6o.000 l. — Ajournement au 12 août.

Commissaire : Le baron de Rassenghien.

(Ibid., *C 792*, fol. 167 v° ; *C 793*, fol. 227 v°.)

— **12 août ; Ibid**. Accord des 32.971 l. 11 s. 3 d. demandés. — Offre de 15o.000 l. au lieu du Cᵉ, à diverses conditions.

(*Acte d'accord* : P.-de-C., *C 874*.)

— **21 septembre; Ibid**. Demande, soit du C°, soit d'un subside de 3oo.000 l. — Ajournement au 28 septembre.

(Ibid., *C 792*, fol. 170.)

— **28-29 septembre ; Ibid**. Accord de 2oo.000 l. au lieu de 15o.000 en échange du Cᵉ et sous certaines conditions. — Députation en cour.

(*Acte d'accord* : P.-de-C., *C 874*.)

1575, 31 janvier-2 février; Ibid. Demande d'une avance de 5o.000 l. sans préjudice des 2oo.000 l. accordées pour le rachat du Cᵉ. — Ajournement au 11 février.

Commissaires : Le baron de Rassenghien; Pierre Asset.

(Ibid., *C 792*, fol. 18o. — St-O., *Corr. du Mag.*)

— **11 février ; Ibid**. Accord de l'avance de 5o.000 l. demandée, mais à condition qu'elle sera déduite des 200.000 l. octroyées en échange du Ce.

COMMISSAIRES : Les mêmes.

(*Acte d'accord* : P.-de-C., *C 874*. — Ibid., *C 792*, fol. 180 v°.)

1575, 3 juillet ; St-Vaast d'Arras. Demande de modification de l'accord fait par les États le 11 février. — Ajournement au 11 juillet.

(*Ibid.*, fol. 182 v°. — St-O., *Corr. du Mag.*)

— 11-12 juillet; Ibid. Accord de 136.986 l. 18 s. 4 d. pour solde des sommes à payer pour le subside sexennal expirant le 13 août.

(*Acte d'accord* : P.-de-C., *C 874*. — Ibid., *C 792*, fol. 184. — St-O., *Corr. du Mag.*)

— 21 décembre ; Ibid. Demande de 100.000 l. — Ajournement au 2 janvier 1576.

COMMISSAIRE : Le baron de Rassenghein.

(P.-de-C., *C 792*, fol. 193 v°.)

1576, 2 janvier; Ibid. Accord d'une avance de 50.000 l. sur les 200.000 octroyées en échange du Ce.

(*Acte d'accord* : P.-de-C., *C 874*. — Belg., Ét. et Aud., *reg. 685*, fol. 263.)

— 31 janvier; Ibid. Demande réitérée de 100.000 l. — Ajournement au 14 février.

COMMISSAIRE : Maximilien de Longueval, comte de la Roche, gouverneur d'Artois.

(P.-de-C., *C 792*, fol. 196. — Béth., *BB 13*, fol. 9 v°.)

— 14-15 février; Ibid. Maintien de l'offre faite le 2 janvier d'une avance de 50.000 l.

(*Acte d'accord* : P.-de-C., *C 874*.)

— 28 juillet; Ibid. Demande d'un subside de 60.000 l. — Ajournement au 4 août.

COMMISSAIRE : Le comte de la Roche.

(P.-de-C., *C 792*, fol. 198 et 200. — Béth., *BB 13*, fol. 27.)

— 4 août; Ibid. Accord de 60.000 l. en six semaines, à titre de prêt remboursable sur le premier subside qui sera consenti par les États. — Rapport fait par le marquis d'Havré de son voyage en Espagne.

COMMISSAIRE : [Charles-Philippe de Croy], marquis d'Havré.

(*Acte d'accord* : P.-de-C., *C 874.* — Béth., *l. c.*, fol. 45.)

1576, 30 septembre ; St-Vaast d'Arras. Demande d'un subside pour lever de gens de guerre contre les Espagnols mutinés. Convocation aux États Généraux. — Ajournement au 5 octobre.

COMMISSAIRE : Le comte de la Roche.

(P.-de-C., *C 792*, fol. 205. — Béth., *l.c.*, fol. 45. — W. OBERT, éd. HÉRICOURT, 21-22.)

— 5-6 octobre ; Ibid. Consentement à la levée de gens de guerre. — Accord d'un subside de 76.800 l. pour leur entretien, à condition que l'offre précédente de 60.000 l. sera annulée. — Octroi de 24.000 l. « pour le service du Roy », à répartir entre les ordres. — Députation aux États Généranx.

(*Acte d'accord* : P.-de-C., *C 874.* — Ibid., *C 792*, fol. 206 v°-207. — Béth., *l. c.*, fol. 45 v°, 47 et 58. — St-O., *Corr. du Mag.*)

— 26-27 octobre ; Ibid. Confirmation de l'accord des 5 et 6 octobre. — Procuration générale donnée aux députés aux États Généraux.

(*Acte d'accord* : Belg., Ét. et Aud., *reg. 685*, fol. 282. — P.-de-C., *C 792*, fol. 207. — Béth., *l. c.*, fol. 51 v°, 52 v°, 53 v°, 60 et 61.)

— 15 novembre ; Ibid. Demande d'un nouveau C° et des « moyens généraux ». — Ajournement au 22 novembre.

(P.-de-C., *l.c.*, fol. 214. — Béth., *l.c.*, fol. 64. — St-O., *Corr. du Mag.*)

— 22 novembre ; Ibid. Offre de 200.000 l. payables en un an, sous certaines conditions.

(*Acte d'accord* : P.-de-C., *C 874.* — Béth., *l. c.*, fol. 65 v°. — St-O., *l.c.*)

— 16 décembre ; Ibid. Répétition des demandes faites le 15 novembre. — Ajournement au 22 décembre.

COMMISSAIRES : Philibert de Marbais, seigneur de La Haie, Brigaude, Lambrechies, etc. (envoyé par les États Généraux) ; Jacques Reingout, commis des finances et trésorier de l'épargne du Roi (envoyé par le Conseil d'État).

(P.-de-C., *C 792*, fol. 229 v°. — St-O., *l.c.*)

1576, 22-23 décembre ; St-Vaast d'Arras. Accord par les villes du C° demandé et par les deux ordres d'un subside de 250.000 l., sous certaines conditions.

> (*Acte des privilégiés* : P.-de-C., *C 874.* — *Acte du Tiers* : Béth., *BB 13*, fol. 91 v°.)

1577, 19-20 janvier ; Ibid. Accord par les États du C° demandé et, pour six mois, des moyens généraux.

Commissaire : Robert de Melun, vicomte de Gand, gouverneur d'Artois.

> (*Acte d'accord* : P.-de-C., *C 874.* — Béth., *l. c.*, fol. 96.)

— 21 janvier ; Ibid. Assemblée du Clergé. — Élection de députés aux États Généraux, d'auditeurs des comptes, etc.

> (P.-de-C., *C 792*, fol. 237.)

— 22-23 avril ; Ibid. Demande de 60.000 l. — Proposition de ratifier la Pacification de Gand et l'Union de Bruxelles. — Ajournement au 30 avril.

Commissaire : Le vicomte de Gand.

> (*Ibid.*, fol. 243 v°. — Béth., *BB 13*, fol. 105 v°.)

— 30 avril ; Ibid. Accord des 60.000 l. demandées et de 5.000 l. pour racheter l'impôt sur les grains. — Instructions aux députés aux États Généraux. — Ratification de la Pacification de Gand et de l'Édit Perpétuel.

> (*Acte d'accord* : P.-de-C., *C 874.* — Ibid., *C 793*, fol. 295. — Béth., *l. c.*, fol. 117.)

— 28-29 mai ; Ibid. Demande de l'établissement pour trois ans des moyens généraux et d'une capitation. — Ajournement au 12 juin.

Commissaire : Le vicomte de Gand.

> (P.-de-C., *C 792*, fol. 255 r°-v°. — Béth., *l. c.*, fol. 118 v°.)

— 12-13 juin ; Ibid. Rejet des demandes présentées à l'assemblée précédente.

> (*Acte des États* : P.-de-C., *C 874.* — Béth., *l. c.*, fol. 135 v° et 136 v°.)

— 3-4 juillet ; Ibid. Répétition des demandes faites les 28 et 29 mai. — Ajournement au 12 juillet.

Commissaire : Pierre Asset.

> (P.-de-C., *C 792*, fol. 259 et 265 v°. — Ibid., *C 793*, fol. 403 r°-v°.)

1577, 12 juillet ; St-Vaast d'Arras. Nouveau rejet des projets d'impôts proposés aux États.

> (*Acte des États* : P.-de-C., *C 874*. — Ibid., *C 792*, fol. 266. — GACHARD, *Actes des États Généraux*, I, 195, n° 651.)

— 1ᵉʳ et 2 août ; Ibid. Délibérations des États sur les projets d'impôts ajournée par suite de l'absence des commissaires du gouverneur et des États Généraux. — Instructions aux députés aux États Généraux.

> (P.-de-C., *C 792*, fol. 267 v°-268. — GACHARD, *o. c.*, I, 215, n° 702.)

26 août ; Ibid. Accord de la part ordinaire d'Artois (6ᵉ de Flandres) dans le subside de 2.780.000 fl. à lever sur la généralité des provinces.

COMMISSAIRE : [Jacques de Gavre,] seigneur de Fresin.

> (*Acte d'accord* : P.-de-C., *C 874*. — Ibid., *C 792*, fol. 279.)

— 21-23 octobre ; Ibid. Consentement d'anticiper le payement du contingent octroyé le 26 août. — Accord de la part ordinaire d'Artois (6ᵉ de Flandres) dans le subside mensuel de 400.000 l. à lever pour la guerre sur la généralité des provinces.

COMMISSAIRE : Le même.

> (*Acte d'accord* : P.-de-C., *C 874*. — Ibid., *C 792*, fol. 287 v°; *C 793*, fol. 325. — Béth., *BB 13*, fol. 183. — OBERT, éd. HÉRICOURT, 29-30. — GACHARD, *o. c.*, I, 274, n° 858-859.)

— 6 novembre ; Ibid. Instructions aux députés aux États Généraux. Remontrances relatives au maintien du seigneur de Capres en sa gouvernance d'Arras ; à la nomination irrégulière de Frédéric d'Ives au siège abbatial de St-Bertin, etc.

> (P.-de-C., *C 874*; *C 793*, fol. 325 v°. — GACHARD, *o. c.*, I, 281-282, n°ˢ 880-81.)

— 18 novembre ; Ibid. Rapport de deux députés aux États Généraux. — Ajournement au 26 novembre.

> (P.-de-C., *C 792*, fol. 289-290 v°.)

— 19 novembre ; Ibid. Assemblée du Clergé. — Élection d'auditeurs des comptes. — Affaire de St-Bertin.

> (*Ibid.*, fol. 289. — Bibl. St-O., *ms. 503*, fol. 81 v°. — A. Nat., *K 1547*, n° 4 bis.)

— 26-28 novembre ; Ibid. Consentement à fournir à brève échéance 20.000 l. sur le contingent promis en octobre et à bailler lettres obligatoires de 26.766 l. 13 s. 4 d. — Acceptation de l'archiduc Mathias comme gouverneur général, etc.

> (*Acte d'accord* : P.-de-C., *C 874*. — Ibid., *C 793*, fol. 330 v°. — Bibl. St-O., *l. c.*, fol. 80 v°. — A. Nat., *l. c.*)

1578, 16 janvier; St-Vaast d'Arras. Demande aux États d'augmenter de moitié leur contigent mensuel pour l'entretien des troupes, d'aviser sur une requête du Magistrat d'Arras aux États Généraux, de signer le nouveau texte de l'Union des provinces, d'approuver les négociations avec la reine d'Angleterre, etc. — Ajournement au 6 février.

Commissaire : François d'Ongnies, seigneur de Beaumont et de Beaurepaire.

> (P.-de-C., *C 792*, fol. 293 et 301. — St-O., *Corr. du Mag.* — A. Nat., *l. c.* — Bussemaker, *De Afscheiding der Waalsche Gewesten...*, I, 255-256.)

— 6-7 février; Ibid. Accord du subside demandé et répartition entre les ordres. — Avis favorables sur toutes les questions soumises à l'assemblée précédente, sauf sur l'accord passé avec la reine d'Angleterre, trouvé trop onéreux.

> (*Acte d'accord* : P.-de-C., *C 874*. — St-O., *Corr. du Mag.* — J. Sarrazin, *Correspondance secrète*, éd. Hirschauer, 13.)

— 24 février; Ibid. Demande des moyens généraux pour un an, d'un droit de deux patards sur le tonneau de bière, d'un emprunt sur le Clergé, du prêt des joyaux et argenterie des églises et des villes, de la levée d'un homme sur vingt dans les villages et d'un sur quarante dans les villes, etc. — Ajournement au 28 février.

Commissaires : Pierre Asset; Adrien d'Ongnies, seigneur de Willerval; Marnix de Ste-Aldegonde.

> (P.-de-C., *C 792*, fol. 307 v°. — St-O., *l. c.* — J. Sarrazin, *Correspondance...*, 16-19. — Beuzart, *les Hérésies... dans la région... d'Arras*, 373-374. — Bussemaker, *o. c.*, I, 265-266.)

— 28 février-1er mars; Ibid. Rejet de toutes les impositions demandées. — Accord d'un subside de 50.000 l. — Conseils d'économie. — Circulaire envoyée aux États catholiques afin d'engager l'archiduc Mathias et les États Généraux à conclure la paix avec le Roi.

> (*Acte des États* : P.-de-C., *C 874*. — St-O., *Corr. du Mag.* — Belg., Ét. et Aud., *reg. 580*, fol. 164-166 et 174. — Bibl. roy. de Belg., *ms. 7199*, fol. 215 r°-v°. — Obert, *o. c.*, 40-41. — Sarrazin, *Correspondance...*, 23-25. — Beuzart, *o. c.*, 374-375. — Bussemaker, *o. c.*, I, 266-268 et 281 en note; II, 321-323 et 325-326.)

1578, 1er-4 avril; St-Vaast d'Arras. Accord pour trois mois des impositions précédemment rejetées, à condition que le subside mensuel pour l'entretien des gens de guerre sera déduit de la recette. — Sommation au capitaine Ambroise de comparaître devant le Conseil d'Artois pour répondre des désordres commis par ses soldats.

(*Acte d'accord* : P.-de-C., *C 874*. — Béth., *BB 13*, fol. 232 v° et 234 v°-238. — St-O., *Corr. du Mag.*)

— **20 mai ; Ibid.** Accord des moyens généraux, à mettre en pratique à partir du 1er juin. — Apostilles sur une requête de la bourgeoisie d'Arras.

(*Acte d'accord* : P.-de-C., *C 874*. — Ibid., *C 795*, fol. 2. — St-O., *l. c.*)

— **10 juillet ; Ibid.** Demande de prolonger de neuf mois la levée des moyens généraux. — Ajournement au 23 juillet.

Commissaires : François d'Ongnies; Jean de Bourgogne, seigneur de Froidmont, conseiller d'État.

(P.-de-C., *C 792*, fol. 326 ; *C 793*, fol. 362 ; *C 795*, fol. 2 v°. — Béth., *BB 13*, fol. 246 v°. — St-O., *l. c.* — Obert, *o. c.*, 66-68.)

— **23-26 juillet; Ibid.** Accord d'une prolongation de trois mois des moyens généraux; refus d'octroyer un mois d'avance et d'augmenter les pouvoirs des députés aux États Généraux. — Délibérations sur le Tribunat d'Arras, sur le capitaine Ambroise et sur la liberté religieuse, etc. — Lettre et députation au duc d'Anjou.

(*Acte d'accord* : P.-de-C., *C 874*. — Ibid., *C 795*, fol. 2 v°. — Béth., *l. c.*, fol. 251 v°-254 et 264. — St-O., *l. c.* — Obert, *o. c.*, 68-72. — Beuzart, *o. c.*, 383.)

— **1er-2 octobre ; Ibid.** Demande d'une nouvelle prolongation de six mois des moyens généraux ; prière d'accorder des pouvoirs plus étendus aux députés aux États Généraux ; projet de paix religieuse. — Rejet de cette dernière proposition. — Ajournement pour rendre réponse sur les autres demandes au 14 octobre à Béthune.

Commissaires : [Oudard de Bournonville], seigneur de Capres, gouverneur d'Arras et gouverneur intérimaire d'Artois ; François d'Ongnies.

(*Acte d'accord* : P.-de-C., *C 874*. — Ibid., *C 793*, fol. 366 v° ; *C 795*, fol. 4. — Béth., *l. c.*, fol. 273. — St-O., *l. c.* — Belg., Ét. et Aud., *reg. 580*, fol. 398. — Sarrazin, *Correspondance...*, 86-87. — Bled, *la Réforme à St-Omer...*, 314 sqq.)

— **14-16 octobre ; Béthune.** Protestations des députés d'Arras contre la tenue des États hors de leur ville. — Députation vers l'archiduc Mathias pour obtenir la prolongation de la session à Béthune et se plaindre des excès commis par le capitaine Ambroise.

(P.-de-C., *C 793*, fol. 370 v° ; *C 795*, fol. 4 v°. — Béth., *l. c.*, fol. 280 v°. —

St-O., *l.c.* — Bibl. roy. de Belg., *ms. 19.298*, fol. 200 r°-v°. — Obert, *o.c.*, 91-93. — Gachard, *Actes des Ét. Gén.*, II, 423. — Sarrazin, *Correspondance...*, 90-92 et 94. — Bussemaker, *o.c.*, I, 413, 426 et 431, n. — Bled, *o.c.*, 329-30.)

1578, 24-27 octobre ; Béthune. Propositions des États de Hainaut en vue de former une ligue des provinces catholiques.

(P.-de-C., *C 793*, fol. 371 ; *C 795, l.c.* — St-O., *l.c.* — Belg., Ét. et Aud., *reg. 580*, fol. 458. — Naples, Arch. di Stato, Carteg. Farnes., *fasc. 1043.* — Obert, *o. et l.c.* — Gachard, *o. c.*, II, 443. — Sarrazin, *Correspondance...*, 107. — Bussemaker, *l.c.*, II, 3.)

— 6-8 novembre ; Ibid. Acceptation d'une requête du Magistrat d'Arras tendant au retour des États d'Artois à Arras.

(P.-de-C., *C 793*, fol. 373 v°. — Béth., *BB 13*, fol. 280 v° et 281 v°. — Belg., Ét. et Aud., *reg. 581*, fol. 19. — Obert, *o.c.*, 131.)

— 10-16 novembre ; St-Vaast d'Arras. Refus d'accorder les subsides demandés le 1er octobre et d'augmenter les pouvoirs des députés aux États Généraux. — Accord d'un droit de 2 patards sur le tonneau de bière vendu 16 patards et plus. — Prolongation des moyens généraux pour trois mois et à certaines conditions. — Adhésion nouvelle à la Pacification de Gand. — Députation vers les États Catholiques pour entretenir la Pacification de Gand.

(*Acte des États* : P.-de-C., *C 874.* — Ibid., *C 795*, fol. 5. — A.. *Mém. XVI*, fol. 69. — Béth., *l.c.*, fol. 279 v°. — St-O., *Corr. du Mag.* — P.-de-C., annexe de St-O., *G 149.* — Belg., Ét. et Aud., *reg. 580*, fol. 466 ; *reg. 581*, fol. 19, 31, 40, 41 r°-v°. — Record Office, State papers, Foreign, *Holl. Fl., X*, n° 4. — Bibl. St-O., *ms. 503*, fol. 68 v°. — Obert, *o.c.*, 131-134 et 138. — Sarrazin, *Correspondance...*, 121-124 et 128-131. — Bussemaker, *o.c.*, II, 23-24, 39, 45-46, 362-365. — Bled, *la Réforme à St-Omer*, 339.)

— 1er-12 décembre ; Ibid. Demande de 90.000 l. sous quinze jours et des moyens généraux pour un an. — Lettres à Valentin de Pardieu et au Conseil Privé du Roi, à l'archiduc Mathias et aux Quatre Membres de Flandres. — Discours des députés de Hainaut, Lille, Douai, Orchies et Valenciennes. — Adhésion des députés de Tournai et du Tournésis. — Audience accordée à l'évêque d'Arras et au seigneur du Valhuon, chargés par le prince de Parme de proposer aux provinces catholiques la paix avec le Roi. — Réconciliation des États et du vicomte de Gand, gouverneur d'Artois.

(P.-de-C., *C 793*, fol. 398 v° ; *C 795*, fol. 6 v°. — St-O., *l.c.* — P.-de-C., annexe de St-O., *l.c.* — Belg., l. c., *reg. 192*, fol. 1 v°-20 v° ; *reg. 581*, fol. 40, 67, 84 et 99. — Bibl. St-O., *l.c.*, fol. 71. — Obert, *o.c.*, 135-137. — Gachard, *o.c.*, II, 446. — Diegerick et Kervyn de Volkaersbeke, *Documents historiques inédits...*, II, 23. — Sarrazin, *Correspondance...*, 136-138. — Bussemaker, *o.c.*, II, 65-81, *passim* ; 373-378. — Bled, *o.c.*, 157-163.)

1578, 28-30 décembre ; St-Vaast d'Arras. Assemblée des États pour rendre réponse sur la demande de 90.000 l. précédemment faite et pour délibérer sur les négociations de Cologne.

    Commissaire : Adolphe de Meetkerckc, conseiller d'État.

      (P.-de-C., *C 795*, fol. 6 v°. — A., *Mém. XVI*, fol. 64 v°. — Bibl. roy. de Belg., *ms. 7199*, fol. 9 v°. — A. Nat., *K 1552*, n° 15. — Gachard, *o. c.*, II, 448-449. — Bussemaker, *o.c.*, II, 113-114.)

1579, 2-9 janvier ; Ibid. Délibérations avec les députés de Lille, Douai et Orchies et ceux de Hainaut. — Rédaction de l'Union d'Arras.

      (P.-de-C., *l.c.*, fol. 7. — A., *l.c.*, fol. 66. — St-O., *Corr. du Mag.* — A. Nat., *K 1552*, n°² 21-22. — Bibl. roy. de Belg., *ms. 12908-14*, fol. 178. — Godin, dans *le Puits artésien*, V, 264. — Gachard, *o. c.*, 452, 454 et 460. — Bled, *o. c.*, 370 sqq. — Bussemaker, *o.c.*, II, 123-130; 404-407 ; etc.)

— 12-13 janvier ; Ibid. Accord d'un demi C°. — Députation vers les États de Lille, Douai et Orchies et ceux de Tournai et Tournésis.

      (P.-de-C., *l. c.*, fol 8 v°. — Bibl. roy. de Belg., *ms. 16101-4*, fol. 80. — Obert, *o. c.*, 138-139. — Bussemaker, *o.c.*, II, 407-411.)

— 7-10 février; Ibid. Permission aù seigneur de Selles, député par le prince de Parme, de paraitre aux États.

      (P.-de-C., *l. c.*, fol. 7 v°. — A., *Mém. XVI*, fol. 67 v°. — St-O.. *Corr. du Mag.* — Belg., *Ét. et Aud.*, *reg. 581*, fol. 188, 189 et 191. — A. Nat., *K 1552*, n° 36, 72 et 73. — Obert, *o. c.*, 141. — Diegerick et Kervyn de Volkaersbeke, *o. c.*, I, 147. — Bled, *o. c.*, 404-406.)

— 16-26 février; Ibid. Assemblée des États d'Artois et des députés de Hainaut, de Lille et de Douai. — Comparution des députés de l'archiduc Mathias et des États Généraux, de ceux du prince de Parme et de ceux du duc d'Anjou. — Subvention aux troupes wallonnes du baron de Montigny. — Plaintes des marchands d'Arras dont les marchandises ont été saisies à Anvers.

      (P.-de-C., *l.c.*, fol. 9. — Belg., *l.c.*, fol. 203 v°-204. — Bibl. roy. de Belg., *ms. 12908-14*, fol. 190 et 199 v°. — *Recueil des lettres, actes et pièces plus signalées...*, non pag. — *Mémoires anonymes sur les troubles...*, III, 324-326. — Gachard, *o.c.*, II, 462. — Beuzart, *les Hérésies... dans la région... d'Arras...*, 400-401. — Bled, *o. c.*, 406-419. — Bussemaker, *o.c.*, II, 177-181 et 191.)

— 20 mars ; Ibid. Demandes faites aux États par le vicomte de Gand. — Députation aux États de Hainaut. — Comparution du marquis de Havré, porteur de lettres des États Généraux. — Ajournement au 25 mars.

    Commissaire : Le vicomte de Gand.

      (P.-de-C., *l. c.*, fol. 11 v°. — Ibid., annexe de St-O., *G 149*. — Belg., *l. c.*, fol.

216-217 et 221. — Naples, Arch. di Stato, Carteg. farnes., *fasc. 1629*. — Bibl.
roy. de Belg., *l. c.*, fol. 200 v°. — OBERT, *o. c.*, 141.)

1579, 26-27 mars ; St-Vaast d'Arras. Rapport des députés envoyés
vers les États de Hainaut. — Discours du prélat de St-Bernard et du marquis de Havré, députés des États Généraux. — Décision ajournée jusqu'à
l'arrivée des députés des autres provinces.

(P.-de-C., *l. c.* — GACHARD, *o. c.*, II, 483. — BUSSEMAKER, *o. c.*, I, 436-440.)

— 2-10 avril ; Ibid. Discussion et rédaction des articles du traité de
réconciliaion. — Retraite des députés des États Généraux.

(P.-de-C., *l. c.* — Belg., Ét. et Aud., *reg. 581*, fol. 229 et 235. — Bibl. roy. de
Belg., *ms. 12908-14*, fol. 235 v°. — *Recueil des lettres, actes...*, non pag. — *Relatio
ad sacram Cæsaream Majestatem...*, non pag. — OBERT, *o. c.*, 142-143. — GACHARD,
o. c., II, 483, 490, 493 sqq. — DIEGERICK et KERVYN DE VOLKAERSBEKE, *o. c.*, I,
218-219. — BEUZART, *o. c.*, 404-406. — BUSSEMAKER, *o. c.*, II, 214-227 et 440-444.)

— 16-25 avril ; Ibid. Suite de la discussion du traité de réconciliation.

(P.-de-C., *l. c.*, — OBERT, *o. c.*, 143-144. — BUSSEMAKER, *o. c.*, II, 457-464.)

— 4-7 mai ; Ibid. Départ et retour d'une députation vers les États de
Hainaut.

(P.-de-C., *l. c.*, fol. 11 v°-15. — BUSSEMAKER, *o. c.*, II, 462-463.)

— 11-13 mai ; Ibid. Discussion avec les députés de Hainaut, Lille et
Douai du traité de réconciliation. — Députation envoyée vers les États de
Lille.

(*Ibid.*, fol. 15. — A., *Mém. XVI*, fol. 97 v°. — BLED, *la Réforme à St-Omer...*,
463-464.)

— 17-19 mai ; Ibid. Dernière lecture et mise au net du traité de réconciliation. — *Te Deum* et réjouissances. — Signature du traité par les délégués
du prince de Parme et les greffiers des provinces réconciliées. — Députation vers le prince pour lui faire signer le traité.

(P-de-C., *l. c.* — A., *l. c.*, fol. 76. — Bibl. d'A., *ms. 365*, fol. 91 v°. — OBERT,
o. c., 144-145. — GACHARD, *o. c.*, II, 522. — BUSSEMAKER, *o. c.*, II, 239 sqq.)

— 17-28 juillet ; Ibid. Rapport des députés vers le prince de Parme.
— Résolution de tenir pour nuls tous actes de ce dernier avant la publication du traité. — Doléances adressées au prince pour les retards apportés
par lui à le signer.

(P.-de-C., *l. c.*, fol. 17. — Belg., Ét. et Aud., *reg. 581*, fol. 283-288 et 340. —
BLED, *o. c.*, 471-472.)

1579, 18-20 septembre; St-Vaast d'Arras. Lecture, approbation et publication du traité conclu à Mons le 12 septembre. — Décision d'envoyer une ambassade vers le roi d'Espagne.

(P.-de-C., *l. c.*, fol. 20. — A., *Mém. XVI*, fol. 21 v°. — Béth., *BB 14*, fol. 10-11 v°. — OBERT, *o. c.*, 148-149.)

— **6-7 décembre; Ibid**. Prêt de 50.000 l. au prince de Parme pour lui permettre d'attendre les secours pécuniaires du Roi. — Autorisation provisoire au même de conserver 3 à 400 Albanais sous la charge du général de la cavalerie royale. — Désignation de trois membres des États pour faire partie de la députation envoyée par les provinces réconciliées vers le comte de Mansfeld.

(*Acte d'accord*: P.-de-C., *C 875*. — Ibid., *C795*, fol. 22 v°-23 v° et 35 r°-v°.)

1580, 9 mai; Ibid. Délibérations relatives à la nouvelle composition du Conseil d'État. — Acceptation de la duchesse de Parme comme gouvernante des Pays-Bas. — Rappel des députés d'Artois aux conférences de Mons, dont l'objet est devenu inutile.

(*Acte d'accord* : P.-de-C., *C 875*. — Ibid., *C 795*, fol. 23 v°-24 v°. — St-O., *l. c.*, comptes *1580-81*, fol. 69.)

— **21 mai ; Ibid**. Demande au nom du prince de Parme d'un prêt de 70.000 fl. (sur les 150.000 demandés à l'ensemble des provinces réconciliées). — Ajournement au 31 mai pour rendre réponse.

COMMISSAIRE : Pierre Couronnel, conseiller au Conseil d'Artois.

(P.-de-C., *C795*, fol. 28 v°. — St-O., *l. c.*)

— **31 mai; Ibid**. Prêt de 50.000 l. qui devront être employées incontinent au siège de Cambrai, Bouchain, Tournai ou Menin. — Serment de fidélité à la Pacification de Gand, à l'Union de Bruxelles, à l'Édit perpétuel et au traité de réconciliation de Mons. — Acceptation de la duchesse de Parme comme gouvernante des Pays-Bas, à la condition que son fils continuera d'exercer les fonctions de « capitaine général ». — Demande de remplacement de certains étrangers aux Conseils Privé et des Finances.

(*Acte d'accord* : P.-de-C., *C 875*. — Ibid., *C 795*, fol. 31 v°-33 v°; 50-51 v°. — St-O., *l. c.* — Bibl. d'A., *ms. 186*, fol. 25 v° et 60 v°.)

— **25-26 septembre ; Ibid**. Accord de 100.000 l. pour le siège de Cambrai, payables en deux mois. — Démarches auprès du prince de Parme et de sa mère pour obtenir qu'ils n'abandonnent pas le gouvernement des Pays-Bas. — Demande de transfert à Valenciennes du Grand Conseil de

Namur ; etc. — Envoi d'une députation à St-Omer pour s'enquérir d'une assemblée des villes qui vient de s'y tenir.

(*Acte d'accord* : P.-de-C., *C 875*. — Ibid., *C 795*, fol. 35 v°, 37 v°, 39-40 v°. — St-O., *l. c.* — Belg., Ét. et Aud., *692 ter.*)

1580, 2 octobre; St-Vaast d'Arras. Rapport de la délégation envoyée à St-Omer ; refus de s'associer au vœu, formulé par cette ville, de voir l'armée royale attaquer, de préférence à Cambrai, les places du « quartier septentrional » occupées par les rebelles.

(P.-de-C., *C 795*, fol. 41. — St-O., *l. c.*)

— 5 novembre ; Ibid. Demande faite aux États par le prince de Parme d'affecter au payement des troupes qu'il s'occupe à organiser pour défendre la frontière de la Somme menacée par des partis ennemis, les 100.000 l. offertes pour le siège de Cambrai, la saison avancée et l'insuffisance des effectifs obligeant de remettre cette dernière entreprise. — Ajournement au 12 novembre pour rendre réponse.

Commissaires : Robert de Melun, marquis de Richebourg, gouverneur d'Artois.

(P.-de-C., *l. c.*, fol. 42-43. — St-O., *l. c.*)

— 12 novembre ; Ibid. Proposition faite par les États, en remplacement des 100.000 l. offertes pour le siège de Cambrai, d'avancer les gages des troupes cantonnées au camp de Marcoing, en novembre et décembre, et d'autoriser les députés généraux à prêter 14.000 l. pour la solde des troupes de Montigny, dans le cas d'une attaque française sur la frontière méridiodale, ces différentes avances étant à valoir sur le premier subside qui sera voté par les États.

(*Acte d'accord* : P.-de-C., *C 875*. — St-O., *l. c.* — Belg., Ét. et Aud., *692 ter.*)

— 30 .novembre-1ᵉʳ décembre ; Ibid. Demande aux États de contribuer, selon leur cote ordinaire, à un subside de 60.000 l. demandé à l'ensemble des provinces réconciliées pour la solde des troupes, en attendant l'arrivée des sommes promises par le Roi. — Octroi de 21.818 l. 3 s. 9 d. constituant la cote d'Artois, à condition d'en déduire les 14.000 l. avancées au baron de Montigny. — Demande de convocation des États Généraux des provinces réconciliées.

Commissaire : Pierre Couronnel, premier conseiller au Conseil d'Artois.

(*Acte d'accord* : P.-de-C., *C 875*. — Ibid., *C 795*, fol. 45 v° et 47 v°. — St-O., *l. c.* — Belg., Ét. et Aud., *l. c.*)

— 20 décembre ; Ibid. Consentement des États à compléter, jusqu'à concurrence de 35.919 l. 2 s. 4 d., l'avance faite pour la solde du camp de Marcoing pendant les mois de décembre et janvier.

COMMISSAIRE : Le marquis de Richebourg, gouverneur d'Artois.

(*Acte d'accord* : P.-de-C., *C 875*. — Ibid., *C 795*, fol. 48, 52 v°-53 v°. — St-O., *l. c.* — Belg., Ét. et Aud., *l. c.*)

1581, 3 février ; **St-Vaast d'Arras**. Députation aux États Géné-raux des provinces réconciliées, convoqués par Alexandre Farnèse à Mons le 10 février.

(*Acte des États* : P.-de-C., *C 875*. — Ibid., *C 795*, fol. 540 v°.)

— **24-25 février** ; **Ibid**. Assemblée des États d'Artois pour entendre le rapport de leurs députés aux États Généraux de Mons. — Ajournement au 7 mars pour rendre réponse.

(P.-de-C., *C 795*, fol. 55 v° et 56 v° sqq.)

— **7-12 mars** ; **Ibid**. Résolution prise par les États d'Artois de deman-der au Roi le maintien définitif d'Alexandre Farnèse au gouvernement des Pays-Bas, auquel sa mère vient de renoncer. — Autorisation au Roi et au prince de Parme de fixer les effectifs nécessaires aux opérations militaires projetées et de lever, en cas d'insuffisance des contingents wallons, 5 à 6.000 Allemands et Bourguignons, sous le commandement de naturels du pays ; promesse de contribuer aux frais de ces levées. — Opposition au pro-jet de réduction des monnaies d'or et d'argent ; demande de création à Arras d'une forge pour la monnaie de billon. — Députation au prince de Parme pour lui porter la réponse des États.

(*Acte d'accord* : P.-de-C., *C 875*. — Ibid., *C 795*, fol. 55, 63 v°-64. — Belg., Ét. et Aud., *692 ter*.)

— **6-7 juin** ; **Ibid**. Demande de subsides pour l'armée destinée au siège de Cambrai. — Ajournement au 22 juin.

COMMISSAIRE : Pierre de Belvalet, conseiller au Conseil d'Artois.

(P.-de-C., *C 795*, fol. 64 v°. — St-O., *reg. L*, fol. 6. — Belg., Ét. et Aud., *l. c.*)

— **22 juin** ; **Ibid**. Résolution prise par les trois ordres d'accorder 100.000 l. pour le siège de Cambrai. — Divergences sur les moyens de recouvrer cette somme. — Ajournement au 4 juillet.

(P.-de-C., *l. c.*, fol. 66. — St-O., *l. c.*, fol. 8.)

— **4-5 juillet** ; **Ibid**. Accord par les deux premiers ordres de 100.000 l. recouvrables à l'aide d'un impôt sur les cheminées et de taxes sur les boissons et payables en quatre termes à partir du jour où le siège sera mis devant Cambrai. — Réserves du Tiers sur les moyens financiers proposés.

(*Acte d'accord* : P.-de-C., *C 875*. — *Acte du Tiers* : Belg., Ét. et Aud., *692 ter*. — P.-de-C., *C 795*, fol. 67 v°. — St-O., *l. c.*, fol. 8-10.)

1582, 29 janvier ; St-Vaast d'Arras. Demande aux États d'Artois, pour continuer les opérations militaires heureusement commencées par la conquête de Tournai et du Tournésis, d'un subside de 200.000 fl. et de l'autorisation d'employer, en dépit du traité de Mons, des troupes étrangè-res. — Ajournement au 6 février pour rendre réponse.

COMMISSAIRES : Robert de Melun, marquis de Roubaix, gouverneur d'Artois ; Jean Richardot, président du Conseil d'Artois.

(P.-de-C., *C 795*, fol. 68 v° sqq. — St-O., *l. c.*, fol. 34 v° et 35 r°-v°; *comptes 1582-83*, fol. 68. — Belg., Ét. et Aud., *anc. carton 165* et *liasse 208*. — Naples, Archivio di Stato, Carteggio Farnesiano, *fasc. 1631 et 1682*.)

— 6-8 février ; Ibid. Octroi par les États d'un subside de 100.000 fl., payables en six mois, et de l'autorisation d'employer des mercenaires étran-gers, à la condition que les garnisons des villes conquises seront de préfé-rence composées de naturels du pays. — Désignation de Jean Sarrazin, abbé de St-Vaast, pour aller en Espagne remercier Philippe II des lettres bien-veillantes envoyées par lui aux États, l'assurer du dévouement de l'Artois et lui représenter les charges pesant sur la province.

(*Acte d'accord* : P.-de-C., *C 875*. — Ibid., *C 795*, fol. 73 v°-76 v°. — St-O., *reg. L*, fol. 35 v°; *comptes 1582-83*, fol. 67. — Belg., Ét. et Aud., *692 ter* et *l. c.* — Naples, *l. c.*, *fasc. 1682*.)

1583, 22 décembre ; Ibid. Assemblée « à la main » ; envoi d'une députation vers les villes de St-Omer, Aire et Béthune et les États de Hai-naut et de Lille, pour les engager à s'associer à une démarche auprès du prince de Parme en vue d'obtenir de lui la prompte réduction de Cambrai.

(Béth., *BB 14*, fol. 107 v°-109. — St-O., *reg. L*, fol. 101-102 v°. — Bibl. d'A., *ms. 365*, fol. 101 à 113.)

1584, 4 mai ; Ibid. Demande par le prince de Parme d'accorder, en vue de la campagne prochaine, 200.000 fl. pour les besoins de l'armée catholique et le renforcement des frontières d'Artois. — Rapport par le président Richardot de son voyage en Espagne. — Ajournement au 14 mai pour rendre réponse aux demandes du prince.

(P.-de-C., *C 795*, fol. 76 v°-78 v°. — A., *Mém. XV*, fol. 205. — St-O., *reg. L*, fol. 120, 122 v°-123 v° et 128-129 v°.)

— 14-17 mai ; Ibid. Offre par les États d'entretenir, pendant six mois, 500 chevau-légers et 500 hommes de pied, de préférence originaires du

pays, et exclusivement employés à la défense de l'Artois ; autre offre de
3o.ooo fl. pour racheter la province, pendant six mois, des réquisitions de
chariots et de pionniers. — Demande d'abolition des droits sur les marchandises entrant en Artois, établis par les États de Hainaut et de Tournésis.

> (*Acte d'accord* : P.-de-C., *C 875*. — Ibid., *C 795*, fol. 78 v°-79 v°, 81-85. —
> St-O., *reg. L*, fol. 123 v°-125 et 126-129 v°. — Belg., Ét. et Aud., *692 ter*.)

1585, 19-25 août ; St-Vaast d'Arras. Réunion de députés des trois
ordres, à l'occasion de l'audition des comptes. — Délibérations au sujet
du droit de *licentes* ; envoi d'une députation en cour pour obtenir l'exemption de cet impôt contraire aux anciens privilèges de la province.

> (P.-de-C., *C 795*, fol. 86 v°-89. — St-O., *l. c.*, fol. 160 v°-163 v°.)

— 23-24 décembre ; en la chambre du Conseil d'Artois. Réunion composée des députés généraux, des délégués du clergé d'Arras et de
ceux des diverses villes d'Artois. — Décisions relatives au payement pendant trois mois d'hiver des garnisons cantonnées en Artois.

> (P.-de-C., *l. c.*, fol. 89 v°-90. — St-O., *l. c.*, fol. 174 r°-v°.)

1586, 21 mars ; St-Vaast d'Arras. Assemblée des États pour entendre divers points exposés au nom du prince de Parme : assurances données
par lui qu'il n'a nullement l'intention de supprimer les États et que
l'impôt des *licentes*, créé pour payer les garnisons des villes maritimes, est
essentiellement temporaire. — Décision prise par les États de poursuivre
néanmoins le rachat du droit de *licentes*, moyennant 200.000 l. — Mesures
relatives au payement des garnisons d'Artois, et aux comptes des receveurs particuliers. — Discussions sur les inconvénients qu'entraîne la voix
délibérative des membres de divers Conseils ayant droit de séance aux
États. — Ajournement au 28 mars pour rendre réponse sur les demandes
du prince de Parme.

CommISSAIRE : Guillaume de Croix, conseiller au Conseil d'Artois.

> (P.-de-C., *l. c.*, fol. 91-96. — A., *Mém. XV*, fol. 233 r°-v°. — St-O., *l. c.*, fol.
> 182 v°.)

— 28-31 mars ; Ibid. Offre par les États de 200.000 carolus payables
en quatre termes, en remplacement des *licentes* sur les marchandises, plus
ruineuses pour la province que ne l'étaient les X° et XX° deniers. — Députation en cour en vue d'obtenir la réduction des garnisons d'Artois, la
prompte nomination d'un gouverneur général d'Artois, la dispense de la
réquisition des chariots, etc. — Exclusion des délibérations des États de
Jean Sarrazin, abbé de St-Vaast, qui fait partie du Conseil d'État.

> (*Acte d'accord* : P.-de-C., *C 875*. — Ibid., *C 795*, fol. 96-97 et 100-101 v°. —
> St-O., *l. c.*, 183 v°-184 v° ; 185 v°-187 ; 190 v°-192. — Belg., Ét. et Aud., *692 ter*.)

1586, 12-13 mai ; St-Vaast d'Artois. Demande faite aux États d'abréger les délais proposés pour le payement des 200.000 l. précédemment accordés et d'octroyer un supplément de 25.000 l. pour une affaire extraordinaire, plus une somme indéterminée pour les fortifications d'Hesdin ; promesse d'atténuations à la levée des licentes. — Ajournement au 20 mai pour rendre réponse.

Commissaire : Jérôme de France, président du Conseil d'Artois.

(P.-de-C., *C 795*, fol. 99 v°, 102-104 v°. — N., *B 1632*. — A., *Mém. XV*, fol. 235 r°-v°. — St-O., *l. c.*, fol. 102 et 193 v°-196. — Belg., Ét. et Aud., *l. c.* — Devillers, *Invent. chronol... des Ét. de Hainaut*, I, 224.)

— **20-23 mai ; Ibid.** Accord de l'abréviation de délais demandée pour le payement des 200.000 l., à la condition expresse que l'impôt des licentes sera supprimé ; refus d'octroyer les subsides supplémentaires ; offre de 20.000 l. pour le rachat, pendant un an, de la réquisition des chariots.

(*Aote d'accord* : P.-de-C., *C 875*. — Ibid., *C 795*, fol. 107-110. — Béth., *BB 14*, fol. 191 r°-v°. — St-O., *l. c.*, fol. 196 r°-v° et 197 v°-200 v°. — Belg., Ét. et Aud., *l. c.*)

— **3 novembre ; Ibid.** « Assemblée à la main » (1). — Acceptation, sous réserve du consentement des États lors de leur prochaine session, des conditions mises par le prince de Parme au récent accord de 200.000 l.

(P.-de-C., *C875* et *C 795*, fol. 110 sqq.)

1588, 5 février ; Ibid. Assemblée à la main. — Députation vers le prince de Parme pour protester contre la décision prise par les officiers des bailliages réunis à Arras de lever un impôt sur le plat pays en vue de subvenir à l'entretien de deux régiments d'infanterie récemment arrivés en Artois.

(P.-de-C., *l. c.*, fol. 114. — A., *Mém. XV*, fol. 256 v°. — Béth., *BB 15*, fol. 50 v°-51. — St-O., *l. c.*, fol. 282 v° ; *comptes 1588-89*, fol. 67 v°. — Bibl. d'A., ms. *365*, fol. 142-143.)

— **4 mars ; Ibid.** Assemblée à la main convoquée sur l'ordre du prince de Parme. — Octroi, sous réserve de l'assentiment des États, de 24.000 fl. demandés pour la solde de huit compagnies de cavalerie légère, qui se trouvent depuis trois mois à la charge du Hainaut, cette somme devant être rabattue du prochain subside à demander aux États.

(P.-de-C., *l. c.*, fol. 114 v°-115. — Béth., *BB 15*, fol. 51-53. — St-O., *reg. L*, fol. 282 v°-283.)

---

(1) V. *supra*, t. 1er, pp. 106-107.

1588, 8-9 avril ; St-Vaast d'Arras. Demande de 72.000 l. (y compris les 24.000 l. accordées par l'assemblée à la main du 24 mars) pour l'entretien, pendant trois mois, de la cavalerie cantonnée en Hainaut, ainsi que des sommes nécessaires au payement de plusieurs garnisons et à des travaux de fortification en Artois. — Ajournement au 21 avril pour rendre réponse.

COMMISSAIRE : Jérôme de France, président du Conseil d'Artois.

(P.-de-C., *l.c.*, fol. 116 v° et 124. — St-O., *l.c.*, fol. 285 v° et 286 v°-288; *comptes 1588-89*, fol. 67 v°.)

— **21-23 avril ; Ibid.** Octroi des 72.000 l. demandées, des sommes nécessaires au payement des garnisons pendant deux ans, de 40.000 l. pour les fortifications de la Cité, d'Hesdin et de Bapaume, et de 5.000 l. pour celles de Renty, à la condition que le pays sera exempt du logement des gens de guerre et que tout impôt extraordinaire sur les terres cessera. — Députation en cour.

(*Acte d'accord* : P.-de-C., *C 875.* — Ibid., *C 795*, fol. 118, 120, 121 v°, 122, 123 v°; 124-127. — St-O., *reg. L*, fol. 288 v°, 291 v°-293 v°; *reg. M*, fol. 5 v°-6 v°; *comptes 1588-89*, fol. 67 v°. — Belg., Ét. et Aud., *692 ter.*)

1589, 20-21 février ; Ibid. Demande de 300.000 fl. pour les dépenses de l'armée. — Ajournement au 21 mars pour rendre réponse.

COMMISSAIRE : Jérôme de France.

(P.-de-C., *l.c.*, fol. 129-130. — St-O., *reg. M*, fol. 23-25; *comptes 1589-90*, fol. 77 v°.)

— **7-8 mars ; Ibid.** Députation en cour au sujet des poursuites intentées à l'Artois et à d'autres provinces par les héritiers du baron d'Ilierges, prétendant payement d'une somme de 100.000 l. — Ajournement au 21 mars pour rendre réponse sur les demandes précédemment faites.

(P.-de-C., *C795*, fol. 131 v°. — St-O., *reg. M*, fol. 26 r°-v° et 27 r°-v° ; *comptes 1589-90*, fol. 77 v°. — Belg., Ét. et Aud., *692 ter.*)

— **21-27 mars ; Ibid.** Offre de 150.000 fl. ou de 50.000 mencauds de blé, contre reconnaissance du libre commerce des grains, principale ressource du pays ; promesse de continuer pendant deux ans le payement des garnisons d'Artois et de celle de l'Écluse, qui s'élève à environ 200.000 l., à la condition que le pays restera exempt de la fourniture des chariots et des pionniers jusqu'au 1er octobre 1590.

(*Acte d'accord* : P.-de-C., *C 875.* — Ibid., *C795*, fol. 132 v°, 135, 140 v° et 141. — N., *B 1635.* — St-O., *reg. M*, fol. 27 v°-29 v°; *comptes 1589-90*, fol. 77 v°. — Belg., Ét. et Aud., *l. c.*)

1590, 16-17 janvier ; St-Vaast d'Arras. Demande de subsides motivée par l'intervention dans les affaires de France et les nouveaux besoins de l'armée en résultant. — Renouvellement par les États du serment de fidélité au traité de Mons, déjà prêté le 31 mai 1580. — Engagement de tenir secrètes les délibérations et résolutions des États. — Ajournement au 29 janvier pour rendre réponse.

Commissaire : Christophe d'Assonleville, conseiller d'État.

(P.-de-C., *C 795*, fol. 136 v°, 137 et 139. — St-O., *reg. M*, fol. 54-55 ; *comptes 1590-91*, non folioté.)

— 29 janvier-1ᵉʳ février ; Ibid. Envoi de députés en cour pour se renseigner sur les intentions du prince de Parme. — Ajournement au 25 février.

(P.-de-C., *C 795*, fol. 139 v°-140. — St-O., *reg. M*, fol. 55 v° ; *comptes 1589-90* fol. 2.)

— 25-26 février ; Ibid. Rapport des députés en cour. — Discussion sur les subsides demandés par le prince de Parme. — Ajournement au 2 avril.

(P.-de-C., *C 795*, fol. 140 v° et 142 r°-v°. — St-O., *reg. M*, fol. 57 v°-58 v° ; *comptes 1590-91*, non fol.)

— 2-5 avril ; Ibid. Nouvelles délibérations sur les subsides demandés ; séparation des États sans prendre de résolution définitive.

(P.-de-C., *C 795*, fol. 142 v°-143. — St-O., *reg. M*, fol. 61 ; *comptes 1590-91*.)

— 7-11 mai ; Ibid. Consentement des États à anticiper le payement des 150.000 l. votées l'année précédente et ratification des avances faites par les députés généraux pour le payement des troupes ayant occupé le pays du 18 octobre 1589 au 30 avril 1590. — Remontrances relatives aux charges pesant sur la province où de nombreuses troupes ont tenu garnison à ses frais du 18 août 1589 jusqu'au 30 avril suivant, et qui, de plus, a été ravagée par l'armée passant en France. — Protestations contre les taxes irrégulièrement levées par les gouverneurs.

(*Acte d'accord* : P.-de-C., *C 795*, fol. 144. — *Ibid.*, fol. 143, 147-148. — N., *B 1634*. — St-O., *reg. M*, fol. 62-63 ; *comptes 1590-91*. — Belg., Ét. et Aud., *692 ter.*)

1591, 22 mars ; Ibid. Demande aux États de 100.000 l. pour l'entretien des troupes et de pareille somme pour les fortifications, les munitions et l'approvisionnement des villes, outre l'augmentation de diverses garnisons. — Ajournement au 23 avril pour rendre réponse.

Commissaires : Marc de Rye, marquis de Varambon, gouverneur d'Artois ; Jérôme de France, président du Conseil d'Artois.

(P.-de-C., *C 795*, fol. 150-152 v°. — St-O., *reg. M*, fol. 80 et 82-83 ; *comptes 1591-92*, fol. 44 v°.)

1591, 23-30 avril; St-Vaast d'Arras. Délibérations sur les précédentes demandes de subsides. — Requête pour obtenir la remise de la quote-part de l'Artois dans les dettes autrefois contractées par les États Généraux.

> (P.-de-C., *C 795*, fol. 152 v°, 154 v°-159. — St-O., *reg. M*, fol. 83 et 84 v°; *comptes 1591-92*, fol. 44 v°. — Belg., Ét. et Aud., *692 ter.* — B. N., *n. a. fr. 746*, fol. 24.)

— **27 mai-8 juin; Ibid.** Assemblée des États pour rendre réponse sur les demandes faites au mois de mars. — Accord de 60.000 l. pour l'entretien des troupes, une avance de 40.000 l. ayant été précédemment faite pour la même fin, et de 60.000 autres livres pour les fortifications; prolongation pendant un an du payement des garnisons à leur effectif actuel; fourniture de 46 chariots pour l'armée en campagne.

> (*Acte d'accord* : P.-de-C., *C 795*, fol. 159. — *Ibid.*, fol. 163. — St-O., *reg. M.*, fol. 84 v° et 85 v°; *comptes 1591-92*, fol. 44 v°. — Belg., Ét. et Aud., *l. c.*)

— **après le 1ᵉʳ juillet; Ibid.** Assemblée à la main. — Renvoi en Cour de l'acte du prince de Parme qui, tout en acceptant les subsides accordés par les États, repoussent les moyens fiscaux proposés par eux.

> (P.-de-C., *C 795*, fol. 163 v°.)

— **26-27 septembre; Ibid.** Demande aux États de proposer d'autres taxes pour le recouvrement des subsides accordés par eux. — Ajournement au 3 octobre.

Commissaires : Le marquis de Varambon ; Jérôme de France.

> (P.-de-C., *C 795*, fol. 165. — St-O., *reg. M*, fol. 90; *comptes 1591-92*, fol. 44 v°. — Belg., Ét. et Aud., *l. c.* — B. N., *n. a. fr. 746*, fol. 24.)

— **3-7 octobre; Ibid.** Impossibilité de tirer davantage des impôts existants; demande des États d'être tenus quittes des 60.000 l. offertes pour les fortifications et de pouvoir obliger les privilégiés au payement des taxes de consommation.

> (*Acte d'accord* : P.-de-C., *C 795*, fol. 165 v°. — *Ibid.*, fol. 169 r°-v°. — St-O., *reg. M*, fol. 91; *comptes 1591-92*, l. c. — Belg., Ét. et Aud., *l. c.* — B. N., *l. c.*, fol. 8-12 et 16.)

— **26 novembre; Arras.** Assemblée à la main. — Refus de mettre à exécution le dernier acte d'accord des États, les lettres d'acceptation du prince de Parme, en date du 8 novembre, ne tenant pas compte des remontrances relatives à l'exemption prétendue par les privilégiés.

> (P.-de-C., *C 795*, fol. 171. — B. N., *l. c.*, fol. 28.)

1592, 12 mai ; St-Vaast d'Arras. Prière de se conformer, sans plus de délai, aux lettres d'acceptation du 8 novembre et d'accorder définitivement les 100.000 l. requises pour les frais de la guerre dès le mois de mars 1591. — Députation en cour pour s'enquérir du droit de *licentes* établi par le gouverneur général sur les marchandises transitant par Calais et Gravelines, etc.

Commissaires : Le marquis de Varambon; Jérôme de France.

(P.-de-C., *C 795*, fol. 173. — St-O., *reg. M*, fol. 110 r°-v°; *comptes 1592-93*, fol. 48. — Belg., Ét. et Aud., *l. c.* — B. N., *n. a. fr. 746*, fol. 14-17.)

— **11-13 juin ; Ibid**. Nouvelle députation en cour pour protester contre les passages trop fréquents des gens de guerre, la réquisition des chariots, la levée du droit de licentes à Gravelines, l'exemption des privilégiés, les nouvelles mesures relatives au commerce des grains, etc. — Continuation pour une année du payement des garnisons d'Artois.

(P.-de-C., *C 795*, fol. 175-176. — P.-de-C., dépôt annexe de St-O., *G 149*. — St-O., *reg. M*, fol. 112; *comptes 1592-93*, fol. 48. — Belg., Ét. et Aud., *l. c.* — B. N., *l. c.*, fol. 50-55.)

— **21-24 juillet ; Ibid**. Octroi renouvelé de 60.000 l. pour les fortifications des places frontières, sans préjudice des 34.500 l. 8 s. 6 d. payés aux troupes des sieurs de la Motte et de Noircarmes, et offre de continuer, deux ans durant à dater du 1ᵉʳ juin, le payement des garnisons. Refus d'accorder les autres 160.000 l. demandées. — Députation en cour pour renouveler les diverses doléances présentées au comte de Mansfeld en juin précédent.

(*Acte d'accord* : P.-de-C., *C 795*, fol. 180 v°. — *Ibid.*, fol. 182 v°-185 v°. — St-O., *reg. M*, fol. 113 v°-114 ; *comptes 1592-93*, fol. 48. — B. N., *l. c.*, fol. 38 v°-40, 42-46 et 84-87. — Devillers, *Invent... des Ét. de Hainaut*, I, 236.)

— **19 octobre ; Ibid**. Exposé aux États de la situation générale des Pays-Bas. — Démarches pour obtenir satisfaction sur les différents points déjà remontrés en juin et juillet précédents. — Ajournement au 4 novembre.

Commissaire : Jérôme de France.

(P.-de-C., *C 795*, fol. 188-196. — St.-O., *reg. M*, fol. 118 v° ; *comptes 1592-93*, l. c. — Belg., Ét. et Aud., *692 ter*. — B. N., *l. c.*, fol. 76-81.)

— **4-11 novembre ; Ibid**. Remontrances relatives au commerce avec la Hollande et la Zélande, aux mesures à prendre pour faire respecter la discipline militaire, à la nomination aux prélatures et gouvernements vacants, aux taxes irrégulières levées en Artois, etc. — Maintien des termes de l'accord des 21-24 juillet. — Députation en cour pour porter la réponse des États ; ajournement au 2 décembre pour attendre celle du prince de Parme.

(*Actes d'accord* : P.-de-C., *C795*, fol. 198 v° et 200 v°. — St.-O., *reg. M*, fol. 119 ; *comptes 1592-93*, fol. 48 v°. — Belg., Ét. et Aud., *l. c.* — B. N., *l. c.*, fol. 64-68 et 70-73.)

1592, 6-8 décembre (1); **St-Vaast d'Arras**. Nouvelle députation en cour. — Ajournement au 29 décembre.

(P.-de-C., *C 795*, fol. 203. — P.-de-C., dépôt annexe de St-O., *G 149*. — St.-O., *comptes 1592-93*, fol. 48 v°. — B. N., *l. c.*, fol. 56-58 et 60-61.)

— 29-30 décembre ; Ibid. Renvoi en cour de la députation précédemment déléguée, avec charge de féliciter le comte de Mansfeld, nouveau gouverneur général, et de lui renouveler les doléances antérieurement exposées au prince de Parme; projet de députation en Espagne. — Ajournement au 17 février.

(P.-de-C., *C 795*, fol. 204-207 v°. — St-O., *reg. M*, fol. 124 ; *comptes 1592-93*, fol. 48 v°.)

1593, 17-24 février; Ibid. Offre de 60.000 l. en supplément des sommes votées le 8 juin 1591. — Consentement à la levée, pendant deux ans, d'un droit sur le sel et les marchandises entrant en France, à la condition que le produit en sera consacré, ainsi que les 60.000 l. ci-dessus, aux fortifications des places frontières. — Députation en cour pour porter la réponse des États.

(*Acte d'accord* : P.-de-C., *C 795*, fol. 212 v°. — *Ibid.*, fol. 208-212, 214 sqq. — St-O., *reg. M*, fol. 125 v° et 126 v°; *comptes 1593-94*, fol. 48. — Belg., Ét. et Aud., *692 ter*. — B. N., *n. a. fr. 746*, fol. 93-94, 101 et 103-104.)

— 24-25 juin ; Ibid. Demande de 200.000 l. pour les frais de la guerre, outre la continuation du payement des garnisons. — Ajournement au 19 juillet pour rendre réponse.

Commissaire : Jérôme de France.

(P.-de-C., *C 795*, fol. 220 et 226 v°. — Béth., *BB 15*, fol. 219 r°-v°. — St-O., *reg. M*, fol. 131 v°, 132 v°-133; *comptes 1593-94*, l. c. — Belg., Ét. et Aud., *l. c.* — B. N., *l. c.*, fol. 125-127.)

— 19-24 juillet ; Ibid. Refus des États d'accorder le subside demandé. — Offre de payer les garnisons d'Artois, pendant un an seulement. —

---

(1) L'assemblée, d'abord fixée au 2 décembre, avait été ajournée, par suite de la maladie du prince de Parme, qui mourut le 3 décembre à l'abbaye de St-Vaast.

Députation en cour pour renouveler les remontrances faites en juin et juillet 1592.

> (P.-de-C., *C 795*, fol. 226 v°-229 v°. — P.-de-C., dépôt annexe de St-O., *G 149.*
> — Béth., *BB 15*, fol. 219-220 v°. — St-O., *reg. M*, fol. 135 et 136 ; *comptes 1593-94*, l. c. — Belg., *l. c.* — B. N., *l. c.*, fol. 125-127.)

1593, 27 juillet; St-Vaast d'Arras. Assemblée à la main. — Prêt de 10.000 l. au comte Charles de Mansfeld, pour fournir des vivres aux troupes espagnoles et éviter qu'elles ne se joignent aux mutins qui viennent de s'emparer de St-Pol.

> (P.-de-C., *C 792*, fol. 230. — B. N., *l. c.*, fol. 123 v°-124.)

— 19 août; Ibid. Délibérations sur les mesures propres à faire cesser la mutinerie de St-Pol, sur le mode de payement des garnisons, etc. — Ajournement au 30 septembre.

Commissaire : Jérôme de France.

> (P.-de-C., *C 795*, fol. 231 v° et 234 v°-236. — P.-de-C., dépôt annexe de St-O.,
> *G 149.* — St-O., *reg. M*, fol. 137 v° ; *comptes 1593-94*, fol. 48. — B. N., *l. c.*,
> fol. 109-110. — Belg., Ét. et Aud., *692 ter.*)

— 30 septembre; Ibid. Avance des sommes nécessaires à l'entretien de cinq compagnies wallonnes jusqu'au 16 octobre. — Ajournement au 7 novembre en raison du petit nombre des ecclésiastiques et des nobles présents à l'assemblée.

> (P.-de-C., *C 795*, fol. 237. — P.-de-C., dépôt annexe de St-O., *l. c.* — B. N.,
> *l. c.*, fol. 131-132.)

— 7-8 novembre ; Ibid. Députation en cour pour obtenir que le pays soit promptement déchargé de l'entretien des Espagnols mutinés à St-Pol et de celui de six compagnies wallonnes; avance des sommes nécessaires au payement de ces dernières troupes jusqu'au 25 novembre. — Résolution d'envoyer une députation en Espagne. — Ajournement au 13 décembre.

> (P.-de-C., *C 795*, fol. 238-240. — P.-de-C., dépôt annexe de St-O., *l. c.* —
> St-O., *reg. M*, fol. 140 v° ; *comptes 1593-94*, l. c. — B. N., *l. c.*, fol. 136-140. —
> Belg., Ét. et Aud., *692 ter.*)

— 13 décembre; Ibid. Rapport du député en cour. — Avance de 1000 l. pour le payement des Espagnols de St-Pol, dont le comte de Mansfeld a promis de faire bientôt cesser la mutinerie. — Remise du voyage d'Espagne jusqu'après l'arrivée de l'archiduc Ernest aux Pays-Bas. — Députation en cour pour protester contre les charges imposées au pays par le

logement de nouveaux contingents espagnols et napolitains et par la muti·
nerie de St-Pol.— Ajournement au 10 janvier.

> (P.-de-C., *C 795*, fol. 241-243. — St-O., *reg. M*, fol. 142 v° ; *comptes 1593-94,*
> l. c.)

1594, 11-19 janvier ; St-Vaast d'Arras. Rapport de la députation
en cour. — Délibérations sur les inconvénients résultant du passage à travers l'Artois des troupes espagnoles et italiennes allant en France. — Députation en cour.

> (P.-de-C., *C 795*, fol. 243-247. — St-O., *reg. M*, fol. 143 ; *comptes 1594-1595,*
> fol. 46. — Belg., Ét. et Aud., *686,* fol. 21, 23, 25.)

— 14 juin ; Ibid. Demande d'un subside de 150.000 l. pour la défense des
Pays-Bas, sans préjudice des sommes nécessaires à l'entretien des garnisons.
— Demande aux États d'autoriser, en raison des fraudes qu'entraînent les
diverses exceptions à la règle générale, la levée des *licentes* sur toutes les
marchandises, quelle que soit leur provenance, et promesse de concéder à
l'Artois le quart du produit de cet impôt. — Ajournement au 11 juillet
pour rendre réponse.

Commissaire : Jérôme de France.

> (P.-de-C., *C 795*, fol. 249-256 v°. — St-O., *reg. M*, fol. 150 v° ; *comptes 1594-95,*
> fol. 46 v°.)

— 11-20 juillet ; Ibid. Délibérations sur les subsides de nouveau ins-
tamment demandés par l'Archiduc en raison de la soumission à Henri IV
de nombreuses villes frontières, autrefois du parti de la Ligue. — Prétention du Tiers, combattue par les ordres privilégiés, de ne fixer la quotité
des subsides à voter qu'après avoir arrêté les moyens de les recouvrer. —
Députation en cour en vue d'obtenir exemption de la contribution des chariots qui grève le pays de près de 140.000 fl. par an. — Ajournement au
30 juillet.

Commissaires : Le marquis de Varambon ; Christophe d'Assonleville,
membre des Conseils d'État et Privé ; Jérôme de France.

> (P.-de-C., *C 795*, fol. 257-260. — St-O., *reg. M*, fol. 152 v°-153 ; *comptes 1594-95,*
> l. c. — Belg., Ét. et Aud., *686,* fol. 28-30.)

— 30 juillet ; Ibid. Accord des 150.000 l. demandées, ainsi que de l'entretien pendant un an des garnisons ordinaires et d'une somme de 5000 fl.
pour racheter la fourniture de 20 chariots destinés au siège de Groningue.
— Demande d'exemption de toutes levées d'impôts faites sans le consentement des États, ainsi que des précédentes réquisitions de chariots ; doléances relatives aux exactions commises dans les environs d'Arras par des
Espagnols de St-Pol, etc. — Envoi d'une députation en cour.

> (*Acte d'accord* : P.-de-C., *C 795*, fol. 260 v°. — *Ibid.*, fol. 263 v°-269. — St-O.
> *reg. M*, fol. 154 v° ; *comptes 1594-95,* l. c. — Belg., *l. c.*, fol. 34-40 et 42-46.)

1594, 5 septembre; St-Vaast d'Arras. Assemblée à la main. — Accord pour quatre mois d'un subside mensuel de 5o.ooo fl. pour la solde de 1.ooo chevaux et 3.ooo gens de pied, à fournir dès que le siège sera mis devant Cambrai.

(P.-de-C., *C 795*, fol. 269 v°. — St-O., *reg. M*, fol. 156 r°-v°.)

— 23 septembre; Ibid. Assemblée à la main pour ouïr le rapport des députés en cour.

(P.-de-C., *l. c.*, fol. 270. — Belg., Ét. et Aud., *686*, fol. 82-83.)

— 4 octobre; Ibid. Demande de subsides pour le siège de Cambrai. — Approbation des décisions de l'assemblée à la main du 5 septembre. — Protestations contre la nomination au gouvernement de Béthune de don Gaston Spinola, cet acte étant contraire aux privilèges du pays reconnus par le Roi. — Députation en cour.

Commissaires : Le marquis de Varambon; Jérôme de France.

(P.-de-C., *l. c.*, fol. 274 v° et 276. — St-O., *reg. M*, fol. 157-158 ; *comptes 1594-95*, fol. 47. — Belg., *l. c.*, fol. 49-50, 53, 55-56, 68-73 et 77-80.)

— 7-12 novembre; Ibid. Rapport des députés en cour. — Consentement des États à anticiper sous certaines conditions le prêt de 200.000 l. accordé le 5 septembre pour le siège de Cambrai. — Envoi projeté d'une délégation en Espagne. — Députation en cour pour présenter l'offre des États et renouveler leurs remontrances relatives à la nomination de Spinola comme gouverneur de Béthune, etc. — Ajournement au 5 décembre pour arrêter les moyens de recouvrer les 200.000 l. accordées.

Commissaires : Le marquis de Varambon; François Le Vasseur, sᵣ de Moriensart, secrétaire d'État.

(*Acte d'accord* : P.-de-C., *C 795*, fol. 279. — *Ibid.*, fol. 278 v° et 280-284. — St-O., *reg. M*, fol. 160 v°-161 ; *comptes 1594-95*, l. c. — Belg., *l. c.*, fol. 84-85, 89-99, 103, 106-108.)

— 5-6 décembre; Ibid. Rapport des députés en cour. — Demande, au nom de l'Archiduc, d'une fourniture d'avoine et de fourrage, à déduire du dernier terme des 200.000 l. accordées pour le siège de Cambrai. — Ajournement au 22 décembre.

Commissaire : Jean Richardot, président du Conseil Privé.

(P.-de-C., *C 795*, fol. 284-285. — St-O., *reg. M*, fol. 162 v° ; *comptes 1594-95*, fol. 47 v°.)

— 22-31 décembre; Ibid. Consentement à l'avance des 200.000 l. nécessaires à l'entretien de l'armée, bien que l'expédition contre Cambrai soit remise, mais à la condition que les troupes seront à très bref délai retirées du pays. — Ajournement au 9 janvier.

Commissaire : François Le Vasseur.

(*Acte d'accord* : P.-de-C., *C 795*, fol. 285. — *Ibid.*, fol. 287. — St-O., *reg. M*, fol. 165 et 166 v° ; *comptes 1594-95*, fol. 47 v°. — Belg., Ét. et Aud., *686*, fol. 117-119.)

1595, 10-17 janvier ; St-Vaast d'Arras. Délibérations sur les moyens de lever le subside de 200.000 l. dont l'avance a été précédemment consentie ; prorogation jusqu'au 21 janvier (au lieu du 31 décembre) du terme du précédent accord. — Remontrances relatives à la nomination du gouverneur de Béthune. — Députation en cour pour présenter les actes d'accord des États et remontrer la dévastation du pays par les troupes, la difficulté de faire rentrer les impôts, etc.

(*Actes d'accord* : P.-de-C., *C 795*, fol. 288 v° et 290. — *Ibid.*, fol. 287 v°-289. — St-O., *reg. M*, fol. 166 v° et 167 v° ; *comptes 1595-96*, fol. 51. — Belg., *l. c.*, fol. 119-121, 126 et 163-167.)

— 4 février ; Ibid. Assemblée à la main convoquée en vue de prendre connaissance d'une lettre de l'archiduc Ernest demandant avance immédiate du reliquat des 200.000 l. prêtées, pour permettre au marquis de Varambon de faire sortir sans retard d'Artois l'armée qui foule le pays. — Octroi de l'anticipation demandée.

(P.-de-C., *C 795*, fol. 290 v°-291. — St-O., *reg. M*, fol. 168 v°.)

— 7 mars ; Ibid. Rapport des députés en cour et délibérations des États ; résolution d'insister pour obtenir l'autorisation de députer en Espagne ; démarches à faire pour la restitution des 200.000 l. dernièrement avancées et des sommes prêtées lors de la mutinerie de St-Pol, etc. — Députation en cour. — Ajournement au 5 avril.

(P.-de-C., *C 795*, fol. 296 v°-298 v°. — St-O., *reg. M*, fol. 170-172 ; *comptes 1595-96*, fol. 51 v°. — Bibl. d'A., *ms. 186*, fol. 132.)

— 5-10 avril ; Ibid. Rapport des députés en cour. — Demande aux États de continuer pendant deux ans l'entretien des garnisons ordinaires. — Ajournement au 18 mai.

Commissaire : Jérôme de France.

(P.-de-C., *C 795*, fol. 299-301. — St-O., *comptes 1595-96*, fol. 52. — Belg. Ét. et Aud., *686*, fol. 135-136.)

— vers le 2 mai ; Ibid. Assemblée à la main. — Convocation des États pour le 9 mai au lieu du 18, le comte de Fuentès, gouverneur général par

intérim, ayant annoncé le prochain envoi en Espagne du comte de Berlaymont.

> (P.-de-C., *C 795*, fol. 3o1. — St-O., *reg. M*, fol. 174.)

1595, 9-11 mai; St-Vaast d'Arras. Députation en cour afin
d'obtenir la suppression de toute levée irrégulière d'impôts et l'autorisation
d'adjoindre au comte de Berlaymont des députés des États d'Artois. —
Exposé par les députés généraux de la mauvaise situation financière. —
Ajournement des États au mois de juillet, après l'audition du compte
général, etc.

> (P.-de-C., *C795*, fol. 3o1-3o5 v°. — Belg., Ét. et Aud., *686*, fol. 137-142.)

— 3 juillet; Ibid. Assemblée à la main. — Députation envoyée au
comte de Fuentès pour le féliciter de la prise du Catelet et le presser d'as-
siéger Cambrai.

> (P.-de-C., *C 795*, fol. 3o6. — St-O., *reg. M*, fol. 179 v°.)

— 14, 17-21, 27-29 juillet; Ibid. Délibérations sur les subsides
demandés. — Octroi, pour le siège de Doullens, de l'entretien pendant
un mois de 1000 fantassins et 5oo manœuvres (*14 juillet*), puis d'un supplément de 3oo hommes (*21 juillet*). — Mesures prises pour hâter la levée
de ces divers contingents. — Députation vers Fuentès pour le remercier
d'avoir entrepris le siège (*18 juillet*). — Octroi, pour six mois seulement,
de la continuation du payement des garnisons ordinaires demandée le
5 avril précédent. — Nouvelle députation vers Fuentès pour le féliciter de
ses succès et lui renouveler les doléances des États touchant les impôts irrégulièrement levés.

Commissaire : Jean Richardot.

> (*Acte d'accord* : P.-de-C., *C 795*, fol. 3o8 v°. — *Ibid.*, fol. 3o6-3o8 et 3o9-312.
> — St-O., *reg. M*, fol. 179 v° ; *comptes 1595-96*, fol. 52 v°. — Belg., Ét. et
> Aud., *686*, fol. 143-144 et 154-156.)

— 10-12 août; Ibid. Demande, pour le siège de Cambrai, d'un subside de 200.000 l., de 5o chariots pour une quinzaine de jours et de 8.000
rations de pain par jour. — Octroi des 200.000 l. demandées, payables un
quart au premier jour du siège, un quart lorsque la batterie donnera,
moitié à la prise de la place, plus divers subsides, en nature ou en argent.

Commissaire : Le marquis de Varambon; Jean Richardot; François Le
Vasseur.

> (*Acte d'accord* : P.-de-C., *C 795*, fol. 313. — *Ibid.*, fol. 313, 314-317. — A.,
> *Mém. XV*, fol. 369 et 370 v°. — St-O., *reg. M*, fol. 180 v°-183 ; *comptes 1595-96*,
> fol. 53. — Belg., *l. c.*, fol. 148-153. — Bibl. d'A., *ms. 186*, fol. 156 v°.)

1595, 5-7, 12-14 octobre; St-Vaast d'Arras. Insistance pour obtenir le prompt versement des dernières 100.000 l. promises pour le siège de Cambrai, qui vient de se terminer par la prise de la place ; demande de 6.000 rations de pain à fournir en 40 jours, de 2.000 mencauds d'avoine et de la continuation pendant un an des garnisons d'Artois. — Députation envoyée par les États au comte de Fuentès pour le féliciter de la prise de Doullens et de Cambrai. — Consentement des États à faire l'avance de 50.000 l. et à fournir les rations de pain et l'avoine demandées, à la condition que le pays sera déchargé de la réquisition des chariots et que l'armée sera envoyée au siège d'une autre place frontière; refus de continuer l'entretien des garnisons, etc.

Commissaire : Jérôme de France.

(*Acte d'accord* : P.-de-C., *C 795*, fol. 320. — *Ibid.*, fol. 318-319 v° et 320 v°-322. — St-O., *reg. M*, fol. 183 v°-184 v°; *comptes 1595-96*, fol. 51 v°. — Belg., *l. c.*, fol. 157.)

— **vers le 9 novembre; Ibid.** Assemblée à la main. — Refus d'appliquer les lettres d'acceptation non conformes à l'acte d'accord d'octobre. — Plaintes contre les désordres des gens de guerre.

(Belg., Ét. et Aud., *l. c.*, fol. 158 et 160-161. — P.-de-C., *l. c.*, fol. 323 v°-324 v°.)

— **6 décembre; Ibid.** Demandes diverses : continuation pendant deux ans de l'entretien des garnisons ; fourniture d'avoine et de fourrage pour la cavalerie gardant Cambrai ; mise en état des fortifications de Bapaume. — Ajournement au 3 janvier 1596.

(P.-de-C., *l. c.*, fol. 325-328. — St-O., *reg. M*, fol. 190 r°-v° ; *comptes 1595-96*, fol. 53.)

1596, 3-11 janvier; Ibid. Délibérations sur les impôts destinés au payement des divers subsides récemment accordés, sur les moyens d'obtenir le prompt remboursement des 200.000 l. avancées au Roi et des 60.000 l. prêtées pour les mutins de St-Pol. — Députation en cour pour remontrer les exactions commises par les armées en campagne, etc. ; offre d'une épée d'honneur à Fuentès. — Consentement des États à continuer le payement des garnisons, mais jusqu'à la mi-mars seulement. — Ajournement au 11 mars, pour attendre la venue du nouveau gouverneur, l'archiduc Albert.

(*Actes d'accord* : P.-de-C., *C 795*, fol. 330 v°. — *Ibid.*, fol. 326-330. — St-O., *reg. M*, fol. 193 r°-v°, 194 v°-195 ; *comptes 1596-97*, fol. 46 v°. — Belg., Ét. et Aud., *686*, fol. 177-180.)

— **28 janvier ; Ibid.** Assemblée à la main ; vote des frais de voyage de deux enquêteurs désignés, l'un par le gouverneur des Pays-Bas, l'autre par les députés généraux, pour examiner les plaintes contre les désordres des gens de guerre.

> (P.-de-C., *C 795*, fol. 33₂.)

1596, 11-16 mars ; St-Vaast d'Arras. Rapport des députés en cour. — Consentement des États à continuer le payement des garnisons jusqu'au 15 septembre, et pour quelques-unes jusqu'au 15 décembre. — Démarches pour obtenir le prompt remboursement des 200.000 l. précédemment prêtées. — Députation en cour pour souhaiter la bienvenue à l'Archiduc et lui présenter diverses doléances : désolation du pays causée tant par les ravages des troupes espagnoles que par les incursions ennemies, charges financières assumées depuis les dernières années par la province, levées de taxes faites sans le consentement des États, etc. — Ajournement au 23 avril.

COMMISSAIRES : Le marquis de Varambon ; Jérôme de France.

> (*Acte d'accord* : P.-de-C., *C 795*, fol. 338 v°. — *Ibid.*, fol. 33₂ v°-338. — St-O.,
> reg. *M*, fol. 197 r°-v° ; *comptes 1596-97*, fol. 47 v°. — Belg., Ét. et Aud., *686*,
> fol. 181-189.)

— **23-24 avril ; Ibid.** Délibérations diverses : reddition des comptes généraux et particuliers, dettes des États Généraux, etc. — Rapport des députés en cour. — Ajournement au 7 mai.

> (P.-de-C., *C 795*, fol. 343 r°-v°. — St-O., *reg. M*, fol. 200 v° ; *comptes 1596-
> 97*, l. c.)

— **7-9 mai ; Ibid.** Députation en cour pour se plaindre des pillages commis par les gens de guerre, demander le dédommagement des dégâts causés par la guerre, au moyen des biens appartenant à des Français et sis en Artois, et solliciter la décharge de la réquisition des chariots et le remboursement des avances faites par les États.

> (P.-de-C., *C 795*, fol. 343 v°-345 v°. — St-O., *reg. M*, fol. 200 v° ; *comptes 1596-
> 97*, l. c.)

— **3 juillet ; Ibid.** Assemblée à la main. — Députation en cour pour obtenir de l'Archiduc que le s^r de Gomiecourt, gouverneur d'Hesdin, très gravement malade, soit remplacé par un personnage du pays, conformément aux privilèges de la province, et pour se plaindre des contributions de guerre levées sur l'Artois.

> (P.-de-C., *C 795*, fol. 348 v°-349.)

— **8 août ; Ibid.** Assemblée à la main. — Députation en cour pour protester contre la levée irrégulière de contributions de guerre.

> (P.-de-C., *l. c.*, fol. 350 v°.)

1596, 26 septembre; St-Vaast d'Arras. Assemblée à la main. — Envoi en cour d'un député sur le conseil du duc d'Aerschot, nouveau gouverneur d'Artois, pour presser l'Archiduc d'attaquer l'ennemi.

(P.-de-C., *l. c.*, fol. 35ı v°·)

— **8 octobre; Ibid.** Assemblée à la main. — Envoi de députés vers le duc d'Aerschot pour obtenir son apostille sur divers points présentés à l'Archiduc : dégàts commis par les deux armées, inertie des troupes espagnoles, etc.

(P.-de-C., *l. c.*, fol. 35ₐ v°-354.)

— **12 octobre; Ibid.** Assemblée à la main. — Députation en cour pour représenter à l'Archiduc la ruine du pays et demander soulagement des charges militaires.

(P.-de-C., *l. c.*, fol. 354 v°-357 v° et 369.)

— **12-13 novembre; Ibid.** Demande aux États de continuer, deux ans durant, le payement des garnisons. — Ajournement de la décision des États, les informations sur les charges militaires auxquelles la province doit être soumise étant contradictoires. — Députation en cour pour solliciter de l'Archiduc une déclaration précise, poursuivre le remboursement des sommes avancées par les États, etc. — Délibérations sur la situation financière, sur l'annexion de Calais et Ardres à l'Artois, etc. — Ajournement au 5 décembre,

Commissaire : Jérôme de France.

(P.-de-C., *l. c.*, fol. 358 v°-363. — St-O., *reg. M*, fol. 218 r°-v°; *comptes 1596-97*, fol. 47 v°. — Belg., Ét. et Aud., *686*, fol. 199, 201-202 et 212.)

— **5 décembre; Ibid.** Octroi du payement des garnisons pour deux mois et d'une somme de 9.000 l. pour l'entretien de la cavalerie des places frontières pendant six semaines. — Députation en cour pour se plaindre des désordres commis par les troupes et des charges excessives imposées à la province, s'élevant à plus de 2 millions de florins pour les trois dernières années. — Ajournement au 5 février.

(P.-de-C., *l. c.*, fol. 364-372. — St-O., *reg. M*, fol. 217 v° et 219 ; *comptes 1596-97*, fol. 47. — Belg., *l. c.*, fol. 220, 222-226 et 263-264.)

1597, 5-11 février; Ibid. Exposé de la situation financière par les députés généraux. — Offre de continuer jusqu'au 15 avril le payement des garnisons. — Députation en cour pour renouveler les doléances précédemment faites touchant les exactions commises par les troupes ainsi que les

charges pesant sur le pays, etc. — Décisions prises sur diverses questions de
détail. — Ajournement au 16 avril.

>   (P.-de-C., *C 795*, fol. 372-374 v°. — St-O., *reg. M*, fol. 223 ; *comptes 1597-*
> *98*, fol. 43. — Belg., *l. c.*, fol. 228-235 et 238-241.)

1597, 12 février ; **St-Vaast d'Arras**. Assemblée à la main. —
Cadeau fait au s^r de Rossieu pour avoir « contenu » la cavalerie légère en
garnison aux frontières d'Artois.

>   . (P.-de-C., *C 795*, fol. 377.)

— 16 avril ; Ibid. Demande faite aux États de continuer le payement
des garnisons et l'entretien de la cavalerie et d'accorder une somme de
36.000 l. pour les fortifications des places frontières. — Octroi des 36.000 l.
demandées, à condition de les prélever sur les 200.000 l. non encore remboursées. — Ajournement au 28 avril.

COMMISSAIRES : Le comte de Ligne ; Jérôme de France, président du
Conseil d'Artois.

>   (P.-de-C., *l. c.*, fol. 378-381. — St-O., *reg. M*, fol. 228 v°-229 ; *comptes 1597-*
> *98*, fol. 43.)

— 28 avril ; Ibid. Accord par les États du payement des garnisons, du
15 avril au 15 juillet, et des fournitures requises pour la cavalerie cantonnée
aux frontières, du 15 au 30 avril. — Députation en cour pour renouveler
les doléances précédemment faites.

>   (*Acte d'accord* : P.-de-C., *C 795*, fol. 381 v°. — *Ibid.*, fol. 382-386. — St-O.,
> *reg. M*, fol. 229 r°-v° et 230 v° ; *comptes 1597-98*, l. c. — Belg., Ét. et Aud.,
> *686*, fol. 242-256.)

— 19 mai ; Ibid. Assemblée à la main. — Refus d'accorder la continuation pendant six semaines des subsides nécessaires à l'entretien de la cavalerie, pareille demande excédant les ressources du pays et l'assemblée n'ayant
du reste pas les pouvoirs suffisants pour y répondre.

>   (P.-de-C., *C 795*, fol. 387 r°-v°.)

— 27 mai ; Ibid. Assemblée à la main. — Nouveau refus, et pour les
mêmes motifs, opposé aux instances de l'archiduc Albert.

>   (P.-de-C., *l. c.*, fol. 386 v° et 388.)

— 18 août ; Ibid. Demande aux États de continuer pendant un an ou
deux le payement des garnisons à partir du 15 juillet et d'accorder « une
bonne somme » pour les places frontières. — Résolution (non exécutée)

d'envoyer en cour un député pour remontrer à l'Archiduc la misère du pays. — Ajournement au 11 septembre.

COMMISSAIRES : Jérôme de France, président du Conseil d'Artois; le comte de Ligne, commis au gouvernement.

(P.-de-C., *l.c.*, fol. 389 v°-392. — St-O., *comptes 1597-98*, fol. 43 v°.)

1597, 11 septembre ; St-Vaast d'Arras. Ajournement au 5 novembre, en raison du petit nombre des comparants et, particulièrement, de l'absence de la majorité des nobles, dont beaucoup ont suivi l'Archiduc au camp.

(P.-de-C., *l. c.*, fol. 392 v°. — St-O., *reg. M*, fol. 238 ; *comptes 1597-98*, l. c.)

— 5-13 novembre ; Ibid. Demande aux États de fournir les rations de 8 compagnies de cavalerie, réparties dans les places frontières, faute de quoi les officiers des bailliages seraient autorisés à lever directement sur le pays les sommes nécessaires. — Protestations des États d'Artois contre cette prétention et députation en cour à ce sujet. — Ajournement au 15 décembre.

COMMISSAIRE : Le comte de Ligne, prince d'Épinoy, gouverneur d'Artois.

(P.-de-C., *C 795*, fol. 393 v°-400 v° et 405. — St.-O., *reg. M*, fol. 240 v°-241 ; *comptes 1597-98*, fol. 43. — Belg., Ét. et Aud., *086*, fol. 262 et 266-267.)

— 15-17 décembre ; Ibid. Annonce du prochain mariage de l'archiduc Albert avec l'infante Isabelle-Claire-Eugénie, fille aînée de Philippe II, qui recevra en dot les Pays-Bas et le comté de Bourgogne. — Rapport des députés en cour. — Autorisation aux députés généraux d'avancer, par provision, six semaines ou deux mois de solde aux garnisons ordinaires. — Députation en cour pour solliciter de l'Archiduc décharge des rations demandées pour la cavalerie. — Ajournement au 9 janvier.

COMMISSAIRES : Le comte de Ligne; Jérôme de France.

(P.-de-C., *C 795*, fol. 402 v°-408. — St-O., *reg. M*, fol. 243 v°-244; *comptes 1597-98*, fol. 43. — Belg., *l. c.*, fol. 265 et 278-279. — GACHARD, *Lettres écrites par les souverains des Pays-Bas aux États de ces provinces... in Bull. Comm. roy. d'hist.*, II° sér., I, 356-357.)

1598, 9-16 janvier ; Ibid. Examen de la situation financière. — Octroi du payement des garnisons ordinaires pour 6 mois 1/2 à dater du 15 juillet 1597, ainsi que d'une somme de 30.000 l., à valoir sur les 200.000 l. non remboursées, en compensation des fournitures de rations pour la cavalerie et à condition que cessent toutes levées illicites faites par les officiers des bailliages ; renouvellement de l'offre de 36.000 l. pour les fortifications ; félicitations à l'Archiduc à l'occasion de son prochain mariage ; demande de convocation des États Généraux. — Députation en cour et ajournement au 18 février.

> (*Acte d'accord* : P.-de-C., *C 795*, fol. 411 v°. — *Ibid.*, fol. 408 v°-421. — St-O., reg. *M*, fol. 243 v°-244; *comptes 1598-99*, fol. 44 v°. — Belg., *l. c.*, fol. 280-281, 283-284 et 289-291.)

1598, 18 février ; St-Vaast d'Arras. Renouvellement des demandes relatives à l'entretien des garnisons et au ravitaillement de la cavalerie. — Rapport des députés en cour et ajournement au 3 mars, en raison du petit nombre des comparants.

> (P.-de-C., *l. c.*, fol. 421 v°-423 v°. — St-O., *reg. M*, fol. 246 v° ; *comptes 1598-99*, l. c.)

— 3-6 mars ; Ibid. Accord du payement des garnisons pour trois mois finissant le 30 avril ; renouvellement de l'offre de 30.000 l., à prendre sur les 200.000 l. non remboursées, en compensation des fournitures de rations à la cavalerie. — Demande de convocation des États Généraux. — Députation en cour pour remontrer la misère du pays et excuser la petitesse de l'accord fait par les États. — Examen de la situation financière et ajournement au 5 mai.

> (*Acte d'accord* : P.-de-C., *C 795*, fol. 424. — *Ibid.*, fol. 424 v°-428. — St-O., reg. *M*, fol. 246 v°-247 ; *comptes 1598-99*, l. c. — Belg., Ét. et Aud., *686*, fol. 292-297.)

— 17 mars ; Ibid. Assemblée à la main. — Envoi en cour d'un député pour appuyer les protestations du Conseil d'Artois, menacé d'être dépouillé de la connaissance des délits commis en Artois par les gens de guerre.

> (P.-de-C., *l. c.*, fol. 428 v°. — Belg., *l. c.*, fol. 314-315.)

— 5-7 mai; Ibid. Demande aux États de continuer pendant un an le payement des garnisons et de pourvoir à la fortification des places frontières. — Députation en cour pour demander qu'en raison de la paix prochaine, le pays soit soulagé des charges militaires et que les excès des gens de guerre soient réprimés.

COMMISSAIRE : Briois, premier conseiller au Conseil d'Artois.

> (P.-de-C., *l. c.*, fol. 430-432 v°. — St-O., *reg. M*, fol. 247 v°-248 ; *comptes 1598-99*, l. c.)

— 27-28 mai ; Ibid. Députation en cour pour remontrer les excès commis par les gens de guerre qui ruinent le plat pays et arrêtent les voyageurs, osant même se saisir de députés se rendant aux États. — Ajournement au 10 juin, par suite du petit nombre des comparants, résultant de l'insécurité des chemins.

> (P.-de-C., *l. c.*, fol. 433-435. — St-O., *reg. M*, fol. 249.)

1598, 10-16 juin ; St-Vaast d'Arras. Accord par les États du payement des garnisons ordinaires pour deux mois finissant le 3o juin, puis de
8oo hommes seulement, choisis parmi les naturels du pays, jusqu'au
3ı décembre. — Offre de 36.ooo l., pour les fortifications, à prendre sur les
200.000 l. non remboursées, et de 4o.ooo l. pour hâter l'évacuation du pays
par les troupes d'occupation. — Députation en cour.

> (*Acte d'accord* : P.-de-C., *C 795*, fol. 436. — *Ibid.*, fol. 437-44ı. — St-O.,
> *reg. M*, fol. 249 v°-25ı ; *comptes 1598-99*, fol. 44 v°. — Belg., Ét. et Aud., *686*,
> fol. 298-299 et 3o3-3o6.)

— **17 juillet ; Ibid.** Assemblée à la main. — Rapport des députés en
cour.

> (P.-de-C., *C 795*, fol. 44ı v°. — St-O., *reg. M*, fol. 252 r°-v°.)

— **31 juillet ; Ibid.** Convocation des députés des États à l'assemblée
générale réunie pour assister à la cession des Pays-Bas et du comté de Bourgogne aux Archiducs et pour recevoir et prêter les serments d'usage. —
Ajournement des États au 6 août, pour attendre le texte des lettres patentes
du Roi portant cession de ces provinces à sa fille et pouvoir examiner si
elles ne contiennent rien de contraire aux privilèges du pays.

Commissaires : Le comte de Ligne ; Jérôme de France.

> (P.-de-C., *C 795*, fol. 442-447. — St-O., *reg. M*, fol. 253 v° ; *comptes 1598-99*,
> fol. 45. — Bibl. d'A., *ms. 301*, fol. 2ı v°. — Gachard, *Lettres écrites par les
> souverains des Pays-Bas aux États... in Bibl. Comm. roy. d'hist.*, II° sér., I, 358-
> 359.)

— **6-9 août ; Ibid.** Désignation de trois députés de chaque ordre pour
assister à la cession des Pays-Bas. — Procuration solennelle de recevoir
l'infante Isabelle comme souveraine et d'échanger les serments requis. —
Instructions données aux députés de veiller au maintien des privilèges du
pays, de demander à l'Archiduc la renonciation à son voyage d'Espagne
et d'obtenir l'autorisation d'envoyer une députation vers le Roi, ainsi que
a promesse d'une prompte réunion des États Généraux, etc.

> (P.-de-C., *l. c.*, fol. 447-457 v°. — St-O., *reg. M*, fol. 254 ; *comptes 1598-99*,
> *l. c.* — G. de Hauteclocque, *Arras et l'Artois sous le gouvernement des Archi-
> ducs... in Mém. Acad. d'Arr.*, 2° sér., VI, 17-18.)

— **15-18 septembre ; Ibid.** Rapport des délégués aux cérémonies de
la cession des Pays-Bas et compte-rendu des serments prêtés par l'Archiduc d'observer la Joyeuse Entrée de ı549, l'Édit Perpétuel de février ı577
et le traité de réconciliation de Mons. — Délibérations sur les subsides à
voter pour les frais du voyage des députés envoyés par les provinces en
Espagne. — Députation en cour pour demander le renouvellement du ser-

ment des gouverneurs, châtelains, etc. — Délibérations sur les négociations de paix avec les provinces protestantes, etc.

(P.-de-C., *l. c.*, fol. 476-478 v°. — P.-de-C., dépôt annexe de St-O., *G 149*. — St-O., *reg. M*, fol. 254 v° ; *comptes 1598-99*, fol. 44 v°. — Belg., Ét. et Aud., *686*, fol. 319-320. — HAUTECLOCQUE, *o. c.*, 18.)

1598, 8 octobre ; St-Vaast d'Arras. Demande aux États d'une aide mensuelle de 25.000 fl., d'octobre à mars, pour contribuer à l'entretien de l'armée du Rhin. — Rapport des députés en cour. — Accord de la première mensualité de 25.000 fl. et ajournement au 20 octobre en raison du petit nombre des comparants.

COMMISSAIRES : Marc de Rye, marquis de Varambon, gouverneur d'Artois ; Jérôme de France.

(P.-de-C., *l. c.*, fol. 484-486. — St-O., *reg. M*, fol. 262 r°-v° ; *comptes 1598-99*, fol. 45.)

— 20-24 octobre ; Ibid. Octroi de 75.000 fl. — Députation en cour pour présenter divers vœux, touchant la nomination aux dignités ecclésiastiques, etc. — Banquet à l'occasion du service funèbre de Philippe II, etc.

(*Acte d'accord* : P.-de-C., *C 795*, fol. 486 v°. — *Ibid.*, fol. 487 v°-499 v°. — St-O., *reg. M*, fol. 262 v° ; *comptes 1598-99*, l. c. — Belg., Ét. et Aud., *686*, fol. 321, 324-325, 328-329 et 331-335. — N., *B 1636*.)

1599, 29 janvier-5 février ; Ibid. Assemblée à la main. — Envoi d'un député à une assemblée générale des provinces convoquée à Bruxelles pour le 18 février, avec mission spéciale de solliciter de l'archiduc André la promesse que le successeur du feu marquis de Varambon au gouvernement de l'Artois sera choisi parmi les seigneurs du pays.

(P.-de-C., *l. c.*, fol. 501.)

— 19 mars ; Ibid. Demande aux États de continuer, pendant six mois, le subside mensuel de 25.000 fl. destiné à l'armée du Rhin, et, pendant deux ans à dater du 1er janvier 1599, l'entretien des garnisons ordinaires et de consentir à la levée de taxes sur l'entrée et la sortie des marchandises, qui doivent remplacer les *licentes*. — Ajournement au 20 avril.

COMMISSAIRE : Jérôme de France.

(P.-de-C., *l. c.*, fol. 503 v°-505 v°. — St-O., *reg. M*, fol. 271 ; *comptes 1599-1600*, fol. 39 v°.)

— 20-26 avril ; Ibid. Offre par les États d'un subside de 35.000 fl., à condition d'être exemptés de diverses charges militaires ; consentement de continuer pendant six mois l'entretien des garnisons permanentes ; refus d'autoriser les impôts sur l'entrée et la sortie des marchandises. — Députation en cour pour présenter l'acte d'accord et diverses doléances.

> (*Acte d'accord* : P.-de-C., *C 795*, fol. 5o6. — *Ibid.*, fol. 5o5 v° et 5o7 v°-5o9. — A., *reg. des commis aux honneurs, 1598-99*, fol. 10 v°. — St-O., *reg. M*, fol. 271 v°-272 ; *comptes 1599-1600*, fol. 4o v°. — Belg., Ét. et Aud., *687*, fol. 1-5, 7-13 et 67-72.)

1599, 19 mai ; St-Vaast d'Arras. Assemblée à la main. — Rapport du député en cour.

> (P.-de-C., *l. c.*, fol. 525 v°.)

— 12 juin ; Ibid. Nouvelle demande de subsides, motivée par le refus de l'acte d'accord du 26 avril, jugé insuffisant. — Ajournement au 21 juin.

Commissaire : Jérôme de France.

> (P.-de-C., *l. c.*, fol. 528-529 v°. — St-O., *reg. M*, fol. 273-274 ; *comptes 1599-1600*, fol. 4o v°. — Belg., Ét. et Aud., *687*, fol. 16.)

— 21-27 juin ; Ibid. Délibérations infructueuses sur les subsides demandés. — Ajournement au 8 juillet.

> (P.-de-C., *l. c.*, fol. 53o-533. — St-O., *reg. M*, fol. 274 r°-v°.)

— 8-13 juillet ; Ibid. Octroi d'un subside de 4o.ooo l. et de la continuation du payement des garnisons pendant six mois, les moyens de recouvrer ces sommes étant laissés à la discrétion du Conseil d'État, attendu les divergences de vue qui se sont manifestées à ce sujet dans l'assemblée des États. — Ajournement au 11 août.

> (*Acte d'accord des deux premiers ordres* : Belg., Ét. et Aud., *687*, fol. 17-21 ; *du Tiers* : *Ibid.*, fol. 56-64. — P.-de-C., *l. c.*, fol. 533-536. — A., *reg. des commis aux honneurs, 1598-99*, fol. 19. — St-O., *reg. M*, fol. 274 v°-275 ; *comptes 1599-1600*, fol. 41. — Belg., *l. c.*, fol. 23-28 et 53-55.)

— 11-14 août ; Ibid. Désignation de trois députés de chaque ordre pour aller complimenter les Archiducs à leur arrivée aux Pays-Bas. — Offre d'un présent de 4o.ooo fl. — Requêtes en vue d'obtenir la nomination d'un gouverneur originaire du pays, l'exemption du logement des gens de guerre, la convocation des États Généraux, etc.

> (P.-de-C., *l. c.*, fol. 538-54o. — St-O., *reg. M*, fol. 275 v° ; *comptes 1599-1600*, fol. 39 v°. — Belg., *l. c.*, fol. 42-46 v°. — Hauteclocque, *Arras et l'Artois sous le gouvernement des Archiducs...*, 23.)

— 26 octobre ; Ibid. Demande d'un subside mensuel de 25.ooo l. pendant six mois partant du 1er novembre, pour l'entretien de l'armée maintenue à la frontière. — Rapport des députés à la Joyeuse Entrée des Archiducs.

Commissaire : Jérôme de France.

(P.-de-C., *L. c.*, fol. 540 et 547 v°-550. — St-O., *reg. M*, fol. 277°; *comptes 1599-1600*, fol. 41.)

1599, 16-22 novembre; St-Vaast d'Arras. Octroi pour l'entretien de l'armée du Rhin d'un subside de 36.000 l. — Députation en cour.

(*Acte d'accord* : P.-de-C., *C 795*, fol. 549 v°. — *Ibid.*, fol. 550 v°-560. — St-O., *reg. M*, fol. 278 r°-v° ; *comptes 1599-1600*, fol. 41. — Belg., Ét. et Aud., *687*, fol. 31-34, 36-41 et 51.)

1600, 12-18 février; Arras (à l'Hôtel de Ville). Assemblée des États pour prêter et recevoir, à l'occasion de la Joyeuse Entrée des Archiducs en Artois, les serments accoutumés, dans les mêmes formes qu'en 1549. — Députation composée de six membres de chaque ordre et des députés généraux. — Cérémonie des serments sur la Grand Place (14 février). — Demande faite aux États de continuer le payement des garnisons ordinaires et d'accorder les subsides nécessaires à l'augmentation de celle de St-Omer. — Ajournement au 7 mars.

(P.-de-C., *C 795*, fol. 561-567. — A., *reg. des commis aux honneurs, 1599-1600*, fol. 13 v°. — St-O., *reg. M*, fol. 279 v°-282 ; *comptes 1600-1*, fol. 51. — Béth., *BB 16*, fol. 4 v°-7 et 32 r°-v°. — Hauteclocque, *o. c.*, 25-26, 51, 64-69.)

— 7-14 mars; St-Vaast d'Arras. Examen de la situation financière. — Ajournement au 3 mai, en accordant par provision le payement des garnisons ordinaires jusqu'à cette date.

(*Acte d'accord* : Belg., Ét. et Aud., *687*, fol. 79. — P.-de-C., *l. c.*, fol. 567 v°-574. — St-O., *reg. M*, fol. 285 r°-v° ; *comptes 1600-1*, l. c. — Belg., *l. c.*, fol. 80-81.)

— 6 avril; Ibid. Assemblée des États d'Artois pour députer aux États Généraux convoqués à Bruxelles pour le 26 avril. — Ajournement au 13.

Commissaires : Florent, comte de Berlaymont, gouverneur d'Artois ; Jérôme de France.

(P.-de-C., *l. c.*, fol. 574 v°-575. — St-O., *reg. M*, fol. 286 v°; *comptes 1600-1*, l. c. — Gachard, *Actes des États généraux de 1600*, 4.)

— 13-15 avril; Ibid. Désignation de trois députés de chaque ordre pour représenter l'Artois aux États Généraux. — Procuration et instructions aux députés : pourparlers de paix à entreprendre avec la Hollande: maintien des privilèges politiques, financiers et judiciaires des provinces ; décharge

de la réquisition des chariots ; restauration de la discipline militaire ; interdiction des licences, etc.

(P.-de-C., *l. c.*, fol. 574 v°-579. — St-O., *reg. M*, fol. 287 ; *comptes 1600-1*,
l. c. — GACHARD, *o. c.*, 57-64.)

1600, entre le 28 avril et le 6 mai ; Arras. Décision ajournée jusqu'au retour des députés.

(St-O., *reg. M*, fol. 287 v°-288 ; *comptes 1600-1*, fol. 52.)

— 20-22 juillet ; St-Vaast d'Arras. Demande aux États d'entretenir
pendant un mois 1.000 hommes de pied et trois compagnies d'hommes
d'armes à lever sur le pays d'Artois. — Avance de 40.000 l. à cet effet, remboursables sur le premier accord à venir. — Rapport des députés aux États
Généraux.

COMMISSAIRES : Philippe de Croy, comte de Solre ; Jérôme de France.

(*Acte d'accord* : P.-de-C., *C 795*, fol. 582 v°. — *Ibid.*, fol. 582, 583 v°-584 et
588 v°. — St-O., *reg. M*, fol. 290 r°-v° ; *comptes 1500-1*, fol. 51 v°. — Belg., Ét.
et Aud., *687*, fol. 82-83.)

— 2-3 août ; Ibid. Procuration des États à leurs députés retournant
aux États Généraux ; autorisation d'accorder les subsides demandés et même
davantage, à condition que le pays soit exempt des passages de gens de
guerre et de la réquisition des chariots, contrairement aux demandes présentées à l'assemblée générale.

(P.-de-C., *l. c.*, fol. 585-588. — St-O., *reg. M*, fol. 290 v° ; *comptes 1600-1*,
fol. 52.)

— 21 novembre-2 décembre ; Ibid. Délibérations sur les demandes
de subsides faites aux États Généraux, la procuration des députés d'Artois
ayant été insuffisante pour donner à ce sujet une réponse ferme. — Octroi de
300.000 l. pour un an, au lieu des 30.000 l. par mois demandées pour l'entretien de 10.000 hommes de pied et 3.000 chevaux, sans déduction des
40.000 l. précédemment accordées, mais à condition que le pays soit exempt
du passage des gens de guerre et que le payement de ces derniers soit
déduit du présent accord. — Députation en cour afin d'obtenir la suppression
du passage des gens de guerre à travers la province et de défendre les pré-
rogatives des juridictions provinciales contre l'immixtion des Conseils privé
et des finances.

(*Acte d'accord* : P.-de-C., *C 795*, fol. 599. — *Ibid.*, fol. 589 v°-606. — St-O.,
reg. M, fol. 291 v° ; *comptes 1600-1*, fol. 52 v°.)

1601, 14 mars ; Ibid. Assemblée à la main ; renvoi en cour des lettres patentes autorisant la levée des subsides octroyés le 2 décembre, comme non conformes à l'acte d'accord des États.

(P.-de-C., *l. c.*, fol. 607.)

1601, 26-30 juin; St-Vaast d'Arras. Décisions relatives à la levée des impôts destinés au recouvrement des 3oo.ooo l. accordées en décembre précédent.

(P.-de-C., *l. c.*, fol. 611-616 v°. — St-O., *reg. N*, fol. 9 v°-10; *comptes 1601-2*, fol. 64.)

— **15 octobre; Ibid.** Demande aux États d'accorder continuation pendant un an, à dater du 1er novembre, de l'aide de 3oo.ooo l., afin de permettre la réduction de la place d'Ostende. — Ajournement au 5 novembre.

Commissaires : Le comte de Berlaymont; Jérôme de France.

(P.-de-C., *l. c.*, fol. 616 v°-618 et 621. — St-O., *reg. N*, fol. 12 v°-13 v°; *comptes 1601-2*, fol. 64 v°. — Belg., Ét. et Aud., *687*, fol. 91-92.)

— **5-10 novembre; Ibid.** Accord de la continuation, pendant un an, du subside de 3oo.ooo l. — Discussions entre les ordres au sujet de la levée du C° destiné au recouvrement de partie du nouveau subside.

(*Acte d'accord* : P.-de-C., *C 795*, fol. 619. — *Ibid.*, fol. 618 v° et 621-623 v°. — St-O., *reg. N*, fol. 13 r°-v°; *comptes 1601-2*, l. c. — Belg., *l. c.*, fol. 84-88.)

1602, 29 janvier; Ibid. Demande aux États d'abandonner le produit de l'impôt sur les cheminées, pour permettre la continuation du siège d'Ostende. — Ajournement au 12 février.

Commissaires : Le comte de Berlaymont; Jérôme de France.

(P.-de-C., *l. c.*, fol. 626 v°-629. — St-O., *reg. N*, fol. 16 r°-v°; *comptes 1602-3*, fol. 49 v°.)

— **12-16 février ; Ibid.** Délibérations sur les subsides demandés.

(P.-de-C., *l. c.*, fol. 629. — St-O., *reg. N*, fol. 16 v°; *comptes 1602-3*, l. c.)

— **25-28 février; Ibid.** Excuses des États de ne pouvoir accorder les subsides demandés, le recouvrement des impôts précédemment votés étant encore en souffrance. — Démarches à entreprendre pour obtenir le remboursement des 2oo.ooo l. avancées pour le siège de Cambrai.

(P.-de-C., *l. c.*, fol. 629-633. — St-O., *comptes 1602-3*, fol. 5o.)

— **1er mars ; Ibid.** Réunion des membres des États se trouvant encore à Arras. — Avance de l'entretien, pendant vingt jours, de 4oo hommes destinés à renforcer le régiment du comte de Bucquoy, les sommes nécessaires devant être déduites du subside récemment accordé.

(P.-de-C., *l. c.*, fol. 633-634.)

1602, 31 mars; St-Vaast d'Arras. Assemblée à la main. — Députation en cour pour s'opposer aux prétentions des États de Flandre, qui veulent lever des impôts à Schoubrouck et Clairmarais, localités d'Artois revendiquées par eux.

(P.-de-C., *l. c.*, fol. 635 v°-637.)

— **3-4 et 7 juin; Ibid.** Assemblée à la main. — Consentement à faire l'avance sur le subside en cours des sommes nécessaires à l'entretien de plusieurs compagnies levées et logées en Artois.

(P.-de-C., *l. c.*, fol. 637 v°-638.)

— **4 octobre; Ibid.** Demande aux États d'accorder continuation pendant un an, à dater du 1er novembre, de l'aide de 3oo.ooo l., pour l'entretien de l'armée d'opérations.

Commissaires : Le comte de Berlaymont; Jérôme de France.

(P.-de-C., *l. c.*, fol. 64o v°-642. — St-O., *reg. N*, fol. 25 v°-26 ; *comptes 1602-3,* fol. 52.)

— **4-13 novembre; Ibid.** Accord de la continuation, pendant un an, du subside de 3oo.ooo l., aux conditions ordinaires : exemption des logements de gens de guerre, déduction du payement des garnisons ordinaires, etc. — Députation vers les États de Flandres pour l'affaire des limites. — Autre députation en cour pour demander le renvoi des soldats des garnisons artésiennes employés au siège d'Ostende.

(*Acte d'accord* : P.-de-C., *C 795*, fol. 642 v°. — *Ibid.*, fol. 644 v°-648 v°. — St-O., *reg. N*, fol. 27 r°-v° ; *comptes 1602-3*, fol. 5r.)

— **16 décembre; Ibid.** Assemblée à la main. — Rapport du député en cour. — Modifications provisoires au mode de levée des impôts adopté par les États pour leur dernier accord.

(P.-de-C., *l. c.*, fol. 649.)

1603, 15-17 janvier; Ibid. Assemblée des États d'Artois convoquée par les députés généraux pour examiner la situation financière et aviser aux moyens de remédier au déficit. — Députation en cour pour montrer à l'Archiduc l'impossibilité de lever sur le pays 1200 hommes de pied et demander l'exemption pour l'Artois de l'entretien de trois autres compagnies licenciées par le comte de Berlaymont.

(P.-de-C., *l. c.*, fol. 65o; *C 797*, fol. 1-8. — St-O., *reg. N*, fol. 31 ; *comptes 1603-4*, fol. 63 v°.)

1603, 31 janvier ; St-Vaast d'Arras. Assemblée à la main. — Rapport des députés en cour, d'où il ressort que la levée des 1200 hommes de pied ne doit pas être à la charge des États. — Résolution de faire appliquer cette résolution par le gouverneur d'Artois et les gouverneurs particuliers.

(P.-de-C., *C 797*, fol. 6-8 v°.)

— 4 février ; Ibid. Assemblée à la main pour approuver les déclarations faites par les députés généraux aux gouverneurs particuliers réunis par le comte de Berlaymont.

(P.-de-C., *l. c.*, fol. 9.)

— 26 février ; Ibid. Demande aux États de contribuer jusqu'à concurrence de 25.000 fl., pour un an, à la paye de 50 enseignes wallonnes, de 3.000 chevaux, de 250 chariots et de la maison des Archiducs et de pourvoir aux rations des soldats qui seront levés sur le pays. — Ajournement au 7 avril.

Commissaires : Le comte de Berlaymont ; Jérôme de France.

(P.-de-C., *l. c.*, fol. 9 v°-11 v°. — St-O., *reg. N*, fol. 31 v° ; *comptes 1603-4*, fol. 63 v°.)

— 21 mars ; Ibid. Nouvelle convocation des États pour répondre d'urgence aux demandes précédentes. — Ajournement au 9 avril.

Commissaires : les mêmes que le 26 février.

(P.-de-C., *l. c.*, fol. 11 v°-12 v°. — St-O., *reg. N*, fol. 31 v°-32 ; *comptes 1603-4*, fol. 64 v°.)

— 9-18 avril ; Ibid. Octroi des 25.000 l. demandées, mais refus de mettre à la charge des États les rations des recrues levées en Artois et de payer l'entretien des garnisons en dehors des divers subsides accordés.

(*Acte d'accord* : P.-de-C., *C 797*, fol. 12 v°. — *Ibid.*, fol. 14 v°-17. — St-O., *reg. N*, fol. 32 v°-33 ; *comptes 1603-4*, fol. 64. — Belg., Ét. et Aud., *687*, fol. 115-121.)

— 22 octobre ; Ibid. Demande aux États d'accorder continuation pendant un an, à dater du 1er novembre, de l'aide de 300.000 l. pour la continuation de la lutte contre les provinces protestantes.

Commissaires : Le comte de Berlaymont ; Jérôme de France.

(P.-de-C., *l. c.*, fol. 18 v°-20 v°. — St-O., *reg. N*, fol. 40 v° et 41 v° ; *comptes 1603-4*, l. c.)

— 13-19 novembre ; Ibid. Accord de la continuation, pendant un an, du subside de 300.000 l., recouvrable au moyen des impôts en cours et de

la levée de 8 aides sur le plat pays (le pays de l'Allœu devant payer 8.000 l.),
aux conditions ordinaires : exemption du logement des gens de guerre, des
fournitures de chariot, etc., déduction du payement des garnisons ordinaires.

(*Acte d'accord* : P.-de-C., *C 797*, fol. 21. — *Ibid.*, fol. 21-25 v°. — St-O.,
reg. N, fol. 41 v°-42 ; *comptes 1603-4*, fol. 65. — Belg., Ét. et Aud., *687*, fol. 123
et 129-130.)

1604, 28 avril ; St-Vaast d'Arras. Assemblée à la main. — Avance
sur le subside en cours du payement de quelques troupes logées sur le pays.

(P.-de-C., *l. c.*, fol. 26.)

— 4 juin ; Ibid. Demande aux États d'un subside supplémentaire de
100.000 l., payable en trois mois et destiné au renforcement de l'armée et à
la continuation des hostilités.

Commissaires : Le comte de Berlaymont ; Jérôme de France.

(P.-de-C., *l. c.*, fol. 27-29 v°. — St-O., *reg. N*, fol. 48 r°-v° ; *comptes 1604-5*,
fol. 64.)

— 17 juin ; Ibid. Octroi de 50.000 fl. recouvrables à l'aide de nouvelles
taxes sur les boissons.

(*Acte d'accord* : P.-de-C., *C 797*, fol. 30. — *Ibid.*, fol. 30 v°-32. — St-O.,
reg. N, fol. 48 v° ; *comptes 1604-5*, fol. 64. — Belg., Ét. et Aud., *687*, fol. 134-
135.)

— 14 septembre ; Ibid. Assemblée à la main. — Députation à la conférence des cinq délégués des provinces de Brabant, Flandres, Artois, Hainaut et Lille, convoquée par l'Archiduc à Gand pour le 16 ou le 17.

(P.-de-C., *l. c.*, fol. 33.)

— 28-30 octobre ; Ibid. Rapport du député à la conférence de Gand.
— Demande aux États par les commissaires des Archiducs de la continuation, pour un an, du subside de 300.000 l. et, en outre, d'un secours extraordinaire de 50.000 l. pour la réfection du port et de la ville d'Ostende,
nécessaires à la sécurité des Pays-Bas. — Députation en cour pour exposer la difficulté de faire rentrer les impôts, etc.

Commissaires : Frédéric de Berghes, gouverneur d'Artois ; Jérôme de
France.

(P.-de-C., *l. c.*, fol. 34 v°-42 v°. — St-O., *reg. N*, fol.53 v°-54 ; *comptes 1604-5*,
fol. 64. — P.-de-C., annexe de St-O., *G 149*.)

— 16 novembre ; Ibid. Demande aux États, outre la continuation de
l'aide de 300.000 l., d'un impôt sur l'importation des vins de France, pen-

dant six mois, destiné à donner satisfaction à la garnison mutinée de Rure-monde.

COMMISSAIRES : Frédéric de Berghes ; le baron d'Haveskerke, s^r de Vende-gies, chef des Finances.

(P.-de-C., *l. c.*, fol. 43-45. — St-O., *reg. N*, fol. 54 v° ; *comptes 1604-5*, fol. 65 v°. — Belg., Ét. et Aud., *687*, fol. 152-153 et 179-180.)

1604, 26 novembre ; St-Vaast d'Arras. Accord de la continuation, pendant un an, du subside de 300.000 l. aux conditions ordinaires. — Refus d'accorder la levée des impôts demandés pour les mutins de Rure-monde. — Offre de lever à cours de rente 20.000 fl. à déduire du subside de 300.000 l.

(*Acte d'accord* : P.-de-C., *C 797*, fol. 45. — *Ibid.*, fol. 48 v°-49 ; *comptes 1604-5*, l. c. — Belg., *l. c.*, fol. 177 et 181.)

1605, 15 avril ; Ibid. Demande aux États d'un subside extraordinaire de 100.000 fl., afin de pouvoir renforcer l'armée et les places et traiter avec les mutins de Ruremonde. — Ajournement au 10 mai.

COMMISSAIRES : Le comte de Berghes ; Jérôme de France.

(P.-de-C., *l. c.*, fol. 49-51. — St-O., *reg. N*, fol. 58 ; *comptes 1605-6*, fol. 69.)

— 10-13 mai ; Ibid. Refus d'accorder le subside extraordinaire de 100.000 fl.

(*Acte des États* : P.-de-C., *C 797*, fol. 53 v°. — P.-de-C., *l. c.*, fol. 52-55. — St-O., *reg. N*, fol. 59 v° ; *comptes 1605-6*, l. c. — Belg., Ét. et Aud., *687*, fol. 188-189.)

— 11 juillet ; Ibid. Demande itérative d'un subside extraordinaire de 100.000 fl. — Ajournement au 25 août.

COMMISSAIRE : Jean Briois, premier conseiller au Conseil d'Artois (en remplacement du président Jérôme de France, décédé le matin de l'as-semblée).

(P.-de-C., *l. c.*, fol. 55-57. — St-O., *reg. N*, fol. 60 v° ; *comptes 1605-6*, l. c.)

— 25-29 août ; Ibid. Octroi de 30.000 l. — Délibérations diverses.

COMMISSAIRE : Le marquis d'Havré, premier chef des Finances.

(*Acte d'accord* : P.-de-C., *C 797*, fol. 58. — *Ibid.*, fol. 57 et 59-61. — St-O., *reg. N*, fol. 60 v° ; *comptes 1605-6*, l. c. — Belg., Ét. et Aud., *687*, fol. 190 et 192.)

— 16 novembre ; Ibid. Demande aux États d'accorder continuation pendant un an, à dater du 1ᵉʳ novembre, de l'aide de 300.000 l. pour la poursuite de la guerre. — Ajournement au 28 novembre.

Commissaire : Renom de France, président du Conseil d'Artois.

(P.-de-C., *l. c.*, fol. 61 v°-64. — St-O., *reg. N*, fol. 63 ; *comptes 1605-6*, l. c.)

1605, 28-30 novembre; St-Vaast d'Arras. Députation en cour pour solliciter le prochain renvoi des garnisons et la suppression de divers impôts irréguliers. — Ajournement au 10 janvier 1606.

(P.-de-C., *l. c.*, fol. 64-66 v°. — St-O., *reg. N*, fol. 63 v°; *comptes 1605-6*, l. c.)

1606, 10-14 janvier; Ibid. Octroi, aux mêmes conditions que précédemment, de 250.000 fl. seulement, en raison de la pauvreté du pays. — Députation en cour pour présenter l'acte d'accord.

(*Acte d'accord* : P.-de-C., *C 797*, fol. 67-69. — *Ibid.*, fol. 69-73 v° ; *comptes 1606-7*, fol. 66. — Belg., Ét. et Aud., *687*, fol. 201-202.)

— 18-22 février; Ibid. Sur refus des Archiducs d'agréer la précédente offre de 250.000 fl., accord des 50 000 l. complémentaires, aux mêmes conditions que précédemment. — Députation en cour pour présenter l'acte d'accord.

Commissaire : Renom de France.

(*Acte d'accord* : P.-de-C., *C 797*, fol. 75 v°-76. — *Ibid.*, fol. 73 v°-74 et 76 v°-78 v°. — St-O., *reg. N*, fol. 66 v°-67 ; *comptes 1606-7*, fol. 66. — Belg., Ét. et Aud., *687*, fol. 203-205 et 207.)

— 22 mars; Ibid. Assemblée à la main. — Envoi en cour d'un député pour reporter les lettres des Archiducs agréant le dernier acte d'accord, mais n'en admettant pas les conditions, et pour obtenir une acceptation sans réserves.

(P.-de-C., *l. c.*, fol. 78 v°-81 v°. — Belg., *l. c.*, fol. 208.)

— 25 septembre; Ibid. Demande aux États d'accorder continuation pendant un an, à dater du 1ᵉʳ novembre, de l'aide de 300.000 l. — Ajournement au 23 octobre.

Commissaire : Renom de France.

(P.-de-C., *l. c.*, fol. 83-85. — St-O., *reg. N*, fol. 72 r°-v° ; *comptes 1606-7*, fol. 66 v°.)

— 23-27 octobre; Ibid. Demande aux États d'accorder, outre les 300.000 fl. ci-dessus, un subside extraordinaire de 60.000 fl. pour l'entretien de l'armée. — Ajournement au 4 novembre.

Commissaire : Renom de France.

(P.-de-C., *C 797*, fol. 84 v°-86. — St-O., *reg. N*, fol. 72 v°-74 ; *comptes 1606-7*, l. c.)

1606, 4 novembre; St-Vaast d'Arras. Octroi, aux conditions habituelles, du subside ordinaire de 3oo.ooo l. — Refus d'accorder les 6o.ooo l. demandées en supplément. — Députation en cour pour solliciter la suppression des garnisons d'Artois, l'abolition de droits irréguliers, etc.

(*Acte d'accord* : P.-de-C., *C 797*, fol. 86. — *Ibid.*, fol. 88-97 v°. — St-O., *comptes 1606-7*, l. c. — Belg., Ét. et Aud., *687*, fol. 82o-825 et 827-83i.)

— 11 décembre ; Ibid. Demande aux États d'un subside extraordinaire de 1oo.ooo l. — Tableau de l'état des Pays-Bas par le président Richardot, chargé par les Archiducs d'une mission en Espagne. — Rapport des députés en cour. — Ajournement au 15 janvier.

Commissaires : Le président Richardot; Renom de France.

(P.-de-C., *l. c.*, fol. 98-99 v°. — St-O., *reg. N*, fol. 76 ; *comptes 1606-7*, l. c.)

1607, 15 janvier; Ibid. Ajournement des États au 13 février.

(P.-de-C., *l. c.*, fol. 99 v°. — St-O., *reg. N*, fol. 78 r°-v° ; *comptes 1606-7*, fol. 67.)

— 13-15 février ; Ibid. Octroi de 3o.ooo fl., au lieu des 1oo.ooo demandés.

(*Acte d'accord* : P.-de-C., *C 797*, fol. 1oo. — *Ibid.*, fol. 1oi. — St-O., *comptes 1607-8*, fol. 7o. — Belg., Ét. et Aud., *687*, fol. 237 et 239.)

— 12 mai ; Ibid. Demande aux États, en échange de l'exemption des gens de guerre, d'un subside mensuel de 12.ooo fl. pendant la durée de l'armistice conclu avec la Hollande à partir du 4 mai. — Ajournement au 28 mai.

Commissaire : Renom de France.

(P.-de-C., *l. c.*, fol. 1oi v°-1o2 v°. — St-O., *l. c.*, fol. 7o.)

— 28-31 mai; Ibid. Octroi de 3o.ooo fl. une fois pour toutes. — Députation en cour pour présenter l'acte d'accord.

(*Acte d'accord* : P.-de-C., *C 797*, fol. 1o2 v°. — *Ibid.*, fol. 1o4-1o6. — St-O., *comptes 1607-8*, l. c. — Belg., Ét. et Aud., *687*, fol. 24o-24i.)

— 26 septembre; Ibid. Demande aux États de continuer, pendant un an à dater du 1er novembre, l'aide de 3oo.ooo l. et d'accorder un subside extraordinaire de 5o.ooo fl. — Ajournement au 8 octobre.

Commissaires : Le baron d'Haveskerke, sr de Vendegies, chef des finances ; Renom de France.

(P.-de-C., *l. c.*, fol. 1o6-1o7 v°. — St-O., *l. c.*, fol. 72 v°.)

1607, 8-11 octobre ; St-Vaast d'Arras. Octroi de 150.000 fl. seulement, payables en six mois. — Refus d'accorder les 50.000 fl. supplémentaires.

> (*Acte d'accord* : P.-de-C., *C 797*, fol. 107 v°-110 v°. — *Ibid.*, fol. 111-113. — St-O., *l. c.* — Belg., Ét. et Aud., *687*, fol. 242-244 et 246-248.)

— 8-12 novembre ; Ibid. Sur refus des Archiducs d'agréer le précédent accord, octroi supplémentaire de 20.000 fl. à lever à cours de rente.

Commissaires : Le baron d'Haveskerke ; Renom de France.

> (*Acte d'accord* : P.-de-C., *C 797*, fol. 113 v°. — *Ibid.*, fol. 113 et 114 v°. — St-O., *l. c.* — Belg., *l. c.*, fol. 251-254.)

1608, 10 avril ; Ibid. Demande aux États de continuer pendant un an, à partir du 1ᵉʳ mai, l'aide de 300.000 fl. et d'accorder, en sus, un subside extraordinaire de 30.000 fl. pour l'entretien de la gendarmerie cantonnée dans les provinces. — Ajournement au 6 mai.

Commissaire : Renom de France.

> (P.-de-C., *l. c.*, fol. 115-116.)

— 6-9 mai ; Ibid. Octroi de 150.000 fl. pour six mois commençant le 1ᵉʳ mai, aux mêmes conditions que précédemment. — Refus d'accorder le subside extraordinaire de 30.000 fl. — Députation en cour pour présenter l'acte d'accord, exposer les prétentions exagérées des soldats cantonnés dans les villes, etc.

> (*Acte d'accord* : P.-de-C., *C 797*, fol. 118. — *Ibid.*, fol. 116-117 et 119-123. — Belg., Ét. et Aud., *687*, fol. 255.)

— 26 juin ; Ibid. Demande itérative des 30.000 fl. précédemment refusés par les États. — Ajournement au 18 août.

Commissaires : Le baron d'Haveskerke ; Renom de France.

> (P.-de-C., *l. c.*, fol. 123 v°-124 v°.)

— 18-20 août ; Ibid. Octroi d'un supplément de 10.000 fl., à la condition que pareille demande ne sera plus renouvelée, que la cavalerie n'hivernera pas en Artois, et que le tiers de sa solde sera pris sur les 160.000 fl. accordés.

Commissaire : Le baron d'Haveskerke.

> (*Acte d'accord* : P.-de-C., *C 797*, fol. 125 v°. — *Ibid.*, fol. 124 v° et 126. — Belg., Ét. et Aud., *687*, fol. 257-260.)

— 2 octobre ; Ibid. Demande aux États d'accorder continuation, pendant un an, du subside de 300.000 fl. — Ajournement au 26 novembre.

Commissaire : Renom de France.

> (P.-de-C., *l. c.*, fol. 126 v°-127 v°.)

1608, 26 novembre-4 décembre; St-Vaast d'Arras. Députation en cour pour demander de retenir sur l'aide requise les deux sous « de service » payés aux recrues d'Artois depuis cinq ans et montant à 12.818 l. 18 s. — Rapport du député en cour et octroi par les États de 150.000 fl., payables en six mois, à la condition que, en dehors des points réclamés lors des précédents accords, la promesse de retrait de la cavalerie sera exécutée, que les 2 s. de service aux recrues d'Artois seront déduits des arrérages des aides et qu'un récent impôt sur le commerce du sel sera supprimé. — Députation en cour.

(*Acte d'accord* : P.-de-C., *C 797*, fol. 129 v°-130. — *Ibid.*, fol. 127 v°-129 et 130 v°-135 v°. — Belg., Ét. et Aud., *687*, fol. 263-266 et 270.)

1609, 14 février; Ibid. Assemblée à la main. — Renvoi en cour de l'acte d'acceptation par les Archiducs de l'accord fait par les États le 4 décembre, comme n'étant pas de tout point conforme à l'accord.

(P.-de-C., *l. c.*, fol. 136.)

— 9 avril; Ibid. Demande aux États d'accorder continuation, pour un an, du subside de 300.000 fl. — Ajournement au 29 avril.

Commissaire : Renom de France.

(P.-de-C., *l. c.*, fol. 136 v°-137. — St-O., *comptes 1609-10*, fol. 67 v°.)

— 29 avril-2 mai; Ibid. Demande aux États d'un subside extraordinaire de 80.000 fl. pour le licenciement de la gendarmerie. — Députation en cour pour faire accepter intégralement les conditions de l'accord du 4 décembre. — Ajournement au 19 mai,

Commissaire : Le sʳ de Marles, du Conseil de guerre du Roi, maître d'hôtel des Archiducs, gouverneur d'Arras.

(P.-de-C., *l. c.*, fol. 139 v°-142. — St-O., *l. c.*, fol. 68. — Belg., Ét. et Aud., *687*, fol. 272-273.)

— 19-20 mai; Ibid. Rapport du député en cour. — Octroi de 150.000 fl., recouvrables à l'aide des impôts en cours et payables en six mois, et de 50.000 autres fl., recouvrables à cours de rente et payables à la sortie d'Artois de la gendarmerie, le tout aux conditions ordinaires. — Députation en cour pour présenter l'acte d'accord, demander que la liberté du commerce avec l'étranger soit garantie, etc.

(*Acte d'accord* : P.-de-C., *C 797*, fol. 143-144. — *Ibid.*, fol. 137-139 et 144 v°-145 v°. — St-O., *l. c.*, fol. 68. — Belg., *l. c.*, fol. 275-276 et 278-279.)

— 28 septembre; Ibid. Demande aux États d'accorder continuation pendant un an du subside de 300.000 l., pour solder les dettes contractées pendant la guerre. — Ajournement au 4 novembre.

Commissaires : Renom de France ; le comte de Marles.

(P.-de-C., *l. c.*, fol. 146-147. — St-O., *l. c.*, fol. 68 v°.)

1609, 4-7 novembre ; St-Vaast d'Arras. Députation en cour pour réclamer, en raison des privilèges anciens de l'Artois, abolition d'un placard sur le sel, etc. — Ajournement au 19 novembre.

(P.-de-C., *l. c.*, fol. 147-153. — St-O., *l. c.*)

— 19-24 novembre ; Ibid. Rapport des députés en cour. — Octroi de 130.000 fl. payables en six mois commençant au 1ᵉʳ novembre, sous la réserve que les conditions précédemment exprimées seront observées, notamment en ce qui concerne le placard sur les salines. — Députation en cour pour réclamer la nomination de naturels du pays aux charges civiles et ecclésiastiques, la suppression des *licentes* sur les marchandises, le remboursement des 200.000 fl. prêtés en 1595, etc.

(*Acte d'accord* : P.-de-C., *C 797*, fol. 153 v°. — *Ibid.*, fol. 154 v°-158 v°. — St-O., *l. c.* — Belg., Ét. et Aud., *687*, fol. 280 et 282.)

1610, 16 mars ; Ibid. Demande aux États de continuer pendant un an le subside de 300.000 fl., exposé de la situation financière des Pays-Bas catholiques. — Ajournement au 20 avril.

Commissaires : Le baron d'Haveskerke ; Renom de France.

(P.-de-C., *l. c.*, fol. 158 v°-160. — St-O., *comptes 1610-11*, fol. 66.)

— 20-24 avril ; Ibid. Octroi de 140.000 fl. payables en six mois, à condition notamment que l'entretien des gens de guerre cantonnés en Artois, y compris la solde complémentaire à eux accordée pour les contenir en discipline, sera prise sur ce subside, que le commerce avec la Hollande et la Zélande redeviendra libre, etc. — Députation en cour pour renouveler les doléances antérieurement faites.

(*Acte d'accord* : P.-de-C., *C 797*, fol. 161-162. — *Ibid.*, fol. 160 v° et 162 v°-169. — St-O., *l. c.* — Belg., Ét. et Aud., *687*, fol. 284-286 et 288-293.)

— 30 septembre ; Ibid. Demande aux États de continuer pendant un an à dater du 1ᵉʳ novembre le subside de 300.000 fl. ; refus des Archiducs d'accepter les conditions du précédent accord, notamment en ce qui concerne la solde supplémentaire payée contre leur ordre aux soldats cantonnés en Artois ; demande aux États d'indiquer les mesures propres à la restauration de l'industrie drapière. — Ajournement au 12 octobre.

Commissaires : Le comte de Ligne, gouverneur d'Artois ; Renom de France.

(P.-de-C., *l. c.*, fol. 170-172. — St-O., *l. c.*)

— 12-20 octobre ; Ibid. Octroi d'un subside de 120.000 fl., payable en six mois, aux mêmes conditions que l'accord du 24 avril. — Députation en cour pour présenter l'acte d'accord, insister pour le payement, sur les

120.000 fl. octroyés des 2 et 5 s. de « service » accordés par les États aux garnisons en sus de la solde ordinaire, etc.

> (*Acte d'accord* : P.-de-C., *C 797*, fol. 172 v°-173. — *Ibid.*, fol. 173 v°-180. — St-O., *l. c.* — Belg., Ét. et Aud., *687*, fol. 294-299.)

1611, 8 avril ; St-Vaast d'Arras. Demande aux États d'un subside extraordinaire de 25.000 fl. par mois pendant un an. — Ajournement au 4 mai.

Commissaire : Renom de France.

> (P.-de-C., *l. c.*, fol. 181 r°-v° et 185. — St-O., *reg. P*, fol. 3 v° et 4 v° ; *comptes 1611-12*, fol. 67 v°.)

— 4-10 mai ; Ibid. Octroi d'un subside de 120.000 fl. payable en six mois commençant le 1er mai, sous les mêmes réserves que les précédents accords et, en particulier, à la condition que la libre circulation des grains et un nouveau sursis à l'application du placard sur les salines seront accordés. — Députation en cour pour présenter l'acte d'accord.

> (*Acte d'accord* : P.-de-C., *C 797*, fol. 185 v°. — *Ibid.*, fol. 185 et 187-190 v°. — St-O., *reg. P*, fol. 4 v°-5 ; *comptes 1611-12*, fol. 67 v°. — Belg., Ét. et Aud., *687*, fol. 303-306, 308 et 314.)

— 8 août ; Ibid. Assemblée composée des députés généraux et de quelques membres de chaque ordre désignés le 20 octobre précédent pour décider de l'intervention des États dans l'affaire des limites de Flandres.

> (P.-de-C., *l. c.*, fol. 191.)

— 31 août ; Ibid. Autre séance de la même conférence. — Résolution de faire poursuivre au nom des États les procès soutenus contre les quatre membres de Flandres qui prétendaient soumettre à l'impôt diverses localités d'Artois sises à la limite des deux provinces entre Aire et Watten.

> (P.-de-C., *l. c.*, fol. 191-196 v°.)

— 10 septembre ; Ibid. Demande aux États d'accorder continuation pour six mois du subside de 120.000 fl. — Approbation des décisions prises par les conférences des 8 et 31 août. — Ajournement au 10 octobre.

Commissaires : Le prince de Ligne ; Renom de France ; le sr d'Estaires, chef des domaines et finances.

> (P.-de-C., *l. c.*, fol. 197-201. — St-O., *reg. P*, fol. 8 ; *comptes 1611-12*, fol. 68. — Belg., Ét. et Aud., *687*, fol. 316-317.)

— 10-14 octobre ; Ibid. Députation en cour pour demander la liberté du commerce des grains et l'exemption des droits sur le sel raffiné. — Ajournement au 7 novembre.

> (P.-de-C., *l. c.*, fol. 201 v°-215. — St-O., *reg. P*, fol. 8 v° ; *comptes 1611-12*, *l. c.* — Belg., *l. c.*, fol. 321-330.)

1611, 7-11 novembre; St-Vaast d'Arras. Octroi de 200.000 fl. payables en un an commençant au 1er mai et remplaçant les 120.000 fl. accordés le 9 mai précédent, à lever aux mêmes conditions que les dits 120.000 fl. ; impossibilité d'accorder davantage en raison des lourdes charges pesant depuis plusieurs années sur le pays.

> (*Acte d'accord* : P.-de-C., *C 797*, fol. 215 v°-218 v°. — St-O., *reg. P*, fol. 9 r°-v° ; *comptes 1611-12*, l. c. — Belg., *l. c.*, fol. 333-335.)

— 12-17 décembre; Ibid. Demande aux États de maintenir leur accord du 9 mai et de voter la continuation, pendant six mois, de ce subside de 120.000 fl., portant le total à 240.000 fl. au lieu de 200.000. — Octroi d'une somme supplémentaire de 20.000 fl., portant le total à 220.000 fl. seulement.

COMMISSAIRES : Le prince de Ligne ; le comte d'Estaires ; Renom de France.

> (*Acte d'accord* : P.-de-C., *C 797*, fol. 222 v°-224. — *Ibid.*, fol. 219-222. — St-O., *reg. P*, fol. 10 r°-v° ; *comptes 1611-12*, l. c. — Belg., *l. c.*, fol. 346; *reg. 688*, fol. 1.)

1612, 4 mai ; Ibid. Demande aux États d'un subside de 240.000 fl. pour un an. — Ajournement au 4 juin.

COMMISSAIRES : Le prince de Ligne ; Renom de France.

> (P.-de-C., *l. c.*, fol. 224 v°-225 v°. — St-O., *reg. P*, fol. 13 ; *comptes 1612-13*, fol. 65 v°.)

— 4-8 juin; Ibid. Octroi, aux conditions ordinaires, de 110.000 fl. payables en six mois.

> (*Acte d'accord* : P.-de-C., *C 797*, fol. 226 v°-227 v°. — *Ibid.*, fol. 225 v°-226 et 228. — St-O., *reg. P*, fol. 14 ; *comptes 1612-13*, l. c. — Belg., Ét. et Aud., *688*, fol. 2 et 4.)

— 11 octobre; Ibid. Demande aux États de continuer pendant un an le subside accordé en juin. — Ajournement au 6 novembre.

COMMISSAIRES : Le prince de Ligne ; Renom de France.

> (P.-de-C., *l. c.*, fol. 228 v°. — St-O., *reg. P*, fol. 17 v°-18 ; *comptes 1612-13*, fol. 66 v°.)

— 6-8 novembre ; Ibid. Octroi de 100.000 fl. payables en six mois. — Délibérations sur les monnaies de billon.

> (*Acte d'accord* : P.-de-C., *C 797*, fol. 229. — *Ibid.*, fol. 229 v°-231. — St-O., *reg. P*, fol. 18 r°-v° ; *comptes 1612-13*, l. c. — Belg., Ét. et Aud., *688*, fol. 5.)

1613, 10 janvier ; St-Vaast d'Arras. Demande aux États d'accorder, en remplacement de leur dernier accord, continuation, pendant un an, du subside de 220.000 fl. octroyé pour six mois en juin 1612. — Ajournement au 13 mars.

COMMISSAIRES : Les mêmes que le 11 octobre 1612.

(P.-de-C., *l. c.*, fol. 231 v°-232. — St-O., *reg. P*, fol. 20 ; *comptes 1613-14*, fol. 74.)

— **13-15 mars ; Ibid.** Octroi de 210.000 fl. pour un an, commençant au 1ᵉʳ novembre précédent. — Députation en cour pour présenter l'acte d'accord et demander la révocation de placards sur le sel et le verre, etc. — Résolution de donner quitus de la moitié des 200.000 fl. prêtés au Roi en 1595, sous condition du prompt remboursement de l'autre moitié.

(*Acte d'accord* : P.-de-C., *C 797*, fol. 232 v°. — *Ibid.*, fol. 233-237. — St-O., *reg. P*, fol. 22 v°-23 ; *comptes 1613-14*, l. c. — Belg., Ét. et Aud., *688*, fol. 8-9, 11 et 13-15.)

— **16 septembre ; Ibid.** Demande aux États d'un subside de 220.000 fl. pour un an, commençant au 1ᵉʳ novembre. — Ajournement au 8 octobre.

COMMISSAIRES : Les mêmes que le 11 octobre 1612.

(P.-de-C., *l. c.*, fol. 237 v°. — St-O., *comptes 1613-14*, fol. 75.)

— **8-12 octobre ; Ibid.** Octroi de 200.000 fl. payables en un an.

(*Acte d'accord* : P.-de-C., *C 797*, fol. 239. — *Ibid.*, fol. 238. — St-O., *reg. P*, fol. 30 v° ; *comptes 1613-14*, fol. 73 v°. — Belg., *l. c.*, fol. 50.)

1614, 18 février ; Ibid. Demande aux États de revenir sur leur précédent accord et d'octroyer les 220.000 fl. requis, pour ne pas donner prétexte aux autres provinces de solliciter semblable diminution. — Ajournement au 8 avril.

COMMISSAIRES : Les mêmes que le 11 octobre 1612.

(P.-de-C., *l. c.*, fol. 240-245 v°. — St-O., *comptes 1614-15*, fol. 72. — Belg., Ét. et Aud., *688*, fol. 25-26.)

— **8-12 avril ; Ibid.** Octroi de 210.000 fl. pour un an, commençant au 1ᵉʳ novembre précédent. — Députation en cour pour présenter l'acte d'accord, solliciter l'entrée d'un Artésien au Conseil Privé, la libre exportation des grains, etc.

(*Acte d'accord* : P.-de-C., *C 797*, fol. 250. — *Ibid.*, fol. 246-249 v° et 251-267. — St-O., *comptes 1614-15*, fol. 72 v°. — Belg., *l. c.*, fol. 27, 32-42 et 47-48.)

— **vers le mois de juillet ; Ibid.** Assemblée à la main. — Payement d'un supplément de solde à des troupes récemment levées en Artois, afin d'obvier aux désordres qui, sans cette augmentation, risquaient de se produire.

(P.-de-C., *l. c.*, fol. 270.)

1614, 8 octobre; St-Vaast d'Arras. Demande d'un subside de 220.000 fl. payable en un an, commençant au 1ᵉʳ novembre. — Ajournement au 12 novembre.

Commissaires : Le prince de Ligne; Jacques Le Pippre,.conseiller ordinaire au Conseil d'Artois.

(P.-de-C., *l. c.*, fol. 267 v°-269 v°. — St-O., *comptes 1614-15*, fol. 72 v°.)

— 12-19 novembre; Ibid. Octroi de 105.000 fl. pour six mois, commençant le 1ᵉʳ novembre. — Députation en cour pour présenter l'acte d'accord et obtenir l'autorisation de faire procéder, aux frais des États, à la revision de l'assiette des aides, la libre sortie des grains, l'incorporation du pays de Lallœu à l'Artois, etc. — Ratification des mesures prises par la récente assemblée à la main.

(*Acte d'accord* : P.-de-C., *C 797*, fol. 272-273. — *Ibid.*, fol. 269 v°-271 v° et 273 v°-278 v°. — St-O., *comptes 1614-15*, fol. 72 v°. — Belg., Ét. et Aud., *688*, fol. 54-58 et 63.)

1615, 18 mars; Ibid. Demande d'un subside de 220.000 fl. payable en un an. — Ajournement au 28 avril.

Commissaires : Les mêmes que le 8 octobre 1614.

(P.-de-C., *l. c.*, fol. 279 r°-v°. — St-O., *reg. P*, fol. 46; *comptes 1615-16*, fol. 80. — Belg., *l. c.*, fol. 63-64.)

— 28 avril-2 mai; Ibid. Octroi de 100.000 fl. payables en six mois commençant au 1ᵉʳ mai. — Remontrances sur le commerce des grains, le rattachement de Lallœu à l'Artois, etc.

(*Acte d'accord* : P.-de-C., *C 797*, fol. 282 v°. — *Ibid.*, fol. 280 v°-282 et 283-299. — St-O., *reg. P*, fol. 48; *comptes 1615-16*, fol. 81. — Belg., *l. c.*, fol. 65-76, 103 et 108.)

— 15 septembre; Ibid. Demande d'un subside de 220.000 fl. payable en un an. — Ajournement au 13 octobre.

Commissaires : Les mêmes que le 8 octobre 1614.

(P.-de-C., *l. c.*, fol. 299 v°-300. — St-O., *reg. P*, fol. 67; *comptes 1615-16*, *l. c.*)

— 13-17 octobre; Ibid. Octroi de 100.000 fl. payables en six mois,

commençant au 1ᵉʳ novembre. — Mêmes remontrances que ci-dessus (cf.
assemblée d'avril-mai 1615). — Nomination de deux membres de chaque
ordre, chargés, avec les députés généraux, d'examiner la situation financière
et de prendre à l'égard du receveur général et des fermiers toutes mesures
utiles, etc.

> (*Acte d'accord* : P.-de-C., C 797, fol. 3o4 v°-3o5 v°. — *Ibid.*, fol. 3oo v°-3o4 et
> 3o6-3ιo. — St-O., *reg. P*, fol. 69 r°-v° ; *comptes 1615-16*, l. c. — Belg., Ét. et
> Aud., *688*, fol. 109-110.)

1616, février ; St-Vaast d'Arras. Assemblée à la main. — Payement
de rations aux soldats levés par le sʳ de Neuvireuil.

> (P.-de-C., *l. c.*, fol. 3o3.)

— **22 mars ; Ibid**. Demande de 220.000 fl. payables en un an commençant au 1ᵉʳ mai. — Ajournement au 16 mai.

COMMISSAIRE : Jacques Le Pippre (1).

> (P.-de-C., *l. c.*, fol. 3ι8 v°-32o. — St-O., *reg. P*, fol. 83 v° ; *comptes 1616-17*,
> fol. 85.)

— **26 avril ; Ibid**. Demande aux États de renouveler au Roi, par l'in-
termédiaire de l'Archiduc, les serments de fidélité de 1549, dans l'éventua-
lité du retour des Pays-Bas à la couronne. — Ajournement au 4 mai.

COMMISSAIRES : Le prince de Ligne, gouverneur d'Artois ; Renom de
France, président du Conseil d'Artois.

> (P.-de-C., *l. c.*, fol. 324-325 v°. — St-O., *reg. P*, fol. 87 v° ; *comptes 1616-17*,
> l. c.)

— **4-9 mai ; Ibid**. Procuration donnée à trois députés de chaque ordre
pour se rendre à Binche le 25 mai et échanger les serments de fidélité requis.
— Octroi de 100.000 fl. payables en six mois, commençant au 1ᵉʳ mai, à
diverses conditions, entre autres que les deux précédents accords seront intégralement acceptés. — Approbation des décisions prises entre le 12 novembre
et le 5 décembre 1615 par la commission nommée à l'assemblée d'octobre :
réorganisation de la recette générale et modifications au mode d'affermer
les impôts. — Ratification des décisions de l'assemblée à la main de février.
— Députation en cour pour demander déduction sur le subside de 100.000 fl.
d'une somme de 2.300 fl., montant des taxes imposées aux villes d'Artois
pour le payement des fonctionnaires chargés d'informer des infractions aux

---

(1) Le prince de Ligne, également désigné comme commissaire, avait été empêché
par une maladie de faire le « proposé » aux États.

placards sur les monnaies. — Doléances sur les désordres commis par les Espagnols traversant l'Artois, etc.

> (*Acte d'accord* : P.-de-C., *C 797*, fol. 343. — *Ibid.*, fol. 320-342 et 343-354. — St-O., *reg. P,* fol. 88 v°-90 v° ; *comptes 1616-17,* fol. 85 v°. — Belg., Ét. et Aud., *688,* fol. 111 et 116-117.)

1616, 25 octobre ; St-Vaast d'Arras. Demande aux États de 220.000 fl. payables en un an. — Ajournement au 15 novembre.

Commissaires : Les mêmes que le 26 avril 1616.

> (P.-de-C., *l. c.,* fol. 360 v°-361 v°. — St-O., *reg. P,* fol. 100 v° ; *comptes 1616-17,* l. c.)

— 15-19 novembre ; Ibid. Octroi de 100.000 fl. payables en six mois, commençant au 1er novembre. — Continuation de l'examen de la recette générale ; mise à la charge du receveur Brongniart du déficit d'environ 100.000 l. qu'il n'a pu contraindre les fermiers à lui verser, etc.

> (*Acte d'accord* : P.-de-C., *C 797,* fol. 367. — *Ibid.*, fol. 362-366 v° et 367-68. — St-O., *reg. P,* fol. 101-102 v° ; *comptes 1616-17,* l. c. — Belg., Ét. et Aud., *688,* fol. 118 et 122.)

1617, 1er mars ; Ibid. Assemblée à la main. — Résolution de payer aux recrues des cinq nouvelles compagnies de gens de pied cantonnées en Artois 2 s. « de service » en sus de leurs 5 s. de ration, afin d'éviter les mutineries.

> (P.-de-C., *C 797,* fol. 368 v°-369 v°.)

— 28-29 avril ; Ibid. Demande aux États de 220.000 fl. payables en un an commençant au 1er mai. — Députation en cour pour protester contre les termes d'un récent placard sur les monnaies. — Ajournement au 12 juin.

Commissaires : Le prince de Ligne, gouverneur d'Artois ; Antoine de Belvalet, conseiller ordinaire au Conseil d'Artois.

> (P.-de-C., *l. c.,* fol. 370-378 v°. — St-O., *reg. P,* fol. 118 ; *comptes 1617-18,* l. c.)

— 12-15 juin ; Ibid. Octroi, en raison de la mauvaise récolte, de 90.000 fl. seulement, payables en six mois. — Députation en cour pour demander la ratification par le Roi des serments échangés le 26 mai 1616, une prompte décision sur les dettes des États généraux, etc. — Ratification des décisions prises par l'assemblée à la main du 1er mars.

> (*Acte d'accord* : P.-de-C., *C 797,* fol. 383. — *Ibid.*, fol. 379-382 v° et 384-388 v°. — St-O., *reg. P,* fol. 120-121 v° ; *comptes 1617-18,* fol. 77 v°. — Belg., Ét. et Aud., *688,* fol. 123 et 125-130.)

— 18 septembre ; Ibid. Demande aux États d'augmenter leur récent accord de 90.000 fl. refusé comme insuffisant et d'octroyer en outre 220.000 fl.

payables en un an commençant le 1er novembre. — Ajournement au 10 octobre.

COMMISSAIRES : Le prince de Ligne; Renom de France.

(P.-de-C., *l. c.*, fol. 390-391. — St-O., *reg. P*, fol. 129 r°-v° et 130 v° ; *comptes 1617-18*, l. c.)

1617, 10-12 octobre; St-Vaast d'Arras. Maintien de l'accord précédent et octroi de 100.000 fl. payables en six mois commençant au 1er novembre; doléances sur la pauvreté du pays, ruiné par la mauvaise récolte de 1616 et la maladie contagieuse qui arrête le commerce. — Députation en cour pour présenter l'acte d'accord et faire diverses remontrances touchant les abus des gens de guerre et l'application des placards sur les monnaies.

(*Acte d'accord* : P.-de-C., *C 797*, fol. 393 v°-394 v°. — *Ibid.*, fol. 391-393 et 395-396 v°. — St-O., *reg. P*, fol. 131 r°-v° ; *comptes 1617-18*, fol. 77 v°. — Belg., Ét. et Aud., *688*, fol. 131-132 et 150.)

1618, 24 avril; Ibid. Demande de 220.000 fl., payables en un an commençant au 1er mai. — Ajournement au 28 mai.

COMMISSAIRES : Les mêmes que le 18 sept. 1617.

(P.-de-C., *l. c.*, fol. 398 r°-v° et 400. — St-O., *reg. P*, fol. 146 et 147 ; *comptes 1618-19*, fol. 81 v°.)

— 28-30 mai; Ibid. Octroi, en raison de l'indigence du pays et des mauvaises récoltes, de 90.000 fl. seulement, payables en six mois.

(*Acte d'accord* : P.-de-C., *C 797*, fol. 400. — *Ibid.*, fol. 398 v°-399 v° et 400 v°. — St-O., *reg. P*, fol. 151, 152 et 154 ; *comptes 1618-19*, fol. 82 v°. — Belg., Ét. et Aud., *688*, fol. 154.)

— 5 juillet; Ibid. Demande itérative de 220.000 fl. payables en un an, en remplacement du précédent accord, refusé comme insuffisant. — Ajournement au 4 septembre.

COMMISSAIRES : Les mêmes que le 18 sept. 1617.

(P.-de-C., *l. c.*, fol. 401. — St-O., *reg. P*, fol. 155 v° ; *comptes 1618-19*, fol. 82.)

— 4-5 septembre; Ibid. Octroi de 190.000 fl., payables en un an commençant au 1er mai précédent.

(*Acte d'accord* : P.-de-C., *C 797*, fol. 402 v°-403. — *Ibid.*, fol. 401-402 et 403 v°. — St-O., *reg. P*, fol. 159 v°-160 v° ; *comptes 1618-19*, fol. 82 v°. — Belg., Ét. et Aud., *688*, fol. 155-157 et 162-174.)

1619, 5 février; Ibid. Assemblée à la main. — Payement de 2 s. de service aux soldats nouvellement levés en Artois.

(P.-de-C., *l. c.*, fol. 404-405 v°.)

1619, 14 mai ; St-Vaast d'Arras. Demande aux États de 220.000 fl. payables en un an commençant au 1ᵉʳ mai. — Ajournement au 14 juin.

COMMISSAIRES : Les mêmes que le 18 sept. 1617.

(P.-de-C., *l. c.*, fol. 407 rᵒ-vᵒ. — St-O., *reg. P*, fol. 181 vᵒ ; *comptes 1619-20*, fol. 72. — Belg., Ét. et Aud., *688*, fol. 175-176.)

— **12-14 juin ; Ibid.** Octroi de 100.000 fl., payables en six mois commençant le 1ᵉʳ mai. — Approbation des décisions prises par l'assemblée à la main du 5 février. — Élection d'une commission chargée de l'examen des comptes du receveur général, etc.

(*Acte d'accord* : P.-de-C., *C 797*, fol. 410. — *Ibid.*, fol. 408-409 vᵒ et 410 vᵒ-411 vᵒ. — St-O., *reg. P*, fol. 183 vᵒ, 184 et 185 vᵒ ; *comptes 1619-20*, l. c. — Belg., *l. c.*, fol. 179-180.)

— **20 octobre ; Béthune**. Demande aux États de 220.000 fl., payables en un an commençant au 1ᵉʳ novembre. — Ajournement au 11 décembre à Arras.

COMMISSAIRES : Les mêmes que le 18 sept. 1617.

. (P.-de-C., *l. c.*, fol. 412-13. — St-O., *reg. P*, fol. 193 et 194 vᵒ ; *comptes 1619-20*, l. c.)

— **11-13 décembre ; St-Vaast d'Arras**. Octroi de 100.000 fl., payables en six mois commençant au 1ᵉʳ novembre. — Compte-rendu de la commission chargée d'examiner les comptes du receveur Brongniart ; accord d'un délai de trois ans pour s'acquitter.

(*Acte d'accord* : P.-de-C., *C 797*, fol. 414 vᵒ-415. — *Ibid.*, fol. 413-414 et 415 vᵒ-417 vᵒ. — St-O., *reg. P*, fol. 198 vᵒ-199 vᵒ ; *comptes 1619-20*, fol. 71 vᵒ. — Belg., Ét. et Aud., *688*, fol. 181-183 et 185.)

1620, 7 avril ; Ibid. Demande aux États d'un subside de 220.000 fl. payable en un an commençant au 1ᵉʳ mai. — Ajournement au 5 mai.

COMMISSAIRES : Les mêmes que le 18 sept. 1617.

(P.-de-C., *l. c.*, fol. 418-19. — St-O., *reg. P*, fol. 209 vᵒ et 211 ; *comptes 1620-21*, fol. 78 vᵒ.)

— **5-7 mai ; Ibid.** Octroi de 100.000 fl., payables en six mois commençant au 1ᵉʳ mai.

COMMISSAIRES : Le prince de Ligne ; Antoine Denis, premier conseiller du Conseil d'Artois.

(*Acte d'accord* : P.-de-C., *C 797*, fol. 420. — *Ibid.*, fol. 420 vᵒ. — St-O., *reg. P*, fol. 212-213 et 214 ; *comptes 1620-21*, l. c. — Belg., Ét. et Aud., *688*, fol. 188-189.)

1620, 16 juillet ; St-Vaast d'Arras. Demande d'un subside extraordinaire de 80.000 fl. pour subvenir aux travaux de fortifications et aux levées de troupes rendus nécessaires par les préparatifs des ennemis contre les Pays-Bas. — Ajournement au 1er septembre.

COMMISSAIRES : Les mêmes que le 18 sept. 1617.

(P.-de-C., *l. c.*, fol. 421-422 v°. — St-O., *reg. P*, fol. 219 v° et 221 ; *comptes 1620-21*, fol. 79. — Belg., *l. c.*, fol. 190-193.)

— **1er-4 septembre ; Ibid.** Octroi d'un subside extraordinaire de 60.000 fl. à la condition que les droits de sortie mis par le Hainaut sur le fer, la houille et le charbon cesseront. — Mesures prises pour éviter les fraudes dans la levée des impôts. — Démarches en cour pour obtenir l'autorisation d'exporter les blés par les ports des Pays-Bas catholiques, etc.

. (*Acte d'accord* : P.-de-C., *C 797*, fol. 424 v°-425. — *Ibid.*, fol. 422 v°-424 et 425 v°. — St-O., *reg. P*, fol. 222 v°-223 et 224 ; *comptes 1620-21*, l. c. — Belg., Ét. et Aud., *688*, fol. 195-196, 198, 200-202, 206 et 219.)

— **13 octobre ; Ibid.** Demande aux États d'un subside de 220.000 fl., payable en un an commençant au 1er novembre, outre 20.000 fl. destinés à compléter le subside de 80.000 fl. précédemment demandé. — Ajournement au 4 novembre.

COMMISSAIRES : Les mêmes que le 18 sept. 1617.

(P.-de-C., *l. c.*, fol. 426-427 v°. — St-O., *reg. P*, fol. 227 et 228 ; *comptes 1620-21*, fol. 79 v°. — Belg., *l. c.*, fol. 215-216.)

— **4-9 novembre ; Ibid.** Octroi de 100.000 fl. payables en six mois commençant au 1er novembre, à la condition que l'accord de 60.000 fl. fait le 4 septembre précédent sera tenu pour accepté, vu l'extrême pauvreté du pays. — Députation en cour pour protester contre les droits d'exportation mis sur le froment et contre les taxes levées en Hainaut sur la houille, etc.

(*Acte d'accord* : P.-de-C., *C 797*, fol. 430. — *Ibid.*, fol. 429 et 430 v°-434. — St-O., *reg. P*, fol. 229-230 v° ; *comptes 1620-21*, l. c. — Belg., *l. c.*, fol. 220, 222 et 224-226.)

1621, 31 mars ; Ibid. Demande de 300.000 fl., payables en un an commençant au 1er mai, en vue de pourvoir aux frais des levées de gens de guerre. — Prière de hâter le payement du terme de Noël du subside de 60.000 fl. accordé en septembre. — Ajournement au 27 avril.

COMMISSAIRES : Les mêmes que le 18 sept. 1617.

(P.-de-C., *l. c.*, fol. 434 v°-437. — St-O., *reg. Q*, fol. 7 v° ; *comptes 1621-22*, fol. 86. — Belg., *l. c.*, fol. 255-256.)

— **27-30 avril ; Ibid.** Octroi de 120.000 fl., payables en six mois commençant au 1er mai, à la condition que les accords des mois de septembre et novembre précédents seront acceptés en tous leurs points. — Démarches en cour pour obtenir une diminution de la taxe d'importation établie sur les froments, etc.

(*Acte d'accord* : P.-de-C., *C 797*, fol. 441. — *Ibid.*, fol. 442. — St-O., *reg. P*, fol. 8 v°-9 v° et 10 v°; *comptes 1621-22*, l. c. — Belg., *l. c.*, fol. 260-261.)

1621, 7 septembre ; St-Vaast d'Arras. Demande aux États d'un subside de 360.000 fl., payables en un an commençant au 1er novembre. — Ajournement au 5 octobre.

Commissaires : Les mêmes que le 18 sept. 1617.

(P.-de-C., *l. c.*, fol. 443 v°-444. — St-O., *reg. Q*, fol. 10 r°-v° ; *comptes 1621-22*, fol. 85 v°. — Belg., *l. c.*, fol. 264-269.)

— **5-9 octobre ; Ibid.** Députation en cour de trois représentants de chaque ordre, pour présenter à l'Archiduchesse les condoléances des États au sujet de la mort de l'archiduc Albert. — Ajournement de toute décision touchant le subside demandé jusqu'à complète satisfaction donnée aux États sur les trois conditions suivantes de leurs précédents accords : suppression de l'impôt sur la houille de Hainaut, surséance au payement des dettes des États généraux, payement sur le montant des subsides de la solde « de service » allouée aux gens de guerre. — Prorogation de la session des États au 15 novembre.

(P.-de-C., *l. c.*, fol. 449 r°-v°. — St-O., *reg. Q*, fol. 22 v°-24 ; *comptes 1621-22*, l. c. — Belg., *l. c.*, fol. 205, 271 et 284-285.)

— **16-20 novembre ; Ibid.** Rapport des députés en cour ; les conditions des États ayant été acceptées, octroi de 125.000 fl. payables en six mois. — Démarches en cour pour obtenir confirmation des promesses de l'Archiduchesse.

(*Acte d'accord* : P.-de-C., *C 797*, fol. 454-455. — *Ibid.*, fol. 446-448 v°, 451-453 v° et 455 v°. — St-O., *reg. Q*, fol. 40; *comptes 1621-22*, fol. 86 v°. — Belg., *l. c.*, fol. 273-274.)

1622, 11 janvier ; Ibid. Demande aux États d'un subside de 360.000 fl. payables en un an commençant à l'expiration du subside en cours. — Ajournement au 5 avril.

Commissaires : Les mêmes que le 18 sept. 1617.

(P.-de-C., *l. c.*, fol. 458-460. — St-O., *reg. Q*, fol. 32 v°-33 ; *comptes 1622-23*, fol. 86. — Belg., *l. c.*, fol. 294.)

— **5-8 avril ; Ibid.** Demande itérative de 360.000 fl. pour un an commençant au 1er novembre précédent, l'accord de 125.000 fl. fait le 20 novembre 1621 étant considéré comme insuffisant. — Octroi de 225.000 fl. seulement, y compris l'accord du 20 novembre, en raison de la pauvreté du pays encore aggravée par la mauvaise récolte. — Démarches en cour pour obtenir satisfaction sur les points présentés par les précédentes assemblées.

(Acte d'accord : P.-de-C., *C 797,* fol. 462 v°-464. — *Ibid.,* fol. 460-462 et 464 v°-468. — St-O., *reg. Q,* fol. 39-40 et 41 r°-v° ; *comptes 1622-23,* l. c. — Belg., *l. c.,* fol. 309 et 312-317.)

1622, 18 août ; St-Vaast d'Arras. Prière aux États de désigner leurs députés pour échanger les serments requis, le retour des Pays-Bas à la couronne par suite du décès de l'archiduc Albert exigeant le renouvellement de cette cérémonie. — Demande aux États d'un subside de 360.000 fl. payables en un an, outre un secours spécial de 80.000 fl. pour les frais de la guerre et notamment du siège de Berg-op-Zoom. — Ajournement au 13 septembre pour rendre réponse.

Commissaires : Le prince de Ligne ; Antoine Denis, premier conseiller au Conseil d'Artois (1)

(P.-de-C., *l. c.,* fol. 476 v°-483. — St-O., *reg. Q,* fol. 54 v° ; *comptes 1622-23,* fol. 86 v°.

— 13-17 septembre ; Ibid. Octroi d'un subside global de 140.000 fl., payable en six mois commençant au 1er novembre, à condition que l'impôt sur la houille et une taxe récemment établie cesseront et qu'un nouveau sursis sera accordé pour le payement des dettes des États Généraux. — Désignation de trois députés de chaque ordre pour échanger avec l'archiduchesse Isabelle les serments d'usage et présenter divers points en cour : remboursement des 200.000 fl. avancés en 1595 pour le siège de Cambrai, etc.; mise à l'étude des mesures propres à empêcher les troupes de passage de fouler le pays.

(Acte d'accord : P.-de-C., *C 797,* fol. 488 v°-489. — *Ibid.,* fol. 483-488 et 489 v°-493. — St-O., *reg. Q,* fol. 55 v°-57 ; *comptes 1622-23,* fol. 88. — Belg., Ét. et Aud., *688,* fol. 318-319 ; *689,* fol. 3-6 et 9-10.)

1623, 19-20 janvier ; Ibid. Assemblée à la main. — Envoi en cour de l'acte d'accord du 17 septembre, que les députés délégués à la cérémonie des serments, par une interprétation inexacte de leur charge, n'avaient pas cru devoir présenter.

(P.-de-C., *l. c.,* fol. 493-503 v°.)

— 1er juin ; Ibid. Demande aux États d'un subside de 360.000 fl. payable en un an commençant au 1er mai, outre un secours extraordinaire de

---

(1) Au lieu du président Renom de France, au nom de qui les lettres de créance avaient été dressées.

60.000 fl. pour les frais de la guerre. — Ajournement au 17 juillet pour rendre réponse.

COMMISSAIRES : le prince de Ligne ; Antoine Denis, président du Conseil d'Artois.

(P.-de-C., *l. c.*, fol. 504-506 v°. — St-O., *reg. Q*, fol. 78 ; *comptes 1623-24*, fol. 82 v°. — Belg., Ét. et Aud., *689*, fol. 8 et 11-13.)

1623, 17-21 juillet ; St-Vaast d'Arras. Octroi de 120.000 fl. pour six mois à partir du 1er mai ; députation en cour pour obtenir la suppression des impôts de Hainaut, le payement direct des garnisons par le receveur des États, etc.

(*Acte d'accord* : P.-de-C., *C 797*, fol. 512. — *Ibid.*, fol. 511 v°, 513 v°-520. — St-O., *reg. Q*, fol. 83 v°-85 v° ; *comptes 1623-24*, fol. 83. — Belg., *l. c.*, fol. 17-20.)

— 23-24 octobre ; Ibid. Demande itérative de 360.000 fl. pour un an, en échange du subside de 120.000 fl. qui ne peut être accepté. — Ajournement au 13 novembre.

COMMISSAIRES : le prince de Ligne ; Renom de France, président du Grand Conseil ; Antoine Denis, président du Conseil d'Artois.

(P.-de-C., *l. c.*, fol. 526 v°-536. — St-O., *reg. Q*, fol. 89 r°-v° ; *comptes 1623-24*, *l. c.* — Belg., *l. c.*, fol. 26, 28, 44.)

— 13-18 novembre ; Ibid. Octroi d'un subside de 280.000 fl. pour un an à partir du 1er mai 1623. — Députation en cour.

(*Acte d'accord* : P.-de-C., *C 797*, fol. 543 v°-547. — *Ibid.*, fol. 536-563 v°. — St-O., *reg. Q*, fol. 91-92 v° et 104 ; *comptes 1623-24*, fol. 83 v°. — Belg., *l. c.*, fol. 63-66, 68 et 111-138.)

1624, 26 juillet ; Ibid. Demande aux États d'une aide de 360.000 fl. pour un an, d'un subside extraordinaire de 80.000 fl. et d'un impôt de 15 s. au sac de sel gris importé. — Ajournement au 2 septembre (1).

COMMISSAIRES : le comte de Hoochstraten, gouverneur d'Artois ; Jean du Grospré, président du Conseil d'Artois.

(P.-de-C., *l. c.*, fol. 595 v°-599 v°. — St-O., *reg. Q*, fol. 115 v°. — Belg., *l. c.*, fol. 169, 171 et 175.)

— 23 septembre ; Ibid. Demande, en plus des sommes précédemment requises, d'un nouveau subside extraordinaire de 70.000 fl. — Ajournement au 7 octobre.

(P.-de-C., *l. c.*, fol. 599 v°-602 v°. — St-O., *l. c.*, fol. 124 v°-125 v°. — Belg., *l. c.*, fol. 276-277.)

---

(1) A la suite de lettres des Archiducs du 27 août, l'ajournement fut prolongé jusqu'au 23 septembre (St-O., *reg. Q*, fol. 121 v°).

1624, 7-16 octobre ; St-Vaast d'Arras. Octroi de 140.000 fl. pour le semestre 1er mai-31 octobre 1624 et de 150.000 pour le semestre suivant. — Députation en cour.

> (*Acte d'accord* : P.-de-C., *C 797*, fol. 610-611. — *Ibid.*, fol. 609 v°. — St-O., reg. Q, fol. 127 r°-v° et 130. — Belg., *l. c.*, fol. 178-179 et 183-190.)

1625, 6 mai ; Ibid. Demande de 184.800 fl. pour le semestre mai-octobre, outre le payement des levées extraordinaires. — Ajournement au 3 juin.

> COMMISSAIRES : les mêmes que le 26 juill. 1624.

> (P.-de-C., *l. c.*, fol. 622-624. — St-O., reg. Q, fol. 163.)

— 3-6 juin ; Ibid. Octroi de 200.000 fl. pour le semestre 1er mai-1er novembre, sous déduction des levées extraordinaires de recrues et des réquisitions imposées au pays. — Députation en cour.

> (*Acte d'accord* : P.-de-C., *C 797*, fol. 629 v°-631 v°. — *Ibid.*, fol. 624-629 et 631 v°-632 v°. —St-O., reg. Q, fol. 165 v°-168 et 171 v° ; *comptes 1625-26*, fol. 67.)

— 23 juin ; Ibid. Assemblée à la main pour remplacer un député en cour, décédé.

> (P.-de-C., *l. c.*, fol. 632 v°.)

— 18 novembre ; Ibid. Demande d'un subside de 420.000 fl. pour un an commençant le 1er novembre, en vue de subvenir aux frais croissants de la guerre, et, à titre exceptionnel, de la somme nécessaire à l'entretien de 600 soldats pendant 6 mois. — Ajournement au 14 décembre.

> COMMISSAIRE : Jean du Grospré.

> (P.-de-C., *l. c.*, fol. 635-643. — St-O., reg. Q, fol. 192 v° et 197 v°-198 v° ; *comptes 1625-26*, fol. 67.)

— 14-20 décembre ; Ibid. Octroi de 150.000 fl. pour le semestre commençant le 1er novembre ; refus d'accorder tout subside supplémentaire. — Députation en cour.

> (*Acte d'accord* : P.-de-C., *C 797*, fol. 644-646 v°. — *Ibid.*, fol. 640-644 et 646 v°-648. — St-O., reg. Q, fol. 197-198 v°, 199 et 201 v° ; *comptes 1625-26*, l. c.)

1626, 19 janvier ; Ibid. Assemblée à la main ; mesures pour loger, à la moindre foule du pays, plusieurs compagnies de cavalerie s'acheminant vers l'Artois.

> (P.-de-C., *l. c.*, fol. 650 v°-652.)

— 9-16 février ; Ibid. Délibérations sur la précédente affaire. — Protestations du Tiers contre la prétention des deux premiers ordres de faire retomber sur lui seul les frais du logement de la cavalerie dans les villes. — Acceptation par le commissaire de l'acte d'accord du 19 décembre. — Octroi supplémentaire de 20 à 21.000 fl. par mois jusqu'au 30 avril, pour le logement de la cavalerie. — Députation en cour.

Commissaire : le comte d'Estaires, maître d'hôtel de l'Archiduchesse.

(*Acte d'accord* : P.-de-C., *C 799*, fol. 431-436. — *Ibid.*, *C 797*, fol. 652-655 ; *C 799*, fol. 430-431 et 436-446 v°. — A., *Mém. XVII*, fol. 207 v°-208. — St-O., *comptes 1626-27*, fol. 73.)

1626, 29 avril ; St-Vaast d'Arras. — Assemblée à la main. — Prolongation pour 15 jours ou un mois de l'entretien de la cavalerie.

(P.-de-C., *C 799*, fol. 462-463 v°.)

— **4 juin ; Ibid.** Demande d'une aide annuelle de 480.000 fl. — Ajournement au 15 juin.

Commissaires : le comte d'Estaires et Jean du Grospré.

(P.-de-C., *l. c.*, fol. 463 v°-467. — St-O., *comptes 1626-27*, fol. 73 v°.)

— **15-25 juin ; Ibid.** Continuation de l'entretien de la cavalerie en mai et juin. — Demande de l'Archiduchesse de prolonger ce payement jusqu'à la fin d'octobre. — Ajournement au 14 septembre.

Commissaires : les mêmes.

(*Acte d'accord* : P.-de-C., *C 799*, fol. 473. — *Ibid.*, fol. 473 v°-476. — St-O., *l. c.*)

— **20-24 juillet ; Ibid.** Consentement des États à payer la cavalerie jusqu'à la fin d'août. — Octroi de 150.000 fl. pour le semestre 1er mai-1er novembre.

Commissaires : les mêmes.

(*Acte d'accord* : P.-de-C., *C 799*, fol. 479 v°-483. — *Ibid.*, fol. 467 v°-472 v°, 477 v°-479 v° et 483-484 v°. — St-O., *l. c.*, fol. 74.)

— **2 octobre ; Ibid.** Demande d'une aide de 420.000 fl. pour la guerre. — Ajournement au 9 novembre.

Commissaires : les mêmes.

(P.-de-C., *l. c.*, fol. 490 v°-503.)

— **9-16 novembre ; Ibid.** Octroi de 150.000 fl. pour le semestre commençant le 1er novembre. — Acceptation des indemnités offertes par l'Archiduchesse pour le rachat des réquisitions et levées extraordinaires.

(*Acte d'accord* : P.-de-C., *C 799*, fol. 507 et 507 v°-509. — *Ibid.*, fol. 504-507. — St-O., *comptes 1626-27*, fol. 73 v°.)

1627, 29 août ; St-Vaast d'Arras. Demande d'un subside annuel de 420.000 fl., plus un secours extraordinaire de 100.000 fl. pour parer au danger d'une attaque anglaise par mer. — Ajournement au 4 octobre.

Commissaires : le comte de Sainte-Aldegonde, gouverneur d'Artois, et Jean du Grospré.

(P.-de-C., *l. c.*, fol. 514-518 v°. — St-O., *comptes 1627-28*, fol. 83.)

— **4-5 octobre ; Ibid**. Demande faite aux États, au nom du Roi, d'entrer dans l'union militaire projetée entre les diverses provinces de la couronne d'Espagne. — Ajournement au 5 novembre.

Commissaires : Don Diego de Messia, marquis de Leganez, gentilhomme de la chambre du Roi, de son Conseil d'État, capitaine général de la cavalerie légère des pays de par-deçà et de l'artillerie d'Espagne, envoyé par Philippe IV ; le baron de Saventhem, des Conseils d'État et Privé, chancelier de Brabant ; le comte de Sainte-Aldegonde et Jean du Grospré, envoyés par l'Archiduchesse.

(P.-de-C., *l. c.*, fol. 534-543. — St-O., *l. c.*, fol. 83 v°. — Gachard, *Lettres écrites par les souverains des Pays-Bas aux États...* (in : *Bull. de la Comm. roy. d'hist.*, II° sér., t. I, pp. 361-362.)

— **3-13 novembre ; Ibid**. Adhésion des États au projet d'union ; demande de secours militaire. — Octroi de 300.000 fl. pour un an commençant au 1er mai 1627.

Commissaires : Renom de France, président du Grand Conseil, et Jean du Grospré.

(*Actes d'accord* : P.-de-C., *C 799*, fol. 544-546 v° et 546 v°-549. — *Ibid.*, fol. 532, 543 v°-544 et 549-554. — St-O., *l. c.*)

1628, 7 janvier ; Ibid. Assemblée à la main. — Résolution de payer les garnisons ordinaires sur les aides en cours, bien que le dernier accord n'ait pas été accepté en tous ses points.

(P.-de-C., *C 799*, fol. 553.)

— **5 mai ; Ibid**. Demande de 420.000 fl. pour un an. — Ajournement au 15 juin.

Commissaires : le comte de Sainte-Aldegonde et Jean du Grospré.

(P.-de-C., *l. c.*, fol. 554 v°-556. — St-O., *comptes 1628-29*, fol. 84. — Belg., Ét. et Aud., *690*, fol. 1-2.)

— **5-8 juin ; Ibid**. Octroi de 150.000 fl. pour le semestre commencé le 1er mai.

(*Acte d'accord* : P.-de-C., *C 799*, fol. 561-562. — *Ibid.*, fol. 557-561 et 562-563 v°. — St-O., *l. c.* — Belg., *l. c.*, fol. 5 et 7.)

1628, 24 octobre ; **St-Vaast d'Arras**. Demande de 420.000 fl. pour un an, plus un subside extraordinaire de 80.000 fl. — Ajournement au 20 novembre.

COMMISSAIRES : les mêmes que le 5 mai 1628.

(P.-de-C., *l. c.*, fol. 566-567. — St-O., *l. c.* — Belg., *l. c.*, fol. 8-11.)

— 20-24 novembre ; **Ibid.** Octroi de 160.000 fl. pour le semestre commencé au 1ᵉʳ novembre. — Députation en cour.

(*Acte d'accord* : P.-de-C., *C 799*, fol. 573-575. — *Ibid.*, fol. 569-573 et 575-578. — St-O., *l. c.*, fol. 84 v°. — Belg., *l. c.*, fol. 12-19 et 40-42.)

1629, 2-3 janvier ; **Ibid.** Demande itérative du subside de 80.000 fl. — Ajournement au 10 janvier.

COMMISSAIRE : le comte de Sainte-Aldegonde.

(P.-de-C., *l. c.*, fol. 579 v°-580 v°. — St-O., *comptes 1629-30*, fol. 81. — Belg., *l. c.*, fol. 19.)

— 10-12 janvier ; **Ibid.** Octroi d'un subside extraordinaire de 30.000 fl. — Députation en cour.

(*Acte d'accord* : P.-de-C., *C 799*, fol. 582-583. — *Ibid.*, fol. 580 v°-582 et 583-584 v°. — St-O., *l. c.*, fol. 81 v°. — Belg., *l. c.*, fol. 66-74 et 82-87.)

— 15 juin ; **Ibid.** Demande d'un subside extraordinaire de 150.000 fl. pour secourir Bois-le-Duc assiégé. — Ajournement au 9 juillet.

COMMISSAIRES : les mêmes que le 5 mai 1628.

(P.-de-C., *l. c.*, fol. 597 v°-598 v°. — St-O., *l. c.*, fol. 80 v°.)

— 9-12 juillet ; **Ibid.** Octroi d'un subside extraordinaire de 75.000 fl.

(*Acte d'accord* : P.-de-C., *C 799*, fol. 602-603 v°. — *Ibid.*, fol. 599-602 et 603 v°-604 v°. — St-O., *l. c.* — Belg., Ét. et Aud., *690*, fol. 75-79.)

— 23-24 novembre ; **Ibid.** Demande de 420.000 fl. pour un an.

COMMISSAIRES : les mêmes que le 5 mai 1628.

(P.-de-C., *l. c.*, fol. 614 v°-616 v°. — St-O., *l. c.*, fol. 81 v°. — Belg., *l. c.*, fol. 80-81.)

1630, 8-13 janvier ; **Ibid.** Octroi de 150.000 fl. pour le semestre commencé le 1ᵉʳ novembre 1629. — Doléances adressées au Roi sur la mauvaise conduite des affaires et la violation des privilèges du pays. — Députation en cour.

(*Acte d'accord* : P.-de-C., *C 799*, fol. 622 v°-624. — *Ibid.*, fol. 616 v°-622 v° et 624-629. — St-O., *l. c.*, fol. 83 v°. — GACHARD, *Lettres des souverains des Pays-Bays aux États...* (in : *Bull. de la Comm. roy. d'hist.*, II° sér., I, pp. 365-366.)

1630. 7 février; St-Vaast d'Arras. Demande de 150.000 fl. pour le semestre 1er mai-1er novembre 1629, le payement de l'aide dite ordinaire ne souffrant pas d'interruption. — Demande d'un subside extraordinaire de 300.000 fl. à payer en six mois. — Ajournement au 5 mars.

COMMISSAIRES : les mêmes que le 5 mai 1628.

> (P.-de-C., *l. c.*, fol. 629 v°-634. — St-O., *comptes 1630-31*, fol. 82 v°. — Belg., Ét. et Aud., *690*, fol. 89-91 et 94-97.)

— **5-9 mars; Ibid.** Nouvelles remontrances au Roi touchant l'introduction d'étrangers au gouvernement et le mauvais emploi fait des subsides accordés par les États. — Refus de modifier l'acte d'accord du 12 janvier précédent. — Députation en cour.

> (P.-de-C., *l. c.*, fol. 635 v°-645. — St-O., *l. c.*, fol. 83. — Belg., *l. c.*, fol. 101-102.)

— **24 mai; Ibid.** Demande de 420.000 fl. pour un an commençant le 1er mai, en plus des aides des deux semestres précédents qui sont demeurées en souffrance. — Ajournement au 1er juillet.

COMMISSAIRES : les mêmes que le 5 mai 1628.

> (P.-de-C., *l. c.*, fol. 645 v°-651 v°. — St-O., *l. c.*)

— **1er-5 juillet; Ibid.** Octroi de 250.000 fl., en échange du subside annuel demandé le 24 mai et du subside extraordinaire demandé le 7 février. — Refus de l'aide réclamée pour le semestre 1er mai-1er novembre 1629. — Députation en cour.

> (*Acte d'accord* : P.-de-C., *C 799*, fol. 652. — *Ibid.*, fol. 647 v°-651 v°, 653 v°-655 et 657. — St-O., *l. c.*)

— **10 septembre; Ibid.** Demande itérative de l'aide du semestre échu le 31 octobre 1629, au besoin à titre de subside extraordinaire. — Ajournement au 8 octobre.

COMMISSAIRES : les mêmes que le 5 mai 1628.

> (P.-de-C., *l. c.*, fol. 655-657. — St-O., *l. c.*, fol. 83 v°.)

— **8-11 octobre; Ibid.** Demande d'une aide de 35.000 fl. par mois pendant six mois à partir du 1er novembre; refus d'accepter l'accord du 5 juillet en tant qu'il ne répare pas l'interruption de l'aide semestrielle. — Octroi par les États de 350.000 fl. au lieu de 250.000, votés en juillet, à condition d'en déduire, outre le payement des garnisons, 50.000 fl. pour les frais de levée de 1200 « élus » en septembre 1629, et 3.000 fl. pour les dégâts causés par la cavalerie. — Ajournement au 26 novembre pour résoudre sur la première demande. — Députation en cour.

COMMISSAIRES : les mêmes que le 5 mai 1628.

> (*Acte d'accord* : P.-de-C., *C 799*, fol. 662. — *Ibid.*, fol. 657-673. — St-O., *l. c.*, fol. 84, v°. — Belg., Ét. et Aud., *690*, fol. 131-132.)

1630, 26-28 novembre ; St-Vaast d'Arras. Octroi par les États de 144.000 fl. pour 6 mois commençant au 1ᵉʳ novembre, à condition d'en déduire 10.000 fl. pour l'impôt sur la houille de Hainaut, etc.

(Acte d'accord : P.-de-C., *C 799,* fol. 674 vᵒ. — *Ibid.,* fol. 673 vᵒ-674 et 676 vᵒ-679. — St-O., *l. c.,* fol. 84. — Belg., *l. c.,* fol. 98-100, 127-128 et 146-147.)

1631, 17 mars ; Ibid. Demande aux États, par-dessus l'aide accordée en novembre 1630, de l'entretien pendant 10 mois d'un corps de 1500 hommes, à raison de 7 à 8 fl. par homme et par mois. — Ajournement au 7 avril.

Commissaires : les mêmes que le 5 mai 1628.

(P.-de-C., *l. c.,* fol. 679 vᵒ-684. — St-O., *comptes 1631-32,* fol. 80 vᵒ.)

— 7-11 avril ; Ibid. Ajournement de la réponse des États jusqu'à la reddition des comptes de leurs receveurs.

(Acte des États : P.-de-C., *C 799,* fol. 684 rᵒ-vᵒ. — St-O., *l. c.* — Belg., Ét. et Aud., *690,* fol. 125-126 et 130.)

— 30 mai-2 juin ; Ibid. Demande aux États d'une aide mensuelle de 35.000 fl. par mois, pendant un an commençant le 1ᵉʳ mai, sans préjudice du subside extraordinaire demandé en mars. — Ajournement au 1ᵉʳ juillet.

Commissaires : les mêmes que le 5 mai 1628.

(P.-de-C., *l. c.,* fol. 685-697. — St-O., *l. c.,* fol. 87. — Belg., *l. c.,* fol. 129.)

— 1ᵉʳ-7 juillet ; Ibid. Octroi d'une somme globale de 200.000 fl. pour 6 mois commençant le 1ᵉʳ mai, à condition d'en déduire le payement des garnisons, etc. — Députation en cour.

(Acte d'accord : P.-de-C., *C 799,* fol. 698. — *Ibid.,* fol. 697 vᵒ et 699-703. — St-O., *l. c.* — Belg., *l. c.,* fol. 133-134, 137, 142-145 et 194-195.)

— 6 novembre ; Ibid. Demande aux États d'une aide de 40.000 fl. par mois pour un an commençant au 1ᵉʳ novembre. — Ajournement au 9 décembre.

Commissaires : les mêmes que le 5 mai 1628.

(P.-de-C., *l. c.,* fol. 704 vᵒ-712. — St-O., *l. c.* — Belg., *l. c.,* fol. 148-149.)

— 9-13 décembre ; Ibid. Protestations contre les charges militaires qui écrasent le pays depuis 1630. — Ajournement au 26 janvier 1632 sans rien résoudre sur la demande faite en novembre. — Députation en cour.

(P.-de-C., *l. c.,* fol. 707-723. — St-O., *l. c.* — Belg., *l. c.,* fol. 150.)

1632, 27-31 janvier ; Ibid. Octroi d'une somme de 146.000 fl. seulement, en raison de la misère du pays. — Députation en cour pour se plaindre des excès des soldats et demander la convocation des États Généraux.

(*Acte d'accord* : P.-de-C., *C 799*, fol. 725 v°. — *Ibid.*, fol. 723 v°-725 et 727-733. — St-O., *comptes 1632-33*, fol. 91 v°. — Belg., *l. c.*, fol. 161-167 et 170-173.)

1632, 18-19 avril ; St-Vaast d'Arras. Demande aux États, outre l'aide de 146.000 fl. votée en janvier et qui n'a pas été levée, d'un subside extraordinaire de 150.000 fl. et d'une aide de 40.000 fl. par mois pendant un an commençant au 1er mai. — Ajournement au 24 mai.

Commissaires : les mêmes que le 5 mai 1628.

(P.-de-C., *l. c.*, fol. 736-740. — A., *Mém. XVII*, fol. 250 v°-251. — St-O., *l. c.* — Belg., *l. c.*, fol. 168.)

— **24-27 mai ; Ibid**. Octroi de 160.000 fl. pour 6 mois, sauf déduction du payement des garnisons ordinaires. — Députation en cour pour exposer l'état misérable du pays, se plaindre des charges militaires et des dégâts des gens de guerre et demander la convocation des États Généraux.

(*Acte d'accord* : P.-de-C., *C 799*, fol. 742. — *Ibid.*, fol. 740-742 et 744-749 v°. — St-O., *l. c.*, fol. 92. — Belg., *l. c.*, fol. 103-104, 174-175, 187-190 et 196.)

— **27-28 juin ; Ibid**. Demande aux États d'une aide de 200.000 fl. pour la délivrance de Maëstricht. — Ajournement au 6 juillet.

Commissaires : les mêmes que le 5 mai 1628.

(P.-de-C., *l. c.*, fol. 751-752. — St-O., *l. c.*)

— **6-12 juillet ; Ibid**. Octroi de 130.000 fl. en dépit de la ruine de la province. — Députation en cour pour insister sur la convocation des États Généraux, seul remède aux abus actuels, désavouer l'entreprise du comte de Bergues et demander un allègement des charges militaires.

(*Acte d'accord* : P.-de-C., *C 799*, fol. 753. — *Ibid.*, fol. 752 et 754-758. — St-O., *l. c.* — Belg., *Ét. et Aud.*, *690*, fol. 178-184.)

— **25-27 août ; Ibid**. Députation des États à l'assemblée générale des provinces, convoquée pour le 7 septembre à Bruxelles. — Instructions aux députés, tendant à une réforme profonde du gouvernement.

(P.-de-C. *l. c.*, fol. 758-765. — St-O., *l. c.*, fol. 92 v°. — *Actes des États Généraux de 1632*, éd. Gachard, I, 30-36.)

— **6-7 décembre ; Ibid**. Demande aux États d'une aide mensuelle de 40.000 fl. — Ajournement au 24 janvier 1633.

Commissaires : les mêmes que le 5 mai 1628.

(P.-de-C., *l. c.*, fol. 765-768. — St-O., *l. c.* — Belg., *Ét. et Aud.*, *690*, fol. 185-186.)

1633, 24-27 janvier ; Ibid. Rapport des députés aux États Généraux. — Octroi de 140.000 fl. pour six mois, en plus de 12.000 offerts par les députés à Bruxelles en échange des logements militaires. — Exposé de la misère du pays qui n'a pas permis de prendre à rente le subside voté en juillet 1632 et qui nécessite le retrait des gens de guerre.

(*Acte d'accord* : P.-de-C., *C 799*, fol. 772. — *Ibid.*, fol. 768-772 et 774. — Belg., *l. c.*, fol. 205-210.)

1633, 12-13 juin; St-Vaast d'Arras. Demande aux États de 160.000 fl. au lieu des 140.000 accordés en janvier, plus une aide de 35.000 fl. par mois pendant un an commençant au 1er mai et un subside extraordinaire de 150.000 fl. pour les dépenses de la guerre. — Ajournement au 1er août.

Commissaires : les mêmes que le 5 mai 1628.

(P.-de-C., *l. c.*, fol. 774-777. — Belg., *l. c.*, fol. 210 et 211.)

— **1er-8 août ; Ibid.** Octroi de 160.000 fl. pour le semestre commencé le 1er mai, à charge d'en déduire 16.000 fl. pour les dégâts causés par les gens de guerre. — Députation en cour.

(*Acte d'accord* : P.-de-C., *C 799*, fol. 778. — *Ibid.*, fol. 779 et 780-784. — Belg., *l. c.*, fol. 213-214.)

— **20-21 novembre ; Ibid.** Demande aux États d'une aide de 35.000 fl. par mois pour un an commençant au 1er novembre. — Ajournement au 9 janvier 1634.

(P.-de-C., *l. c.*, fol. 784-790.)

1634, 9-13 janvier ; Ibid. Octroi de 145.000 fl. pour six mois, en dépit de l'extrême pauvreté de la province. — Députation en cour.

(*Acte d'accord* : P.-de-C., *C 799*, fol. 793. — *Ibid.*, fol. 790-792 et 794-799. — St-O., *comptes 1634-35*, fol. 95. — Belg., Ét. et Aud., *690*, fol. 215-219, 222-226 et 245.)

— **25-26 avril ; Ibid.** Demande aux États d'un subside extraordinaire de 120.000 fl. pour les frais de la guerre.

Commissaires : le comte de Sainte-Aldegonde ; Antoine Demol, conseiller ordinaire du Conseil d'Artois.

(P.-de-C., *l. c.*, fol. 800-803. — St-O., *l. c.*, fol. 95 v°.)

— **29 mai ; Ibid.** Demande aux États, en sus du subside extraordinaire, d'une aide mensuelle de 30.000 fl. à partir du 1er mai. — Examen de la situation financière. — Ajournement au 19 juin.

Commissaire : le comte de Sainte-Aldegonde.

(P.-de-C., *l. c.*, fol. 803-805 *bis*. — St-O., *l. c.* — Belg., Ét. et Aud., *690*, fol. 227-228.)

1634, 19-23 juin; St-Vaast d'Arras. Députation en cour pour obtenir du comte d'Aytona une réduction sur les aides pour le logement des troupes. — Ajournement au 26 juillet.

(P.-de-C., *l. c.*, fol. 806-807. — St-O., *l. c.*, fol. 96.)

— 26-29 juillet; Ibid. Octroi de 180.000 fl. en tout, sous déduction de 60.000 fl. pour divers motifs : passage des gens de guerre, etc.

(*Acte d'accord* : P.-de-C., *C 799*, fol. 807. — *Ibid.*, fol. 808-810. — St-O., *l. c.* — Belg., Ét. et Aud., *690*, fol. 229-231 et 234-235.)

1635, 16 janvier; Ibid. Demande aux États d'une aide de 35.000 fl. par mois à commencer à l'expiration de la précédente. — Ajournement au 7 février.

Commissaires : le comte de Sainte-Aldegonde; le conseiller Demol.

(P.-de-C., *l. c.*, fol. 812-816. — St-O., *comptes 1635-36*. fol. 82.)

— 7-10 février; Ibid. Octroi d'une somme de 150.000 fl. pour 6 mois commençant le 1er novembre 1634. — Députation en cour pour féliciter l'infant Ferdinand de son heureuse arrivée aux Pays-Bas et lui remontrer le misérable état de la province.

(*Acte d'accord* : P.-de-C., *C 799*, fol. 816. — *Ibid.*, fol. 818-825 v°. — St-O., *l. c.*, fol. 82 v°. — Belg., Ét. et Aud., *690*, fol. 105-108, 248, 251-253 et 255-259.)

— 20-21 mai; Ibid. Demande aux États d'une aide de 35.000 fl. par mois à partir du 1er mai, plus un subside extraordinaire de 160.000 fl. pour la défense des frontières. — Ajournement au 17 juin.

Commissaire : le conseiller Demol.

(P.-de-C., *l. c.*, fol. 826-832. — St-O., *l. c.*)

— 18-22 juin; Ibid. Octroi d'une aide de 150.000 fl. payable en 6 mois commençant le 1er mai, plus un subside extraordinaire de 70.000 fl. pour la défense des frontières contre les Français. — Députation en cour.

(*Acte d'accord* : P.-de-C., *C 799*, fol. 833. — *Ibid.*, fol. 832 et 834-836 v°. — St-O., *l. c.*, fol. 83. — Belg., Ét. et Aud., *690*, fol. 269-272.)

— 16-18 juillet; Ibid. Délibérations sur diverses questions relatives à la mise en état de défense de la province.

(P.-de-C., *l. c.*, fol. 837-841.)

— 23-29 août; Ibid. Délibérations sur les exactions commises par les troupes du baron de Balençon, commandant l'armée espagnole; négociations avec ce général. — Députation vers l'Infant Ferdinand.

(P.-de-C., *l. c.*, fol. 842-858.)

1635, 13-16 novembre ; St-Vaast d'Arras. Députation en cour pour demander le retrait des gens de guerre.

(P.-de-C., *l. c.*, fol. 858 v°-862.)

— 30 novembre-4 décembre ; Ibid. Demande aux États d'une aide de 35.000 fl. par mois à partir du 1er novembre. — Plaintes contre les désordres des gens de guerre. — Députation en cour.

Commissaire : le conseiller Demol.

(P.-de-C., *l. c.*, fol. 862-875.)

1636, 8-15 janvier ; Ibid. Octroi d'une aide de 150.000 fl. pour 6 mois commençant le 1er novembre 1635.

(*Acte d'accord* : P.-de-C., *C 799*, fol. 876. — *Ibid.*, fol. 877-879. — St-O., *comptes 1636-37*, fol. 88 v°.)

— 10-15 mars ; Ibid. Délibérations sur les désordres des gens de guerre ; refus d'accepter les modifications apportées par la cour au dernier acte d'accord. — Députation en cour.

(P.-de-C., *l. c.*, fol. 879-886 v°. — St-O., *l. c.*)

— 11-12 avril ; Ibid. Demande aux États d'une aide de 30.000 fl. par mois à partir du 1er mai, pour les frais de la guerre, plus un subside extraordinaire de 60.000 fl. pour l'entretien de 7 régiments du pays. — Ajournement au 8 mai.

(P.-de-C., *l. c.*, fol. 886 v°-891.)

— 8-9 mai ; Ibid. Ajournement de la réponse des États, les désordres des gens de guerre restant sans châtiment et les impositions illicites continuant d'être levées.

(P.-de-C., *l. c.*, fol. 891-893. — St-O., *l. c.*, fol. 89.)

— 11-16 juin ; Ibid. Octroi par les États d'une aide de 200.000 fl. — Députation en cour : plaintes contre les désordres des gens de guerre ; mise en état de défense du pays.

(*Acte d'accord* : P.-de-C., *C 799*, fol. 896. — *Ibid.*, fol. 893-896 et 899-900.)

— 6-11 octobre ; Ibid. Octroi de 280.000 fl. en remplacement des 200.000 précédemment votés, que la cour avait refusés. — Plaintes touchant les désordres des gens de guerre et particulièrement des Allemands.

Commissaire : le conseiller Demol.

(*Acte d'accord* : P.-de-C., *C 799*, fol. 907. — *Ibid.*, fol. 901-906 v° et 908-909.)

1636, 21-23 décembre; St-Vaast d'Arras. Demande aux États d'une aide de 35.000 fl. par mois pendant un an commençant le 1er novembre.

Commissaires : le comte d'Isembourg, gouverneur d'Artois; le conseiller Demol.

(P.-de-C., *l. c.*, fol. 911-913. — St-O., *comptes 1636-37*, fol. 89 v°.)

1637, 19-29 janvier; Ibid. Députation en cour pour demander à l'infant Ferdinand de verser, comme il l'a promis, les sommes nécessaires au payement des fourrages de la cavalerie; ajournement des États en attendant la réponse.

(P.-de-C., *l. c.*, fol. 914-917. — St-O., *comptes 1637-38*, fol. 104.)

— 16-20 février; Ibid. Octroi d'une aide de 120.000 fl. pour 6 mois commençant au 1er novembre 1636, plus un subside extraordinaire de 150.000 fl.

(*Acte d'accord* : P.-de-C., *C 799*, fol. 918. — *Ibid.*, fol. 919. — St-O., *l. c.*, fol. 104 v°.)

— 10-11 mai; Ibid. Demande aux États d'une aide de 30.000 fl. par mois, à partir du 1er mai, plus un subside extraordinaire de 160.000 fl. pour les frais de la guerre. — Députation en cour. — Ajournement au 16 juin.

Commissaires : le comte d'Isembourg; Charles Laurin, président du Conseil d'Artois.

(P.-de-C., *l. c.*, fol. 920-923. — St-O., *l. c.*)

— 1er juin; Ibid. Assemblée à la main. — Protestations contre le départ des troupes espagnoles qui laissent le pays sans défense contre les attaques françaises en préparation. — Députation en cour.

(P.-de-C., *l. c.*, fol. 924-926.)

— 16-20 juin; Ibid. Octroi par « un dernier effort » d'une aide de 150.000 fl. pour 6 mois à partir du 1er mai.

(*Acte d'accord* : P.-de-C., *C 799*, fol. 926. — *Ibid.*, fol. 928. — St-O., *comptes 1637-38*, fol. 104 v°.)

— 10-14 septembre; Ibid. Demande aux États d'autoriser une levée d' « élus » et d'en assumer l'entretien. — Consentement des États à payer pendant 3 mois 5 compagnies d'élus, en dépit des promesses de l'Infante de ne jamais faire des levées de ce genre.

Commissaires : le comte d'Isembourg; Charles Laurin.

(P.-de-C., *l. c.*, fol. 929-933. — St-O., *l. c.*, fol. 105 v°.)

1637, 31 novembre-1ᵉʳ décembre; St-Vaast d'Arras. Demande aux États d'une aide de 35.000 fl. par mois à partir du 1ᵉʳ novembre. — Ajournement au 11 janvier.

Commissaires : les mêmes.

(P.-de-C., *l. c.*, fol. 933-937 v°.)

1638, 11-16 janvier; Ibid. Octroi d'une aide de 150.000 fl. pour 6 mois commençant le 1ᵉʳ novembre 1637. — Députation en cour.

(*Acte d'accord* : P.-de-C., *C 799*, fol. 939. — *Ibid.*, fol. 938 et 940-942 v°. — St-O., *comptes 1638-39*, fol. 90. — Belg., Ét. et Aud., *reg. 690*, fol. 276-279, 282-285 et 314-315.)

— 19-20 février; Ibid. Demande aux États d'un subside extraordinaire de 250.000 fl. pour l'entretien de l'armée. — Ajournement au 8 mars.

Commissaires : les mêmes que le 10 septembre 1637.

(P.-de-C., *l. c.*, fol. 943-947. — St-O., *l. c.*)

— 8-12 mars; Ibid. Octroi d'un subside extraordinaire de 100.000 fl.

(*Acte d'accord* : P.-de-C., *C 799*, fol. 948. — *Ibid.*, fol. 946 v°-947 v°. — St-O., *l. c.* — Belg., Ét. et Aud., *l. c.*, fol. 286-288 et 290.)

— 25-27 mars; Ibid. Demande aux États d'une aide de 35.000 fl. par mois pendant 6 mois, à partir du 1ᵉʳ mai. — Ajournement au 17 mai.

Commissaires : les mêmes que le 10 septembre 1637.

(P.-de-C., *l. c.*, fol. 950-954 v°. — St-O., *l. c.*, fol. 90 v°. — Belg., Ét. et Aud., *l. c.*, fol. 289.)

— 17-21 mai; Ibid. Octroi d'une aide de 20.000 fl. par mois pendant 6 mois commençant le 1ᵉʳ mai.

(*Acte d'accord* : P.-de-C., *C 799*, fol. 957. — *Ibid.*, fol. 955-957 et 958. — St-O., *l. c.*, fol. 91. — Belg., Ét. et Aud., *l. c.*, fol. 291 et 294-296.)

— 23-25 août; Ibid. Demande aux États d'un subside extraordinaire de 150.000 fl. pour le renforcement de l'armée. — Examen de la situation financière. — Ajournement au 4 octobre.

Commissaires : le comte d'Isembourg; le conseiller Demol.

(P.-de-C., *l. c.*, fol. 959-961 v°. — St-O., *l. c.*)

— 4-7 octobre; Ibid. Refus d'octroyer le subside demandé par suite des ravages commis dans le pays par l'une et l'autre armée. — Députation en cour pour excuser la province.

(*Acte des États* : P.-de-C., *C 799*, fol. 962. — *Ibid.*, fol. 964. — St-O., *reg. V*, fol. 8 v°-9 v°. — Belg., Ét. et Aud., *l. c.*, fol. 297-304 et 307-313.)

1639, 25-26 janvier ; St-Vaast d'Arras. Demande aux États d'une aide de 3o.ooo fl. par mois à partir du 1er novembre.

Commissaires : le comte d'Iscmbourg ; Jean Le Bailly, président du Conseil d'Artois.

(P.-de-C., *l. c.*, fol. 966-971 v°. — St-O., *reg. V*, fol. 4o. — Belg., *l. c.*, fol. 317.)

— **14-19 mars ; Ibid**. Demande supplémentaire d'un subside de 25o.ooo fl. pour le renforcement de l'armée. — Octroi d'une somme de 200.ooo fl., à la condition que les arriérés des aides non payées seront annulés.

Commissaires : les mêmes.

(*Acte d'accord* : P.-de-C., *C 799*, fol. 974. — *Ibid.*, fol. 972-973 et 976-977 v°. — St-O., *l. c.*, fol. 49-51 et 53. — Belg., *l.c.*, fol. 318-327.)

— **26-27 juin ; Ibid**. Demande aux États d'une aide ·de 35.ooo fl. par mois ·pour un an commençant au 1er mai. — Ajournement au 5 juillet.

Commissaires : les mêmes.

(P.-de-C., *l. c.*, fol. 978. — St-O., *l. c.*, fol. 8o v°. — Belg., *l. c.*, fol. 328-329 v°.)

— **4-9 juillet ; Ibid**. Ajournement de la réponse des États au 1er octobre, vu la misère du pays et l'impossibilité d'accorder quoi que ce soit avant que les résultats de la récolte ne soient connus. — Députation en cour.

(*Acte des États* : P.-de-C., *C 877*. — *Ibid.*, fol. 978-979. — St-O., *l.c.*, fol. 83, 84-85 v° et 86 r°-v°. — Belg., *l.c.*, fol. 329 v°-33o, 332 et 334-337.)

— **1er-3 octobre ; Ibid**. Nouvelles instances pour obtenir des États, outre l'aide demandée en juin, une autre aide de 3o.ooo fl. par mois pour 6 mois commençant le 1er novembre. — Députation en cour pour exposer la malheureuse situation du pays. — Ajournement au 19 octobre.

Commissaires : les mêmes que le 25 janvier 1639.

(P.-de-C., *l. c.*, fol. 984-988. — St-O., *l. c.*, fol. 108. — Belg., *l. c.*, fol. 33o-331 et 338.)

— **19-22 octobre ; Ibid**. Octroi de 72.ooo l. — Députation en cour pour demander des mesures pour la protection du pays et le maintien de la discipline militaire.

(*Acte d'accord* : P.-de-C., *C 799*, fol. 993. — *Ibid.*, fol. 987-992 v° et 994. — St-O., *reg. V*, fol. 116 v°-117 v°. — Belg., *Ét. et Aud.*, *reg. 690*, fol. 3o5, 339-34o et 342-347.)

1640, 16-21 janvier ; Ibid. Octroi par les États, sur nouvelles instances, d'une aide de 13.ooo fl. par mois pour six mois commençant au 1er novembre 1639, les deniers de cet accord et de celui d'octobre précédent devant être levés à cours de rente sur le crédit royal.

(*Acte d'accord* : P.-de-C., *C 799*, fol. 1001 v°. — *Ibid.*, fol. 1000-1002 et 1004-1006 v°. — St-O., *l. c.*, fol. 135-136 et 138 r°-v°. — Belg., Ét. et Aud., *l. c.*, fol. 352-360.)

1640, 22 mai; St-Vaast d'Arras. Demande aux États d'une aide de 30.000 fl. par mois pour 6 mois commençant au 1ᵉʳ mai 1640 (1).

Commissaires : le comte d'Isembourg; Jean Le Bailly.

(P.-de-C., *l. c.*, fol. 1007-1008. — A., *Mém. XVIII*, fol. 43 r°-v°. — St-O., *reg. V*, fol. 160 et 161 ; *comptes 1640-41*, fol. 179 v°.)

(1) Le siège d'Arras par les Français et la prise de la ville, survenue le 9 août 1640, empêchèrent les États de se réunir pour rendre réponse.

APPENDICE II. — Liste des Députés généraux

DATES	DÉPUTÉS GÉNÉRAUX DU CLERGÉ
Impôts votés le 29 décembre 1536.	
Impôts votés le 17 février 1542.	*Antoine Perrenot de Granvelle*, évêque d'Arras (ou, en son absence, son vicaire ou son official, *Mercurin Boisset*, remplacé, le 2 août 1543, par *Pasquier Maupaiet*, évêque de Salisbury), *Jérôme Ruffault*, abbé de St-Vaast d'Arras.
Impôts votés le 17 décembre 1542.	*Pasquier Maupaiet*, évêque de Salisbury, « suffragant » de l'évêché d'Arras, *David Hay*, abbé du Mont-St-Éloi, *Jean de Roza*, prévôt de l'église N.-D. d'Arras, *Jacques Durant*, chanoine d'Arras.
Impôts votés le 24 janvier 1543.	*Jérôme Ruffault*, abbé de St-Vaast d'Arras, *Jean de Bétencourt*, abbé d'Arrouaise, *Christophe Bassée*, chanoine d'Arras, *Jean de Roza*.
Impôts votés le 2 août 1543.	*Pasquier Maupaiet*, *Jean de Roza*.
Impôts votés le 7 octobre 1543.	*Jean de Goulate*, chanoine d'Arras.
Impôts votés le 23 mars 1544.	Les mêmes que pour l'accord du 2 août 1543.
Impôts votés les 10 et 11 mars 1549.	*Jacques Durant*, chanoine d'Arras, remplacé après décès par *Jean de Roza*, prévôt du chapitre d'Arras.

DÉPUTÉS GÉNÉRAUX DE LA NOBLESSE	DÉPUTÉS GÉNÉRAUX DES VILLES
	Nicole Leborgne, élu d'Artois, remplacé le 8 mai 1538 par : *Charles de Vichery*, échevin d'Arras, et *Jean de Loueuzes*, mayeur d'Arras. A ce dernier, est substitué, le 10 août 1538 : *Guillaume Clauwin*, licencié ès-lois, avocat au Conseil d'Artois.
Pierre de Bergues, seigneur d'Olhain, *Gilles de Lens*, seigneur d'Aix. A ce dernier, est substitué, le 2 août 1543 : *Jean du Bois*, seigneur de Bois-Bernard.	*Jean de Loueuzes*, mayeur d'Arras, *Jacques de Martigny*, bailli de Carency, échevin d'Arras. A ce dernier, est substitué, le 2 août 1543 : *Alard Deleval*, échevin d'Arras.
Jean, seigneur de *Neuville*, *Pierre de Bergues*, seigneur d'Olhain, *Jean du Bois*, seigneur de Bois-Bernard, *Jean de Longueval*, seigneur de Vaux, *Charles de Nédonchel*, seigneur de Liévin.	*Jean de Loueuzes*, *Jacques de Martigny*, *Jean Herlin*, licencié ès-lois, *Jean Thieullaine*, bourgeois d'Arras,
Jean, seigneur de *Neuville*, *Pierre de Bergues*, seigneur d'Olhain, *Jean du Bois*, seigneur de Bois-Bernard.	*Jean de Loueuzes*, *Alard Deleval*, *Jean Herlin*.
Pierre de Bergues, seigneur d'Olhain, *Jean du Bois*, seigneur de Bois-Bernard.	*Jean de Loueuzes*, *Alard Deleval*.
Jean de Marquais, seigneur de Villers, remplacé le 23 mars 1544 par : *Pierre Couronnel*, licencié ès-lois.	*Jean Thieullaine*.
Les mêmes que pour l'accord du 2 août 1543.	*Jean de Loueuzes*, mayeur d'Arras.
Adrien de Noyelles, seigneur de Marles.	*Jean Bertoul* l'aîné, argentier d'Arras.

DATE	DÉPUTÉS GÉNÉRAUX DU CLERGÉ
Impôts votés les 17-20 janvier 1552.	*Jean de Béthencourt*, abbé d'Arrouaise, *Jean Guvet*, chantre de N.-D. d'Arras.
Après le 1er mars 1553.	Les mêmes que pour l'accord ci-dessus.
Impôts votés les 20-21 décembre 1563.	*Jean du Vaussel*, chanoine d'Arras.
Impôts votés le 12 mai 1568.	*Roger de Montmorency*, abbé de St-Vaast.
Impôts votés le 15 octobre 1571.	Le même que pour l'accord ci-dessus?
15-21 juillet 1572.	*Roger de Montmorency*, remplacé après décès par *Jean de Goulate*, chanoine d'Arras.
15-16 octobre 1572.	*Jean de Goulate*.
Après le 2 février 1575.	Le même.
Après le 16 janvier 1578.	*Jean Sarrazin*, grand-prieur, puis abbé de St-Vaast, en remplacement de Goulate, député aux États Généraux.
Après le 14 mai 1584.	Le même.
Après le 28 mars 1586.	*Jean de Goulate*, en remplacement de Sarrazin, nommé conseiller du roi.
Après le 23 avril 1591.	Le même.

DÉPUTÉS GÉNÉRAUX DE LA NOBLESSE	DÉPUTÉS GÉNÉRAUX DES VILLES
Jean d'Olhain, seigneur de Rullecourt, *Michel de Pressy*, seigneur de Flencques.	*Jean de Loueuzes*, *Jean Couronnel*, licencié ès-lois.
Les mêmes que pour l'accord ci-dessus.	*Jean de Loueuzes* (remplacé après décès, le 16 mars 1554, par *Antoine Dervillers*, licencié ès-lois), *Jean Couronnel*.
Gérard de Vos, seigneur de Beaupré, lieutenant-général d'Arras.	*Hugues Lentailleur*.
Philippe, seigneur *de Beaufort* et de Rume.	*Jean Couronnel*, conseiller d'Arras.
Le même que pour l'accord ci-dessus?	*Philippe Le Prevost*, mayeur d'Arras, et *Jean Couronnel* (celui-ci, à la demande des députés des deux premiers ordres, démissionna, mais il fit l'intérim pendant le voyage de Philippe Le Prevost en Espagne [mars-novembre 1572]).
Philippe de Beaufort.	*Philippe Le Prevost*, mayeur d'Arras.
Le même.	*Philippe Le Prevost* (démissionne le 2 février 1575).
Le même.	*Jean Lemerchier*, échevin d'Arras.
Le même.	Le même.
Adrien Morel, seigneur de Tangry, en remplacement de Ph. de Beaufort † en sept. 1582.	Le même.
Le même.	Le même.
Jean de Bonnières, baron d'Auchy, en remplacement du seigneur de Tangry, mort le 13 juin 1590.	Le même.

DATES	DÉPUTÉS GÉNÉRAUX DU CLERGÉ
Après le 11 juin 1592.	*Baudouin de Glen*, abbé d'Hénin-Liétard, en remplacement de Goulate, décédé.
Après le 13 juillet 1594.	Le même.
Après le 13 janvier 1595.	*Jean de la Thieuloye*, chanoine d'Arras, après décès du précédent.
Après le 5 octobre 1595.	*Louis Le Cambier*, chanoine d'Arras, après décès du précédent.
Après le 19 novembre 1603.	*Philippe de Caverel*, abbé de St–Vaast, après décès du précédent.
Après le 8 octobre 1614.	Le même.
Après le 23 septembre 1624.	Le même.
Après le 21 novembre 1625.	Le même.
Après le 5 octobre 1627.	Le même.
Après le 10 octobre 1630.	Le même.
Après le 20 novembre 1633.	Le même.
Après le 6 octobre 1636.	Le même.
Après le 22 décembre 1636.	*Jean Passyart*, abbé de Marœuil, après décès du précédent.
Après le 19 mars 1639.	Le même.

DÉPUTÉS GÉNÉRAUX DE LA NOBLESSE	DÉPUTÉS GÉNÉRAUX DES VILLES
Le même.	Le même.
Le même.	*Nicolas Duval*, avocat au Conseil d'Artois, puis mayeur d'Arras, en remplacement de Lemerchier, démissionnaire.
Le même.	Le même.
Le même.	Le même.
Le même.	Le même.
Jean du Mont-Saint-Éloi, seigneur de Vendin, en remplacement du précédent, décédé.	Le même.
Philippe, seigneur *de Gomiécourt*, en remplacement du précédent, décédé.	Le même.
Le même.	*Jacques Duval*, seigneur de Natoy, mayeur d'Arras, en remplacement du précédent, décédé.
Guillaume de Montmorency, seigneur de Neuville-Vitasse.	Le même.
Adrien de Carvin, seigneur de Gommecourt.	Le même.
Guillaume de Montmorency, seigneur de Neuville-Vitasse.	Le même.
Eugène de Noyelles, comte de Marles.	Le même.
Le même.	Le même.
Le même, devenu marquis *de Lisbourg*.	Le même.

APPENDICE III

Carte de l'Artois par quartiers d'imposition (1570)

Nous avons cru devoir joindre à notre travail la carte du comté d'Artois, pour permettre au lecteur de retrouver facilement les villes et localités dont le nom revient le plus souvent au cours de cette étude. Il nous a paru qu'une carte ancienne devait être préférée aux modernes qui, par suite du figuré du terrain, se prêtent mal à une reproduction nette : notre choix s'est porté sur une carte des plus lisibles, celle du hollandais Justin Dankert (1), gravée dans le premier tiers du XVIIIe siècle ; les noms y sont souvent mal orthographiés, mais on sait que peu de géographes de cette époque échappèrent à ce défaut ; il sera, au reste, aisé de retrouver, en cas de doute, la forme actuelle à l'aide de la carte d'État-major au 1/320.000^e.

Sur celle de Dankert, nous indiquons en rouge les limites exactes de l'Artois vers 1570 ; un document nous a fourni, pour les déterminer, des éléments certains : c'est la liste des 691 localités artésiennes que nous avons déjà eu l'occasion de signaler (2) ; elle nous a permis de tracer sur une carte d'État-major au 1/80.000^e le contour des vingt-six quartiers d'impositions en suivant les limites de communes, celles-ci étant presque certainement les mêmes que celles des anciennes paroisses. Le report de ce dessin a été effectué, par les soins du Service géographique de l'Armée, avec une précision qui n'a pas besoin d'éloges.

Sur la même carte, nous avons cru bon de signaler les villes, abbayes et chapitres ayant eu, au cours du XVIe siècle, droit de séance aux États ; les quelques noms placés entre parenthèses dans la légende indiquent ceux des membres de ce corps qui, pour une raison ou une autre, cessèrent d'être convoqués au cours du même siècle ; les noms entre crochets, ceux des communautés qui furent admises à siéger pendant la même période. On a dit les raisons pourquoi il n'était pas possible de dresser une carte satisfaisante des fiefs représentés aux États (3).

(1) N° 84 du *Catalogue raisonné des cartes... d'Artois*, du comte de Loisne, p. 73. Pour la géographie historique de la province, nous renvoyons à l'introduction de l'excellent *Dictionnaire topographique du Pas-de-Calais*, dû au même auteur.

(2) I, 150 et n. 4.

(3) I, 40-41.

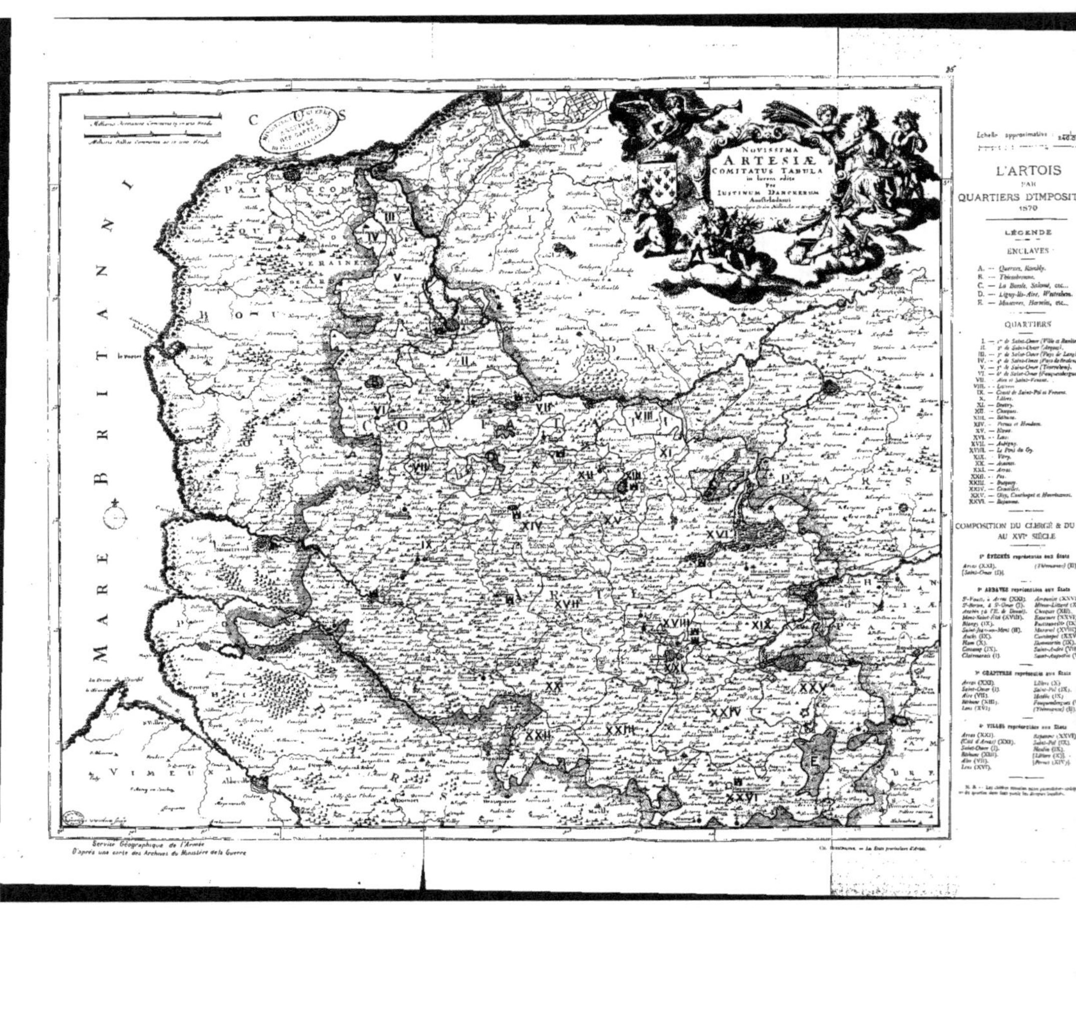

NOVISSIMA
ARTESIÆ
COMITATUS TABULA
in lucem edita
Per
IUSTINUM DANCKERUM
MARE BRITANNICUM

Échelle approximative : 1:240.000

L'ARTOIS
PAR
QUARTIERS D'IMPOSITION
1870

LÉGENDE

ENCLAVES
A. — Quernes, Rimbly.
B. — Thieubronne.
C. — La Bassée, Salomé, etc...
D. — Ligny-lès-Aire, Westrehem.
E. — Mazeures, Hornies, etc...

QUARTIERS
I. — 1er de Saint-Omer (Ville et Banlieue).
II. — 2e de Saint-Omer (Arques).
III. — 3e de Saint-Omer (Pays de Langle).
IV. — 4e de Saint-Omer (Pays de Bredenar).
V. — 5e de Saint-Omer (Tournehem).
VI. — 6e de Saint-Omer (Fauquembergues).
VII. — Aire et Saint-Venant.
VIII. — Lillers.
IX. — Comté de Saint-Pol et Frevent.
X. — Lillers.
XI. — Douvry.
XII. — Cheques.
XIII. — Béthune.
XIV. — Pernes et Houdain.
XV. — Hirac.
XVI. — Lens.
XVII. — Aubigny.
XVIII. — Le Pont du Gy.
XIX. — Vitry.
XX. — Avesnes.
XXI. — Arras.
XXII. — Pas.
XXIII. — Duquery.
XXIV. — Croisilles.
XXV. — Oisy, Courtoget et Hanvituvori.
XXVI. — Bapaume.

COMPOSITION DU CLERGÉ & DU TIERS-ÉTAT
AU XVIe SIÈCLE

1° ÉVÊCHÉS représentés aux États
Arras (XXI).   (Thérouanne) (II).
(Saint-Omer (I)).

2° ABBAYES représentées aux États
S'-Vaast, à Arras (XXI).   Arrouaise (XXVI).
S'-Bertin, à S'-Omer (I).   Mont-Liévard (XV).
Anchin (à l'E. de Douai).   Cheques (XII).
Mont-Saint-Éloi (XVIII).   Bauseurs (XXVI).
Blangy (IX).   Ruisseauville (IX).
Saint-Jean-au-Mont (II).   Maroeul (XVIII).
Auchy (IX).   Cercamp (XXV).
Ham (X).   Dommartin (IX).
Cercamp (IX).   Saint-André (VII).
Clairmarais (I).   Saint-Augustin (VI).

3° CHAPITRES représentés aux États
Arras (XXI).   Lillers (X).
Saint-Omer (I).   Saint-Pol (IX).
Aire (VII).   Hesdin (IX).
Béthune (XIII).   Fauquembergues (VI).
Lens (XVI).   (Thérouanne) (II).

4° VILLES représentées aux États
Arras (XXI).   Bapaume (XXVI).
(Cité d'Arras) (XXI).   Saint-Pol (IX).
Saint-Omer (I).   Hesdin (IX).
Béthune (XIII).   (Lillers (X)).
Aire (VII).   (Pernes (XIV)).
Lens (XVI).

N. B. — Les chiffres romains entre parenthèses indiquent
le quartier dans lequel paraît les évêques localités.

MARE BRITANNICUM
PAYS DE CONQUÊTE
FLANDRE
ARTOIS
VIMEU
Service Géographique de l'Armée
D'après une carte des Archives du Ministère de la Guerre

PIÈCES JUSTIFICATIVES

I

1330, 25 avril, Paris

Mandement de Philippe [VI de Valois] adressé à Eustache de Conflans, avoué de Thérouanne, à Ferry de Picquigny, gouverneur d'Artois, à Milon de Maisy et à Raoul de Jouy, portant qu'ils se transportent, pour traiter en son nom, dans les bonnes villes et autres lieux du comté d'Artois pour remontrer à tous prélats, chapitres, gens d'église, religieux, nobles, communes et autres gens du dit pays, que le Roi consent à réunir définitivement le comté d'Artois à la couronne et à faire cesser ainsi les dommages dont le pays a pu se plaindre, mais que, ne pouvant subvenir seul aux frais que le dit comté lui causerait, il compte en recevoir une aide convenable.

A. Original perdu.
B. Copie du XIV⁰ siècle, d'après une copie sous les sceaux d'Eustache de Conflans, Ferry de Picquigny, Milon de Maisy et Raoul de Jouy (1) : Arch. comm. de St-Omer, *reg. au Renouvellement de la Loi coté A gothique,* fol. 55 v⁰.

Ph., par la grace de Dieu, roys de France, a nos ames et feals chevaliers l'advoé de Terrewane, Ferri de Piquegni, Mile de Maisy et Raoul de Joy, salut et dilection. Comme la contée d'Artois ait esté en pluiseurs meschies, tribulacions et dommages depuis que elle parti du demaine de nostre couronne de France et poet encore estre en ausi grans perilz, se remedes n'i estoit mis, et nous aions entendu par aucun de vous, aucun par bouce et aucun par escript et par pluiseurs autres gens du païs qui desirent le pais de le dite (a) contée, c'est a savoir : prelas, capitres, religieus et autres gens d'eglize, nobles, communes, les bonnes villes et autres gens d'icelle contée et du païs, pour esciewer les grans dommages, meschies et perilz en quoi il ont esté et que il ont soustenus ou tamps dessusdit et que il porroient avoir, souffrir

(1) *En tête de B, on lit* : Donné par copie sous les seals de haus hommes et nobles l'advoé de Terrewane, Ferri de Piquegni, Mile de Maisi et Raoul de Joy, chevaliers.

ou soustenir ou tans a venir, vaudroient mout (*b*) et desirent pour les maus dessusdis esciewer et pour vivre en pais et transquillité et en perpetuelle seurté que ladite (*a*) contée peust retourner et demourast ou propre demaine de nostre couronne a perpetuité sans ce que jamais nous, ne nos successeurs roys de France les meisson hors de nostre main, et notoire coze soit que les personnes ausquelles la dite (*a*) contée poet appertenir sont grans, rices et poissans et si ne nous baudroient (*c*) mie ladite (*a*) contée par escange ou autrement, s'il n'en faisoient grandement leur pourfit et grant quantité d'iritages et grant somme de deners, et nous ne vaudrions mie entendre a (*d*) retraire au demaine de nostre dite (*a*) couronne ledite (*a*) contée, pour les grans mises et coustaiges (*f*) que il nous y convendroit metre comme dit est, se li païs ne nous faisoit grant aide, nous qui nous fions de vos loialtés, discrecions et diligences, vous mandons et commetons que vous vous transportes en vos personnes es bones villes de la dite (*a*) contée et du païs et es autres lieus, la ou vous verres qu'il sera a faire, et parles aus prelas, capitres, gens d'eglize, religieus et autres, nobles, communes et autres gens dudit païs en le melleur manere que vous porres et sachies de leur intencion et quel aide il nous vauroient faire pour acomplir les cozes dessus dites (*e*), car, sans grant et convenable aide d'eus, nous ne vaudrions entendre aux cozes dessus dites (*c*) acomplir ; et ou cas ou il nous vauroient faire pour ce que dit est aide convenable et grant, nous vous donnons plain pooir et auctorité a vous quatre, trois ou deus de vous et a cascun par soi de traitier, composer et acorder avoeques els sour ches cozes et de che que vous feres et traiteres de donner vos lettres seelées de vos seals, lesquelles nous confermerons depuis par nos lettres seelées de nostre seel. Donné a Paris le XXVᵉ jour d'avrilg, l'an de grace mil. CCC. et trente.

(*a*) ms. d͞c͞ë. — (*b*) ms. mͭ͡t. — (*c*) *On pourrait aussi lire* : vaudroient *et suppléer un mot comme* : céder. Baudroient (*conditionnel de* : bailler) *nous paraît satisfaire aussi bien le sens et mieux la paléographie.* — (*d*) ms. au (u *exponctué*). — (*e*) ms. d͞c͞ës. — (*f*) ms. coustoiges.

<h2 style="text-align:center">II</h2>

[13]40 (n. st.), 28 février, St-Omer

Quittance donnée par le gouverneur d'Artois au bailli de St-Omer de 8 l. 9 s. 4 d. et de 5 rasières et demie d'avoine qu'il avait fournis les 26, 27 et 28 février à Étienne de St-Vérain, Jean de le Planque, Jean de St-Jore, au bailli de Calais et autres conseillers du duc de Bourgogne, mandés à St-Omer par le seigneur de Trainel qui était venu de la part du Roi en Artois pour délibérer avec les trois États sur les questions soumises à une assemblée (des pays picards) convoquée à Amiens pour le jour des Brandons (5 mars) et où le duc devait être représenté.

A. Original : Arch. dép. du Pas-de-Calais (fonds du Trésor des Chartes d'Artois), *carton A 596*, n° 37.

De par le gouverneur d'Artois.

Faisons savoir a touz que, par les despens de monseigneur Estienne de Saint Varain (1), de monseigneur Jehan de le Planque, de monseigneur Jehan de Saint Jore (2), du bailliu de Calais et plusieurs autres du consoil monseigneur, faiz a Saint Omer le samedi xxvj, dymeinche xxvij, et lundi tout le jour xxviij jours de fevrier, lesquex nous aviens mandez par l'ordenance et consoil monseigneur de Traygnel qui estoit en Artois venuz de par le roy pour avoir consoil avec les nobles, genz de eglise et bonnes villes d'Artois qui emqui furent assamblez pour avoir deliberation et avis que li paiis d'Artois devoit faire a la jornée des Brandrons a Amiens a laquelle li diz paiis estoit mandez par devant les genz du Roy, le bailliu de Saint Omer ai paié viij livres ix s. iiij d. ; avoingne pour chevaus : v razeres et dimée. Si li seront rabbatues les choses dessus dictes et desduit en ses comp[t]es. Donney a Saint Oumer le xxviij° jour de favrier, l'an XXXIX.

III

1414 (n. st.), 2 mars, Arras

Récit de l'assemblée des États tenue à la Cour-le-Comte le 2 mars, en présence du duc de Bourgogne Jean-sans-Peur.

Arch. comm. d'Arras, *Mémoriaux du Magistrat, reg. coté V, fol.* 40.

Memore que le venredy second jour du mois de mars mil iiij° et xiij a le Court le Comte, en une petite salle qui est oultre le grant salle sur le praiel, monseigneur de Bourgongne et nostre tres redoubté seigneur fist par monseigneur de Bonnieres, son conseiller, chambellein et gouverneur des bailliages d'Arras, de Bapames, de Lens, de

(1) Étienne de St-Vérain est qualifié de sire de Jussy dans un document du 4 juin 1340 (P.-de-C., A 598).

(2) Jean de St-Jore apparaît dans un document du 30 mars 1333, avec la qualification d'écuyer (P.-de-C., A 537).

Hennin, d'Avesnes et d'Aubigny, remonstrer en sa presence a monseigneur l'evesque de Tournay, a l'abé de St-Vaast, a l'abé de Hen les Lilers, a l'abé du Mont Sainct Eloy, a l'official d'Arras, a aucuns de cappitre d'Arras, a pluisieurs nobles comme du païs de Bourgongne, le seigneur de Wamain, le seigneur de Noefville, le seigneur de Noyelle, les boines villes de Arras, Sainct Omer, Hesdin, Aire, Lens en Artois, Bapames et pluisieurs autres de clergié, de nobles et de boines villes qui n'ont point esté en l'entendement de celui qui a fait ceste memoire, toute la maniere du voiage par lui nagaire fait es marches de devers Paris pour y quidier entrer, voloir entretenir la pais par lui et ses parties adverses jurée et promis a tenir et mettre hors de danghier nostre tres redoubté seigneur monseigneur de Guienne dont selon le fourme et teneur de trois paires de lettres par nostredit tres redoublé seigneur noseigneur de Guienne escriptes de sa main et signées de son signe manuel, données en datte du IIIIe, onzisme et vingt deuxime jours du mois de jenvier derrainement passé, envoyés a nostred. seigneur monseigneur le duc, icelles lettres tesmoingnées estre escriptes et signées de la main de mondit seigneur de Guienne et signées de son seing, par monseigneur Jehan de Croy et monseigneur d'Olehain ; par lesquelles lettres appert que mondit seigneur de Guienne mandoit expreusement mondit seigneur de Bourgongne qu'il alast devers luy tantost et sans delay pour lui mettre hors du dangier ou il estoit et qu'il fust bien acompaigniet pour le seureté de son corps et que, nostredit seigneur le duc venu a Sainct Denis et es marches pres de Paris, avoit envoiet aux portes de Paris heraus, chevaliers d'onneur et autres en leur compaignie, sous oumbre d'estre oïs de le cherge a eux chergié et tout adfin que mondit seigneur le duc puet estre rechus et oys tant qu'il peuist avoir parlé ou fait parler a mondit seigneur de Guienne ou a ses basadeurs (*sic*) pour le montrer qu'il ne faisoit ledit voiage que a boine, juste et vraie intencion et non mie pour voloir enfraindre la pais, traitié et acord juré et promis a tenir, mais pour le entretenir tout son pooir. requerans que ledit monseigneur le gouverneur et en apres par la personne de mondit seigneur le duc que toux cheux qui la estoient present li vosissent estre bons, vrais et loyaux subges et il leur seroit boins et loyaux sires, [et le] seniffier a leurs voisins qui present n'y estoient ; lesquellz (*sic*) present respondirent par parties, est assavoir : les nobles de Bourgongne, les nobles d'Artois, les boines villes et clergié, qu'il estoient pres lui servir et obeir en toutes les manieres que faire le porroient, consideré le contenu esdictes lettres de boine intencion qu'il a et tout ce qui les puet et doit mouvoir et au plaisir de Dieu ja ne feroient le contraire (3).

(3) Sur cette assemblée, v. supra, t. I⁰ʳ, pp. 195-196.

IV

1498 (n. st.), 13 janvier, [Cité-lès-]Arras

*Acte passé sous le scel aux causes de la ville d'Arras et le seing du
greffier de l'échevinage de cette ville, de l'octroi fait par les États
d'Artois à l'Archiduc d'une aide et demie pour un an et de la prétention émise par les députés d'Aire que cette ville soit exemptée de son
contingent en vertu d'un privilège qui lui aurait été reconnu.*

A. Original perdu.
B. Copie authentique contemporaine : Arch. comm. d'Arras, *Mémoriaux du Magistrat, reg. coté XI (1495-1508),* fol. 65.

Aux remonstrances, demandes et requestes faites par tres hault et
puissant seigneur monseigneur de Bevres, lieutenant general des pays
et conté d'Artois, pour nostre tres redoubté seigneur et prince et autrez
seigneurs depputez aveuc luy aux estas dud. pays, a, par lesd. estas
pour ce assamblez, apprez icelles demandes conferées et communic-
quiés, esté accordé a nostred. tres redoubté seigneur et prince pour
les causes et consideracions par lesd. depputez remonstrées, ayde et
demye extraordinaire portant xiiij^m frans, seze solz monnoie courant
oud. pays d'Artois pour chascun francq, et le demye ayde a l'equipo-
lent, pour ung an seullement et pour ceste fois, a payer a quatre
termes et payemens, premier terme escheant le derranier jour de
may prochain venant, que sera mil iiij^c iiij^{xx} et xviij, en continuant de
la en avant de trois mois en trois mois led. an durant jusques au furnissement dud. ayde et demye qui finera le derranier jour de febverier
oud. an, a le prendre et cœuller tant sur les villes fermées que au plat
pays selon l'anchienne assiette, a cours de taille extraordinaire, en
fachon que chascune ville et villaiges passera par sa cotte, contingent
et porcion anchienne et a monnoie d'or et d'argent telz et a tel pris
qu'elle a de present cours oud. pays et conté d'Arthois au pain et au
vin ; en faisant lesquelz ottroy et accordz les depputez de la ville d'Aire
ont protesté de eulx aydier en ceste mattiere de certain affranchisse-
ment et exemption qu'ilz dient avoir de leur contingent (1).

Fait en l'hostel episcopal de l'evesque d'Arras le xiij^e jour de janvier
l'an mil iiij^c iiij^{xx} et dix-sept, soubz le seel aux causes de lad. ville

---

(1) Il s'agit de l'exemption de l'aide ordinaire, accordée par Louis XI à la ville
d'Aire quand celle-ci se soumit à son obéissance. Aire essaya vainement d'étendre
aux aides extraordinaires le privilège dont elle jouissait.

d'Arras mis a ce present acte aveuc le saing du greffier des eschevins
de la ville, a la requeste et du commun consentement de tous lesd.
estas.

V

1529, 22 décembre, [St-Vaast d'Arras]

*Ratification par les États d'Artois de la paix de Cambrai et des articles
du traité de Madrid confirmés implicitement ou explicitement par
ladite paix.*

A. Original perdu.
B. Copie authentique contemporaine : Arch. comm. de Béthune ; *Mémoriaux de
l'Echevinage, reg. BB 6 (1528-1532)*, fol. 22 v°.

Nous, les prelatz, nobles et depputez des villes du comté et païs
d'Arthois representans les trois estatz dud. pays, a tous ceulx qui ces
presentez lettres verront, salut.

Comme en nostre presente assamblée en la ville d'Arras en laquelle
l'Empereur nostre tres redoubté seigneur et prince naturel et souverain
roy des Espaignes, archiducq d'Austrice, duc de Bourgongne, de
Brabant, etc., comte de Flandres, d'Arthois, etc., nous a faict convoc-
quier, icelluy seigneur nous ayt fait faire lecture de mot a aultre du
traittié de paix, amitié, confederacion et alyance perpetuelle naguerres
accordée et conclue en la cité de Cambray entre luy et le Roy tres
chrestien de Franche et tous et chascuns leurs royalmes, pays, terres,
seigneuries, vassaulx et subgectz, et ce par tres haultes, tres excellentes
et tres illustres dames et princesses, assavoir : pour la part de Sa
Magesté, par nostre tres redoubtée dame madame l'archiducesse d'Austrice, ducesse et contesse de Bourgongne, etc., tante d'icelluy seigneur
et pour luy regente es pays de par decha, ayant ad ce pooir, et, pour la
part d'icelluy seigneur Roy, par madame Loïze, ducesse d'Angoulmois
et d'Anjou, sa mere, aussy en vertu de son pooir ; aussy le traittié
d'entre lesd. seigneurs fait a Madril en Espaigne, auparavant celluy
de Cambray ; et la lecture desd. traittiez achevé, nous ayt de la part de
la part de nostre tres redoubtée (*sic*) seigneur esté ordonné que iceulx
traictiez, assavoir : celluy de Cambray entierement et celluy dud.
Madril en ce que par icelluy de Cambray il n'est changié, mué ou
innové, nous euissions a ratiffier et aprouver et d'iceulx jurer et pro-
mectre la perpetuelle observance et entretenement selon que led. seigneur avoit promis et accordé que nous et aultres estatz de sesd. pays

de par decha le ferions. Savoir faisons que, aprez avoir oy la lecture
desd. traittiez et les avoir bien entendu, en obeissant au bon plaisir de
l'Empereur, nous avons de nostre part et en tant que en nous est,
ratiffié et approuvé, ratiffions et aprouvons par ces presentez led.
traittié de Cambray et celluy de Madril en ce que par icelluy de Cambray il n'est changié, mué ou innové et avons solempnellement juré
sur les Sainctes Evangilles de Dieu par nous manuellement touchiez
que iceulx traittiez en la maniere dicte, nous garderons, observerons
et entretiendrons de nostre part inviolablement et perpetuellement
selon leur forme et teneur, sans les enf[r]aindre, ne aller au contraire
en maniere que ce soyt.

En tesmoing de ce, nous avons choisy et requis Reverendz Peres en
Dieu messeigneurs les abbez des abbeyes et monnasteeres de Sainct
Vaast d'Arras et du Mont Sainct Eloy, les prevost, doien et chappitre
Nostre Dame d'Arras, messeigneurs de Noeufville, de Bailloeul et de
Vaulx et les villes d'Arras, Sainct Omer et Bethune volloir mectre a ces
presentez leurs seaulx (1), et sy avons requis Loys Muette, greffier de la
gouvernance d'Arras, pour lesd. estatz mectre son saing a ces presentez
pour approbacion de verité des choses dictes, qui ont esté faictes et
données le vingt deuxiesme jour de decembre l'an mil cincq cens
vingt noeuf.

VI

1536, 29 décembre, Arras

*Acte d'accord par les États d'Artois, sur demande de 100.000 fr., d'un
subside de 50.000 fr. seulement, à recevoir par des députés de leur
choix et à employer par eux à la solde des garnisons de la province,
la dite somme devant être recouvrée à l'aide de taxes sur les boissons,
sans exemption sauf pour les quatre ordres mendiants.*

A. Original perdu.
B. Copie authentique contemporaine (2) : Arch. comm. d'Arras, *Mémoriaux du
Magistrat, reg. coté XIII (1524-1545)*, fol. 217 v°.

Le vendredy xxixe jour de decembre l'an mil cincq cens trente six,
ont esté assemblez les trois estas de la conté d'Artois en la ville d'Arras

(1) *Dans B* : Scellé en chire verd des seaulx desd. abbés de St Vaast d'Arras, Mont
St Eloy, chappitre d'Arras; en chire rouge, des seaulx de messeigneurs de Noeufville, de Bailloeul et de Vaulx ; en chire verd des seaulx d'Arras...
(2) *En marge de B* : Responce faicte par les estas d'Artois ou mois de decembre
XV° XXXVJ sur la demande de C^m frans ; *et, plus bas :* Nouvel (*sic*) impostz.

pour conclure et rendre responce sur la demande a eulx faicte de par la Royne ou nom de l'Empereur par les commissaires, Messrs le seneschal de Haynault et des Maretz, portant a cent mil frans a paier en deux termes telz que la Chandelier et Pasques prochaines.

Sur lesquelles demandes, lesd. des estas ont advisé pour le bien et soulaigement du pays ce quy s'enssuit :

Primes, desirant obeyr aux bons plaisirs de La Majesté de l'Empereur et de la Royne et eulx evertuer du tout leur complaire, comme bons et leaulx subjectz sont tenus et obleigiés, considerant les causes urgentes ad ce les mouvans, ont unanimement conclud, volluntairement et de leur propre mouvement 'et pour ceste fois seullement, de acorder la somme de cincquante mil frans de xvj s. chascun franq, a prendre, coeullier et lever sur les impotz quy se mectront et coeulleront indifferamment sans aucuns excepter, saulf les quactre ordres mendians, sur tel expedient et en la forme que lesd. estas d'Artois ont advisé ou adviseront pour le mieulx, en aiant lettres d'octroy de la Royne, dont ilz ont baillié la minute ausd. commissaires, contenant auctorisation et consentement du contenu, quy auront cours du jour de la reception et interinement d'icelles lettres, entendu que sy tost que lad. somme de cincquante mil frans avec les fraiz quy a ceste cause s'en porront enssuivir sera furnie, que lesd. impotz cesseront.

Item, et que les deniers desd. impotz soient receux par les commis dudict pays d'Artois pour estre emploiez au paiement des gens de guerre dud. pays d'Artois.

Item, dont les comptes du receu et paiement se renderont par devant auditeurs et commis desd. trois estas, lesquelz comptes cloz et passés se porteront et presenteront a la Royne pour monstrer l'employ desd. deniers a la garde et tuition dud. pays et a la descherge desd. estas.

Pour recouvrer et furnir la somme de cincquante mil frans acordez par les trois estas d'Artois a La Majesté de la Royne, ont advisé le moien tel qu'il s'enssuit :

Assçavoir, veu et consideré la foulle et grant cherge du plat pays et des villes et que bonnement ne seroit possible satisfaire en prompts deniers a la dicte somme, joinct autres aydes ordinaires et extraordinaires courans et nagueres consenties et acordées, sont d'acord de permettre et souffrir, pour ceste fois et non plus, volluntairement et de leur propre mouvement, coeullier et lever sur tous indifferament, reservé les quattre ordres mendians :

Primes, sur chascun lot de cervoise et bieres se prendra une obole, soit a detail comme autrement, tant aux bonnes villes que aux villaiges, a ce prendre sur les brassins dud. pays en quelque lieu que ce soit et sur les cervoises estranges, ung denier au lot et quy se paiera par ceulx quy recepvront lesd. bieres estranges.

Item, sur chascun lot de vin, de quelque pays que ce soit, se prendera trois deniers tournois, soit a detail et autrement.

Item, pour quoy lever et coeullier lesd. estas commectront gens propres en chascunes villes et baillaiges dudict pays d'Artois quy en feront bon et leal rapport aux commis desd. trois estas par chascun mois, pour les deniers receux distribuer par ordonnance d'iceulx commis es mains de mons' le conte du Reux, grant maistre d'hostel de l'Empereur, gouverneur general d'Artois, ou son commis, pour emploier au paiement des gens de guerre estant au pays d'Artois et non autrement.

Item, s'il se mouvoit aucun debat a coeullier lesd. impotz en la fourme que dessus, la congnoissance en appartiendra ausd. commis et depputez d'iceulx estas pour en jugier et determiner avec tel conseil que prendre vouldront, sommierement et de plain et sans figure de proces, nonobstant opposition ou appellation, en aiant aussy lettres de auctorisation sçuyant ces fins.

Item que lesd. breuvaiges, aprez qu'ilz auront paié une fois lesd. impotz, ne le paieront seconde fois, en aiant acquit et enseignement desd. commis, lesquelz commis bailleront led. enseignement sans quelque prouffit, moiennant sallaire quy leur seront taxez pour leurs paines en tamps et en lieu par lesd. trois estas.

Item est aussy advisé que les villes denommeront ung recepveur ydoyne quy sera receu et commis par les trois estas a recepvoir les impotz de chascunes villes et pays a l'environ, lequel recepveur fera le serment ad ce pertinent oud. nom des trois estas et en responderont chascune desd. villes de rendre bon et leal compte du receu en fin de chascun mois par devant les deputez desd. estas et que lesd. bieres estranges ne se mectront ens que premier led. recepveur ou son commis ne soit appellé, sur paine et amende de lx s. pour chascun tonneau a applicquer a la discretion, assavoir : le tierch au prouffit de l'accusateur, et les deux autres au prouffit de lad. recepte.

Item, que es villaiges, les baillis ou lieutenans y demeurans et residens seront tenus de assister led. recepveur commis, meismes, faire venir ens particulierement lesd. impotz du prouffit de lad. recepte.

VII

1548, 20 novembre, St-Vaast d'Arras

Acte des États d'Artois en forme de lettres patentes et sous les sceaux de l'abbé de St-Vaast, du seigneur de Wismes et de la ville d'Arras, homologuant l'acte d'incorporation du cercle de Bourgogne à l'Empire et donnant pleine procuration à tels prélats, seigneurs et villes qu'il plaira à l'Empereur de choisir pour ratifier le dit acte au nom de ses pays patrimoniaux, Pays-Bas, Bourgogne et dépendances.

A. Original perdu.

B. Copie authentique contemporaine : Arch. comm. d'Arras, *Mémoriaux du Magistrat, reg. coté XIV*, fol. 95.

A tous ceulx quy ces presentes lettres verront et orront, les prelatz, gens d'eglise, nobles et deputez des villes, representantz les trois estatz du païs et conté d'Arthois, salut. Sçavoir faisons, comme en la derniere journée tenue en la ville d'Auspurg, Sa Majesté Imperialle, nostre tres redoubté et souverain et naturel seigneur, ou nom de tous ses païs patrimoniaulx d'embas et de Bourgoingne, se soit accordé avecq les electeurs et aultres princes ecclesiasticques et seculiers, aussy les prelatz, contes, barons et villes frances du St-Empire et eulx reprocque-ment (*sic*) avec Sad. Majesté Imperialle soient entrez et condescendus en certain amiable traicté dont la teneur de mot a aultre s'ensuit : « Nous, Charles, etc... ». Auquel traictié soit entre aultres choses contenu expressement que ratiffication et agreation dud. accord et traictié se doibt despeschier et estre delivré ausd. estatz dud. St-Empire ou en leur nom a l'archevesque de Maience, soubz les seelz des quattre principaulx prelatz, quatre principaulx seigneurs et quattre principalles villes, ou nom de tous lesd. païs d'embas, Bourgoingne et leurs attenus, ende dens ung an prochain du jour de la datte d'icelluy traictié et accord ; Nous, prelatz, gens d'eglise, nobles et deputez des villes, et ou nom et representantz les trois estatz dud. païs et conté d'Arthois, en obtempe-rant et obeissant au bon plaisir de Sad. Majesté Imperialle, avons ratif-fié et approuvé, ratiffions et approuvons led. traictié et accord, pro-mectans icelluy garder, observer et entretenir inviolablement en tous ses poinctz selon sa forme et teneur et que contenu et inseré est cy dessus ; donnons meismement pooir, autorité et mandement especial, absolut et irrevocable par cestes a telz prelatz, seigneurs et villes des Païs Bas de Sa Majesté qu'il lui plaira denommer pour et ou nom de tous sesd.

païs patrimoniaulx d'embas, Bourgoingne et leurs attenus, de ratiffier
led. traictié et accord et d'icelle leur ratiffication en bailler et passer
lettres soubz leurs seelz en telz cas pertinentes, ayantz par nous pour
agreable, ferme et stable ce que par eulx sera faict et besoingné en ce
que dessus et quy en deppend. En tesmoing de ce, avons fait seeller
ces presentes des seelz de l'abbé de St-Vaast d'Arras, du s^r de Wismes
et de lad. ville d'Arras pour et au lieu desd. estatz d'Arthois et signer
du saing du greffier d'icelle ville le xxe jour de novembre de l'an mil
cincq cens quarante huict, au lieu abbatial dud. St-Vaast.

VIII

[1549, 11 août, Arras]

*Texte des serments échangés par les Etats d'Artois et Philippe, prince
d'Espagne, à l'occasion de la joyeuse entrée de ce dernier en Artois.*

I. — *Extrait du procès-verbal officiel dressé le 11 août 1549 à la demande des États
par l'audiencier Verreyken.*
   A. Original : Arch. dép. du Nord (fonds de la Chambre des Comptes), *carton
B 944, pièce n° 17.330.*
   B. Copie du XVI° siècle : Bibl. Royale de Belgique, *ms. 16.438* (n° *4.957* du
Catalogue VAN DEN GHEYN), fol. 78 v°-79.
II. — *Extrait du rapport inséré dans les Mémoriaux du Magistrat d'Arras.*
   Arch. comm. d'Arras, *Mémoriaux du Magistrat, reg. coté XIV,* fol. 136.
III. — *Extrait du rapport des députés de Béthune.*
   Arch. comm. de Béthune, *Mémoriaux de l'Echevinage, reg. BB 8,* fol. 171 r°-v°.
IV. — *Extrait du rapport des députés de St-Omer.*
   Arch. comm. de St-Omer, *reg. de délibérations du Magistrat coté H,* fol. 68 (publié
par DESCHAMPS DE PAS, *Bulletin de la Société des Antiquaires de la Morinie,* t. II,
p. 605).

1° — *Serment du prince d'Espagne.*

Ego, Philippus, Dei gratia (*a*) princeps Hispaniarum utriusque Sici-
lie, Hierusalem etc., archidux Austrie, dux Burgundie etc., comes
Habspurgi, Flandrie, Artesii etc., (*b*) promitto et juro quod in adventu
et successione hujus patrie et comitatus Artesii, conservabo et conser-
vari faciam jura et privilegia ejusdem (*c*), quemadmodum a meis pre-
decessoribus ante est factum, et dictam provinciam administrabo in
pace, jure et justicia, preterea quod viduas et orfanos, pauperes et
divites in suis juribus manutenebo ac (*d*) manuteneri curabo. Et omnia
faciam que justus et supremus dominus ac comes Artesii facere tene-
tur. Sic me Deus adjuvet et omnes Sancti ejus.

(*a*) *Texte n° III :* gracia. — (*b*) *II :* princeps etc. ; *III :* princeps Hispaniarum, etc.
— (*c*) *III :* faciam privilegia ej. — (*d*) *II et III :* etc.

2° — Serment des États d'Artois.

Nous jurons a nostre (*a*) droiturier et souverain seigneur, conte d'Artois (*b*) icy present, que a son advenement et succession de ce pays (*c*) d'Artois, luy serons (*d*) bons et leaulx (*e*), que garderons et ayderons (*f*) a garder sond. pays, seigneurie (*g*) et limites (*h*) et ferons (*i*) tout ce que bons et leaulx subgectz (*j*) sont tenuz (*k*) vers leur souverain et naturel seigneur et prince. Ainsi (*l*) nous (*m*) veulle Dieu ayder (*n*) et ses Saints (*o*).

(a) *Textes II et III* : *Vous jurez a vostre*. — (b) *III* : Arthois. — (c) *II* : païs. — (d) *II* : seres ; *III* : serez. — (e) *III* : loyaulx. — (f) *II* : garderes et ayderes ; *III* : garderez et aiderez. — (g) *III* : seigneuries. — (h) *III* : limittes. — (i) *II* : feres ; *III* : ferez. — (j) *II* : subjectz. — (k) *II* : tenus. — (l) *II* : Ainsy. — (m) *II et III* : vous. — (n) *II* : aidier. — (o) *II et III* : Sainctz.

IX

S. d. [1555, vers le 13 septembre]

Requête présentée par les États d'Artois à Charles-Quint pour lui remontrer la situation misérable de la province, écrasée d'impôts, foulée par les gens de guerre, et le prier de faire droit à la requête du prévôt des maréchaux, qui, depuis onze mois, n'a pas touché de gages.

A. Original : Arch. gén. du Royaume de Belgique ; Papiers d'État et de l'Audience, *reg. n° 685*, fol. 18.

A l'Empereur

Remonstrent tres humblement les trois estatz de vostre païs et conté d'Artois que, depuis le commenchement de ceste guerre jusques ad present, ilz ont paié et furny a touttes fois la somme de trois cens soixante mil livres, sans aultres quarante mil livres que portent les fraiz des deniers qu'il a convenu prendre en cours de rente au foeur du denier douze pour respondre et satisfaire promptement aux promesses et acordz faictz par lesd. estatz a Vostre Majesté, de sorte qu'il n'est apparant et ne sera possible que le païs puist estre expedié et deschargié des impotz et mises sups par dedens les trois premiers ans (actendu que durant lesd. trois ans, le cours desd. rentes continura), tant est le païs extenué des foulles et oppressions qu'il a soustenu et supporté, soustient et supporte des gens de guerre, tant de cheval comme de piedz, vivans par le plat païs sans paier aucune choze, meismes mal traictans le povre poeuple, quy est a la grande perte et prez totalle ruine dud' païs, a tel effect qu'il sera forché aux povres labouriers de cedder et abandonner leurs laboeurs et tout ce qu'il leur poeult rester de la ruine des ennemis, eu regard aussy que led. païs est comme consommé des fus des ennemis et, quy plus est, depuis quinze jours encha, ont esté entierement bruslez au nombre de IIIJ**x ou xIJ villages; sy sont les fermes champestres, dont le païs recepvoit grand prouffit, remises par les fermiers es mains des commis et depputez desd. estatz, comme inutilles et de nul fruict.

Il est aussy que le prevost des mareschaulx dud' païs ne poeult faire les debvoirs requis a son estat et office, a faulte du paiement de unze mois de ses gaiges; pour ces causes, il plaira a Vostre Majesté faire droict sur le contenu de la requeste dud. prevost icy attachié.

Remonstrent aussy lesd. estatz que les lettres de constitution de rente pour les prestz faictz en l'an xvᵉLIJ ont esté envoiées grossées et conformes, comme on entend, a l'instruction de la Royne et de messeigneurs des finanches, lesquelles ne sont quant ad present expediées. Par quoy, supplient Vostre dᵉ Majesté de les signer, seeller et veriffier.

Sy ferez bien.

X

1555, 26 octobre, Bruxelles

Acte des députés des États d'Artois relatant la cession faite le 25 octobre par l'Empereur à son fils Philippe, roi d'Angleterre, prince d'Espagne, etc., de ses pays patrimoniaux et autres de par deçà et les serments réciproques échangés le 26 entre le nouveau souverain et les États.

A. Original perdu.
B. Copie authentique contemporaine (1) : Arch. dép. du Pas-de-Calais (fonds des États d'Artois), *reg. C792,* fol. 33.
C. Copie partielle (texte des serments), contemporaine : Arch. comm. d'Arras, *Mémoriaux du Magistrat, reg. coté XIV,* fol. 276.

Nous, messire Antoine Perrenot, evesque d'Arras, Guerard d'Esmericourt, abbé de Sainct Bertin, Jehan Fachin, abbé de Sainct Jehan au Mont, Mᵉˢ Franchois de Bordey, chanoine d'Arras, et Martin de Tilly, chanoine de Sainct Omer, messire Pontus de Lallaing, chevalier, sʳ de Buignicourt, gouverneur general du pays et conté d'Artois, messire

(1) *Dans B* : Collation faicte par moi
J. CARPENTIER.

Maximilien de Melun, chevalier, viconte de Gand, gouverneur des ville et cité d'Arras, messire Gilles de Lens, chevalier, sʳ d'Aix, messire Pierre de Bergues, chevalier, sʳ d'Ollehain, messire Franchois de Gosson, chevalier, sʳ de Halloy, Mᵉ Pierre Courcol, escuyer, sʳ de Douchy, Bauduin Longlet, eschevins de lad. ville d'Arras et Charles du Mont Sainct Eloy, licencié es loix, conseillier d'icelle ville, Jehan de Bersacques, escuier, eschevin dud. Sainct Omer et Mᵉ Antoine Lecarpentier, docteur en medecine, eschevin de la ville de Bethune, deputez des trois estatz du pays et conté d'Artois, sçavoir faisons et certifions a tous presens et ad venir que, le jour d'hier xxvᵉ d'octobre l'an de grace mil cinq cens cinquante cinq, apres que l'Empereur nostre sire, en presence et congregation des principaulx sʳˢ et estatz de ses pays de par decha et pour les causes y declarées, avoit cedé et transporté purement et absolutement a son filz le roy d'Angleterre, de Naples, etc., ses pays patrimoniaulx et autres de par decha avec l'entiere possession et joyssance d'iceulx ; et aiant led. sʳ Roi accepté lesd. pays en tel estatz (*sic*) qu'ilz sont presentement, avec leurs demaines, aydes et autres revenus quelzconques, ensemble la charge de paier et satisfaire a toutes debtes et obligations contractées par Sa Majesté Imperiale ou en son nom pour raison et concernans les pays et subjectz de pardecha tant en general que particulier, nous avons au meisme instant receu led. sʳ Roy a seigneur et prince souverain en vertu de nostre povoir et commission dont la teneur s'ensuit : « A tous ceulx qui ces presentes lettres verront... » (*a*).

Et, en apres, le xxvɪᵉ dud. mois, icelluy sʳ Roi nous a faict serment tel que s'ensuit :

« Nous, Philippes, par la grace de Dieu, roy d'Angleterre, de France,
« de Naples, de Hierusalem, etc..., prince d'Espaigne, archiduc d'Aus-
« trice, duc de Bourgongne, de Lothier, de Brabant, de Lembourg, de
« Luxembourg, de Ghueldres et de Milan, conte de Hasbourg, de Flan-
« dres, d'Artois, de Bourgongne palatin et de Hainnau, de Hollande,
« de Zellande, de Namur et de Zutphen, prince de Zwane, marquis du
« Sainct Empire, seigneur de Frise, de Salins, de Malines, des cité,
« villes et pays d'Utrecht, d'Overyssel et Gronegen, etc..., en vertu de
« la cession et transport que l'Empereur mon seigneur et pere nous a
« faict de tous ses pays de par decha et l'acceptation sur ce ensuivie
« par les generaulx estatz desd. pays, souverain sʳ et prince d'iceulx
« et nommement du pays et conté d'Artois, promettons et jurons a
« vous, les prelatz, nobles et deputez des villes de nostred. pays et
« conté d'Artois representans les trois estatz (*b*) d'icelluy pays, que
« d'ores en avant nous entretiendrons et observerons, ferons entretenir

« et observer tout ce que a nostre reception precedente avons juré et
« promis en general et particulier tant aux eglises, prelatz et nobles
« que aux villes de nostred. pays et conté d'Artois et comme, en vertu
« de nostre precedent serment, serions tenus et oblegez apres le trespas
« de mond. seigneur et pere et generalement de faire tout ce a quoi
« ung bon seigneur et prince est tenu et oblegé, bien entendu que,
« sieuvant vostre povoir ferez serment reciproque en noz mains ou nom
« desd. estatz de nostred. pays et conté d'Artois de aussy tenir et
« observer tout ce que de la part d'iceulx nous a esté promis et juré a
« nostred. reception tant en general que particulier et comme apres le
« trespas de mond. seigneur et pere seriez tenus et oblegez. Ainsy nous
« aide Dieu et tous ses Sainctz. »

Et, ce faict, sieuvant nostred. povoir, luy avons aussy faict serment
reciproque tel que s'ensuit :

« Nous, dessusnommez, deputez desd. estatz d'Artois (c), aians esté
« presens a la cession et transport que l'Empereur nostre sire a faict
« de(s) ses pays patrimoniaulx et autres de pardecha a son filz le roy
« d'Angleterre ichy present, et, en vertu de nostre povoir, l'accepté
« pour nostre souverain seigneur et prince naturel et sur ce receu de
« Sa Majesté le serment qu'il nous a faict de entretenir et faire entre-
« tenir tout ce que a sa reception precedente il a juré et promis tant en
« general que particulier et comme il seroit tenu et oblegé apres le
« trespas dud. sr Empereur son pere, moiennant que ferions a Sa Majesté
« Roiale serment reciproque sieuvant nostred. povoir, promettons et
« jurons, ou nom et (d) de la part desd. estatz du pays et conté d'Artois
« et en vertu d'icelluy povoir, que serons doresenavant aud. sr Roi bons
« et leaulx subjectz et tiendrons et ferons tenir inviolablement tout ce
« que de la part desd. estatz du pays et conté d'Artois luy a esté pro-
« mis et juré a sad. reception et comme aprez le trespas de Sa Majesté
« Imperiale serions tenus et oblegez. Ainsy nous aide Dieu et tous ses
« sainctz. »

Dont, en tesmoignage et memore des choses passées, avons depesché
ces presentes et icelles signées des saings manuelz et scellées des seaulx
dud. Tres Reverend Pere en Dieu l'evesque d'Arras et dud. Reverend
abbé de Sainct Bertin pour les deputez des prelatz et gens d'eglise, et
desd. srs de Buignicourt et viconte de Gand pour les deputez des nobles,
et desd. sr de Douchy et Bauduin Longlet pour les deputez des villes.

Faict en la ville de Bruxelles led. xxvɪe d'octobre oud. an xve cinquante cinq.

(a) B : etc., comme il est chy dessus transcript. — (b) C : les estatz d'i. p. —
(c) C : Nous, deputez des estatz du pays et conté d'Artois. — (d) B : ou nom de l. p.

XI

1558, 2 mai, s. l.

Rapport adressé aux députés généraux par Guillaume Petit, [sergent des États], touchant une affaire de fraude où était inculpé Nicolas Le Saige, surpris par lui en flagrant délit le 28 avril précédent.

A. Original : Arch. dép. du Pas-de-Calais (fonds des Etats d'Artois), *pièce intercalée dans le 4ᵉ registre aux causes.*

A Messeigneurs les deputez generaulx d'Arthoys.

Messeigneurs, plaise vous sçavoir que moy, Guillaume Petit, ay trouvé au chemin du Vuez (1) de Bourgonne pres Douay, joeudi dernier passé, ung nommé Nicolas Le Saige, demourant à Bienvilliers (2), a tous deulx chairs chergez de grains, attellez de quatres chevaulx l'ung desdis chair (*sic*) et l'aultre troys ; auquel demanday sa passe porte et me bailla celluy dessoubz attachez (3). Voyant le faulte dudit passe porte qui ne portoit que quinze rasierres de bled, mesmement estoit faict du vingtiesme et avoit traché ladite date et l'avoit faict du ving septiesme, sur che, l'ay adjourgé (*sic*) le dessus nommé a comparoir par devant vous, mesdis seigneurs, au lieu abbasial St-Vaast d'Arras aujourd'huy deuxsiesme jour de che present moys de may an xvᶜ ʟxviij a ix heures du matin, attendant dix.

GUILLAUME PETIT.

XII

1566, 4 mai, St-Vaast d'Arras

Les États d'Artois, sur proposition du comte d'Egmont, gouverneur de la province, donnent un avis favorable à la publication sous forme

---

(1) Vuez est une graphie assez fréquente pour Wez, forme wallonne de Gué.

(2) BIENVILLERS-AU-BOIS, canton de Pas, arrondissement d'Arras, à 37 kms en ligne droite de Douai.

(3) Au rapport de Guillaume Petit se trouve annexé, comme pièce à conviction, le passeport falsifié. Voici ce document daté par erreur d'avril *1550* (au lieu de *1558*) :

« Laissiez passer quinze rasieres de bled que Nicollas Le Saige, demourant a « Bienvillers, doibt mener a censse, atout son car, en la ville de Douay, dont il a « faict les debvoirs et paié les droix a moy, commis des impos. Faict le *vin-vijtiesme* « d'apvril cincquante [*huict*].

« P. DUBRUILLE. » (*paraphe*)

*de placard d'un projet d'abolition de l'Inquisition et de modération des
édits en matière d'hérésie, arrêté [le 27 mars] par les gouverneurs
des provinces, les chevaliers de l'Ordre, le Conseil d'État et le Conseil
Privé, et proposent cet amendement que les dénonciations reconnues
fausses soient punies de la peine du talion.*

A. Original perdu.
B. Copie authentique : Arch. dép. du Pas-de-Calais (fonds des États d'Artois),
reg. C 792, fol. 6₇.
C. (id.) : Arch. comm. d'Arras, *Mémoriaux du Magistrat, reg. coté XIV, fol. 383.*
D. (id.) : Arch. comm. de Béthune, *Mémoriaux de l'Echevinage, reg. BB 11, fol. 101.*
E. (id.) : Arch. comm. de St-Omer, *Corr. du Magistrat.*

Les prelatz, gens d'eglise, nobles et deputez des villes du pays et
conté d'Artois, representans les trois estatz dud. pays, assamblez au
lieu abbatial de Sainct Vaast dud. Arras, suivant les lettre de Madame
la ducesse de Parme, de Plaisance, regente et gouvernante, apres la
proposition faicte par monseigneur le prince de Gavres, conte d'Egmont, gouverneur dud. pays, de la cause pourquoy lesd. estatz
auroient esté convoquez et, apres la lecture d'ung pourject et concept
advisé entre les seigneurs gouverneurs des pays, chevaliers de l'Ordre,
conseilliers tant du Conseil d'Estat que Privé, par ordonnance de Sond.
Alteze, aians sur le tout advisé chascun a part, comme de coustume,
selon qu'ilz ont esté requis de bailler leur advis, ont (*sic*) tous unanimement convenus que les concept et pourject, ainsy qu'il a esté leu
et presenté, seroit fort convenable pour la necessité et les occurrences
du tamps present, estimans que le Roy, establissant par maniere de
placcart led. concept fera chose tres convenable pour le repos, tran-
quillité de ses subjectz et bien publique (*sic*) de ces pays d'embas;
toutesfois qu'il seroit fort raisonnable que les accusateurs qui se trou-
verront avoir faulsement accusé fussent punis de la paine de talion;
duquel leur advis ils ont faict depescher cest acte pour servir et faire
foy selon le commandement qu'il leur en a esté faict, remettans nean-
moins le tout sur le bon plaisir de Sa Majesté, auquelz ils vœulent
tous obeyr.

Faict aud. lieu abbatial de St-Vaast d'Arras le iiij⁰ jour de may xv⁰
soixante six (1).

Ainsy signé :

F. Richardot (2), evesque d'Arras,
Gerard (3), evesque de Sainct-Omer,
Rogier de Montmorency, abbé de St-Vaast, .
Jehan (4), abbé d'Anchin.

(1) Les signatures manquent dans *C, D* et *E.* — (2) François Richardot — (3) Gérard d'Haméricourt, évêque de St-Omer et abbé de St-Bertin — (4) Jean Lentailleur.

Guillaume (1), abbé du Mont St-Eloy,

Michiel (2), abbé de Blangy,

Antoine (3), abbé d'Auchy,

Johannes de Miria,

Nicolas (4), abbé d'Arouage,

Bauduin (5), abbé de Hennin,

Antoine (6), abbé de Chocques,

Adrianus de Harlin, Ruchauvillensis (7),

J. du Vaussel, pour chapitre d'Arras (8),

M. de Tilly, pour St-Omer (9),

Merlin, pour chapitre d'Aire (10),

Jehan de Croy, conte du Rœulx,

M. de Meleun (11), viconte de Gand,

de Noircermes (12),

François de Bernemicourt (12 bis),

Helfault (13),

Robert de Tramerie (14),

Philippes de Licques,

Jehan de Morbesques (15),

J. de Bonnières (16), s^r de Souastre,

A. de Baillœul (17), s^r dud. lieu et de St-Martin,

O. de Bournoville (18), s^r de Capres,

Jehan Bournel,

Jehan de Berghues, s^r de Flesy,

Antoine de Nedonchel, s^r du Quesnoy,

Loys de le Plancque (19),

Charles de Bonnieres, s^r et baron d'Auchy,

Charles de Wignacourt, s^r d'Ourton,

de Flory, s^r d'Aussimont,

F. de Recourt, s^r dud. lieu,

M. de Longueval (20), s^r de Vaulx,

Jehan de Habarc,

Jehan de Bery (21),

Pierre Desplancques, s^r de Hesdignœulx.

(1) Guillaume Delaruelle — (2) Michel Penel — (3) Antoine Reversé — (4) Nicolas Imbert — (5) Baudouin de Glen — (6) Antoine Tesson — (7) Adrien de Harlin, abbé de Ruisseauville — (8) Jean du Vaussel, chanoine d'Arras — (9) Martin de Tilly, chanoine de St-Omer — (10) Jean Merlin, chanoine d'Aire — (11) Maximilien de Melun, gouverneur d'Arras — (12) Philippe de Noircarmes, seigneur de Ste-Aldegonde, grand bailli de St-Omer, chef des finances du Roi, etc... — (12 bis) Seigneur de la Thieuloye; plus tard, gouverneur de Béthune. — (13) Robert de Helfault, seigneur de Havroult — (14) R. de la Tramerie, gouverneur de Béthune — (15) J. de Morbecque et de Rebecque, gouverneur d'Aire — (16) Jean de Bonnières — (17) Antoine de Bailleul — (18) Oudard de Bournonville, seigneur de Ranchicourt, etc. — (19) Seigneur de la Conté, des Vatines, etc. — (20) Maximilien de Longueval — (21) Seigneur de Tilloy.

XIII

1577. 19-23 novembre, [St-Vaast d'Arras]

*Présentation du compte général des impôts établis et des rentes vendues
par les États pour recouvrer les deux cent mille livres accordées par
eux en échange d'un second centième [les 28 et 29 septembre 1574],
faite par le receveur général, Antoine Dervillers, à l'évêque d'Arras
et à Jean Sarrazin, prieur de St-Vaast, auditeurs nommés par le
Clergé; à Louis de La Plancque, seigneur de La Conté, et à Jean de
Berghes, seigneur de La Belure, désignés par la Noblesse; à Jean Le
Nattier et à Eustache de Glen, échevins, députés d'Arras, à Adrien
Doresmieulx, second conseiller, député de St-Omer, à Wallerand
Maupetit, procureur pensionnaire, député de Béthune, à Charles
Delehelle, échevin, député d'Aire, à Nicolas Hocquet, échevin, député
de Bapaume, et à Hugues Maillet, mayeur, député de Lens. — Résumé
du compte.*

A. Original perdu.
B. Copie authentique contemporaine : Arch. comm. de Béthune, *Mémoriaux du
Magistrat; reg. BB 13*, fol. 176 v°.

Presenté a monseigneur monsieur le Reverendissime evesque d'Arras, damp Jehan Sarrazin, prieur de l'eglise et abbaïe de St-Vaast
d'Arras, denommez de la part des prelatz et gens d'eglise de ce païs et
conté d'Artois a l'assamblée des estatz dud. païs au lieu abbatial St-
Vaast d'Arras le xviij^e de ce present mois de novenbre ; Loys de la
Plancque, escuier, s^r de La Conté, des Vatines, etc., Jehan de Berghes,
escuier, s^r de La Belure, denomez de la part des nobles ; Me Jean Le
Natier, licencié es loix, et Eustace de Glen, eschevins de la ville d'Arras, deputez par maieur et eschevins d'icelle par lettres par eulx données soubz le saing de Dassonleville, leur greffier, le xixe dud. mois de
novenbre ; Me Adrien Doresmieulx, licencié es loix, second conseillier
de la ville de St-Omer, denommé par maieur et eschevins de lad. ville
par lettres signées : J. de Brant, en datte du xiiij^e jour dud. moys de
novenbre ; Walleran Maupetit, procureur pentionnaire de la ville de
Bethune, denommé par eschevins, prevost et maieurs de la ville de
Bethune par lettres en datte du iiij^e dud. mois de novenbre ; Charles
Delehelle, eschevin de la ville d'Aire, deputé par maieur et eschevins
de lad. ville le xiiij^e dud. mois de novembre ; Nicollas Hocquet, eschevin de la ville de Bapalmes, denommé par maieur, eschevins et jurez
de la ville de Bapalmes par lettres du xviij^e dud. moys de novenbre ;

Hues Maillet, maieur de la ville de Lens, commis et deputé par maieur et eschevins de lad. ville le xviij⁰ d'octobre derrenier passé, soubz le saing de P. Tolbault, tous auditeurs pour entendre, veoir et examiner, clore et accepter ce present comptes (*sic*) des impostz ayans cours en ce païs d'Artois, icelle pres[en]tation faicte par Mᵉ Antoine Dervillers, recepveur general desd. impost (*sic*), etc., le xixᵉ de novenbre oudᵗ an lxxvij.

Compte que faict et rend a reverendz, venerables et prudens sʳˢ messʳˢ les prelatz, gens d'eglise, nobles et deputez des villes representans les trois estatz du païs et conté d'Artois, Antoine Dervilliers, licencié es loix, commis à la recepte generalle des impostz ayans cours aud. païs,

Messeigneurs Mᵉ Jehan de Goulate, licencié es droix, chanoine de Nostre Dame d'Arras, messire Philippes de Beauffort, chevalier, sʳ dud. lieu, pour les nobles et Mᵉ Jean Le Merchier, licencié es loix, deputé pour les villes, de tous et chascuns deniers par luy receuz des impostz tant sur les vins, bierres, vives bestes et waides venus, distribuez et despensez aud. païs sauf le fort de Hesdin, que les deniers prins a cours de rente pour furnir et satisfaire a l'accord faict a Sa Majesté par messeigneurs des estatz d'icelluy païs de la somme de iiᶜ mil l. au lieu du second Cᶜ demandé par Sad. Majesté; et faict ce present compte pour une an (*sic*) commenchant le premier de frebvier (*sic*) xvᶜ lxxvj selon l'edict et finant le dernier jour [*de*] janvier mil vᶜ lxxvij includ, lesquelz impotz sont telz qu'il s'ensieult, assavoir : sur chascun muy de vin vendu en gros aud. païs, etc.

Iceulx impostz cy devant speciffiez mis supz aud. païs pour le paiement et furnissement des six années de quote d'icelluy païs en l'ayde de deulx millions accordez a Sa Majesté par tous les estatz de ses Païs Bas, lesquelz impostz ont depuis esté continuez du consentement de Sad. Majesté pour le recouvrement des deulx cens mil livres aussy accordez par messʳˢ des estatz dud. païs d'Artois au lieu du second Cᵉ pretendu par Sad. Majesté et dont la premiere année de paiement seroit escheue au mois d'aust xvᶜlxxvj, temps de ce present compte, lesd. impostz aussy mis supz pour le recouvrement des deniers prins a rente a l'occasion desd. accordz, avoec des arrerages d'icelles, comme de tous les frais, coustz et (1) suportez et a suporter pour cause d'iceulx accordz ; sy faict mises de tous et chascun les deniers par luy paiez pendant l'an de ce compte quy est la viᵉ année de son entrem[i]se, tant

---

(1) Un blanc dans le texte.

de la premier (*sic*), du second G^e, comme du cours des rentes dont est chergié ced. païs, ensemble d'aultres frais par luy desboursez a la descherge d'icelluy.

RECEPTE DES IMPOSTZ DES QUARTIERS D'ARRAS, BAPALMES, LENS, ST-POL ET HESDIN, HOUDAIN, OISY, CROISILLES, BUSQUOY, PAS-EN-ARTOIS, AVESNES, AUBIGNY, PONT-DU-GY, VITRY.

Première g[rosse]. Somme : IIIJ^{xx} XVIIJ^m XXIJ l. VJ s. VIIJ d.

RECEPTE DE LA VILLE ET QUARTIER DE BÉTHUNE :
Somme : XVJ^m IIJ^c LIIJ l. VJ s. VIIJ d.

RECEPTE POUR LA VILLE ET QUARTIER D'AIRE :
Somme : XJ^m VIJ^c XXVIJ l. VJ s. VIIJ d.

RECEPTE POUR LILLERS :
Somme : IJ^m VIIJ^c XL l.

RECEPTE POUR ST-OMER :
Somme : XIIJ^m IX^c IIIJ^{xx} IJ l.

ARCQUES :
Somme : XIIIJ^c IIIJ^{xx} X l.

LANGLES :
Somme : V^c LXXIIJ l. VJ s. VIIJ d.

BREDENARDE :
Somme : VIJ^c LV l. VJ s. VIIJ d.

TOURNEHEM :
Somme : XIIIJ^c LXXIIJ l. VJ s. VIIJ d.

FAUQUEMBERGHE :
Somme : XVIIJ^c XVJ l. XIIJ s. IIIJ d.

RECEPTE POUR L'IMPOST DE L'IMPOST (*sic*) DES VIN ET BIERE DE L'ABBAÏE D'ANCHIN :

Somme ɪJᶜ LX VIIJ l. VIIJ d. pite.

ɪJᵉ g[rosse]   Somme : LJᵐ IJᶜ IIIJˣˣ l. VIIJ d. pite.

AULTRE RECEPTE POUR DENIERS PRINS A RENTE, A DENIERS, FŒURS, HERITIERES :

Somme : LXXVJᵐ LXXVJ l. VJ s. VJ d.

AULTRE RECEPTE POUR DENIERS PRINS A RENTE VIAGERE :

Somme : XVJᶜ LXXVJ l.

AULTRE RECEPTE POUR AUGMENTATION ET HAULCHEMENT DES OR ET MONNOIE :

Somme : VJᶜ IIIJˣˣ IIIJ l. X. d. ob.

AULTRE RECEPTE POUR DENIERS QUY ESTOIENT COUCHEZ EN REM[I]SES PAR LE COMPTE PRECEDENT :

Somme : IJᵐ IJᶜ XXVIJ l. VIJ s. X d. ob.

IIIJᶜ g[rosse]   Somme : IIIJˣˣ mil VJᶜ IIIJˣˣ XIJ l. XV s. IIJ d.

TOTALIS DE RECEPTE :

IJᶜ XXXᵐ V l. IJ s. VIJ d. ob.

MISES

Premierement, pour le PARTISSEMENT A PLUSIEURS VILLES par tous (*sic*) Lᵐ, et pour le PAIEMENT D'UNG AN LES SOLDATZ, LXXVIIJᵐ VIIJᶜ IJ l.

Somme : VJˣˣ VIIJᵐ VIIJᶜ IJ l.

AULTRES MISES PAIEZ AUX GOUVERNEURS ET SOLDATZ POUR SIX MOIS :

Somme : XXVJᵐ IIIJᶜ LVIJ l. IIJ d.

Premiere g[rosse]   Somme : CLVᵐ CLIX l. IIJ d.

En laquelle somme sont comprins la somme de XXVJᵐ IIIJᶜ LVIJ l. IIJ d.

avanchez aux capitaines et soldatz du païs d'Artois pour demy an, quy
est a la generalité de tous les estatz, estant icy couchié pour
Memoire

AULTRE[S] MISES POUR COURS DE RENTE :

Somme : iijᵐ ijᶜx l. xix s. iij d. ob.

ijᵉ g[rosse]   Somme : xiijᵐ iiijˣˣ ij l. ix s. xj d.

AULTRES MISES a l'ordonnance des (*sic*) messʳˢ les deputez generaulx,
POUR LES AFFAIRES DU PAYS :

Premiere somme : vjᶜxlvij l. x s.

Aultres mises A LA MEISME FIN :

ijᵉ somme : iiijᶜ liij l. xiiij s. v d.

Aultres mises pour QUITANCES, MODERATIONS ET ATTERMINATIONS :

iijᵉ somme : xvijᵐ iiijᶜxlxviij l. xiij s. v d.

De laquelle somme y a astermination de la somme de xijᵐ vjᶜvj l. iij s. x d.

Aultres mises pour GAIGES ET SALLAIRES ORDINAIRES DE MESSʳˢ LES DEPU-
TEZ ET AULTRES OFFICIERS.

iiijᵉ somme : ijᵐ cxxx l.

comprins iiᶜ l. d'extraordinaire au recepveur.

Aultres MISES EXTRAORDINAIRES :

vᵉ somme : xlix l. xviij s.

Aultres MISES POUR L'AUDITION DU COMPTE :

vjᵉ somme : iijᶜiiijˣˣxiiij l. x s.

iiijᵉ g[rosse]   Somme : xxᵐ cxxiiij l. v s. x d.

TOTALIS SOMME : ciiijˣˣixᵐ iijᶜlxv l. xvj s.

Et la recepte porte ijᶜxxxᵐ v l. ij s. vij d. pite.

Ainsy appert estre deu par ce compteur la somme

de   xlᵐ vjᶜxxxix l. vj s. vij d. pite.

Sy doibt ce compteur pour le compte precedent la somme

de   lxxᵐ vjᶜxvij l. i[s.]jx d. ob.

Partant, debvoir en tout la somme de   CXJ^m IJ^c LVJ l. VIIJ s. VJ d. ob.

Par compte faict, cy exaniné (*sic*), clos et accepté par mess^rs les auditeurs denommez en la presentation de ce compte et par ce recepveur en personne en la presence de mess^rs les deputés generaulx des estatz d'Artois soubz signez le XXIIJ^e de novembre XVL^c XXVIJ.

Neantmoins, ce compteur a faict apparoir d'ung acquict signé : B. Levasseur (1), portant LIIJ^m VIJ^c LIIJ l. XVJ s. IX d.

Et par ung estatz (*sic*) que a faict le recepveur pour le paiement faict sur les deniers accordez envoies a mes^rs les estatz generaulx a Bruxelles la somme de LX^m VIIJ^c IIIJ^xx XIIIJ l. VIJ s. IIIJ d.

DENIERS PAIEZ SUR L'AYDE DES DEULX MILLIONS DERNIEREMENT ACCORDÉ PAR MESS^rs LES ESTATZ D'ARTOYS A MESSEIGNEURS DES ESTATZ GENERAULX DES PAÏS BAS ASSEMBLÉS A BRUXELLES, PORTANT POUR LA COTTE DESDICTZ D'ARTHOIS A LA SOMME DE CENT HUICT MIL TROIS CENS TRENTE LIVRES SIX SOLZ VIIJ D.

Primes :

Pour deux mois de gaiges de la compaignie coulonnelle de monseigneur le viconte de Gand, la somme de   IIIJ^m IIIJ^c X l. t.

Audict seigneur viconte, pour trois moys de son traictement comme gouverneur de Hesdin, escheuz le derrenier de septembre 1577   IIJ^c l.

Au s^r de Roion, pour semblables trois mois de gaiges d'une compaignie de deulx cens testes tenant garnison audict
Hesdin   IIIJ^m IX^c IIIJ^xx XIJ l.

Au gouverneur de Renty, pour aussy trois mois de son traictement escheuz comme dessus   LXXV l.

A luy, pour trois mois de gaiges de cincquante paies dud.
Renty   J^m L l.

Au capitaine d'Allonnes, pour deulx mois quinze jours de sa compaignie escheuz le XVe dud. mois de septembre   IIJ^m IJ^c LXVIJ l. X s.

A Monsr d'Estiembecque, gouverneur de Bapalmes, pour trois mois de son traictement   CL l.

------

(1) Barthélemy Le Vasseur était receveur des aides ; il s'agit donc de deniers versés au trésor royal.

A luy, pour trois mois de gaiges de sa vielle compaignie escheuz le derrenier de septembre dud. an   IIIJ^m IX^c IIIJ^xx XIJ l.

A luy, pour faire prest aux CL testes qu'il a levé au lieu de pareil nombre de ses vieux soldatz envoiez au camp.   VJ^c l.

A Guillaume de Bery, capitaine du fort de Henuin, pour lesdictz trois mois de gaiges de ses douze paies   IJ^c LIJ l.

A Wallerand de Pernes, capitaine [du] fort de Rayt-bas, pour trois mois de solde de ses deux (sic) paies   IJ^c X l.

A Monsr de Morbeck, gouverneur d'Aire, pour troix mois de gaiges de six paies du chasteau d'Ayre   VJ^xx VJ l. t.

A Monsieur de la Thieulloye, pour aussy trois mois de gaiges de ses halbardiez   IJ^c LIJ l.

Aux dix canonniers ordinaire (sic) de lad. ville d'Aire, aussy pour trois mois de gaiges escheuz le derrenier jour de septembre dud. an 1577   XXXVIJ l. X s.

Sy se doibt encoires prendre sur ledict accord le paiement de quattre mois de la compaignie d'icelluy s^r viconte   VIIIJ^m VJ^c IIIJ l.

Pour aultres trois [mois] de son traictement de gouverneur dud. Hesdin   IIIJ^c l.

Aud. s^r de Roion, pour trois mois de gaiges de sad. compaignie   IIIJ^m IX^c IIIJ^xx XIJ l.

Audict s^r d'Estiembecque, pour trois mois de gaiges de son traictement de gouverneur dudict Bapalmes   CL l.

Pour trois mois de gaiges de sa compaign[i]e, la somme de   IIIJ^m IX [^c] IIIJ^xx XIJ l.

Au capitaine de Henuin, aussy pour trois mois   IJ^c LIJ l.

Au capitaine de Rayt-bas pour iceulx trois mois   IJ^c X l.

Audict s^r de Morbeck pour les six paies du chasteau d'Aire   VJ^xx VJ l.

A dix canonniers d'Aire pour ledict temps de trois mois   XXXVIJ l. X s.

Par dessus les sommes et parties dessusdict, se doibt prendre pour la reparation et fortiffication des villes et places frontiers de ce païs la somme de   X^m l.

Item, que a esté assigné aud. s^r viconte a prendre sur ledict accordz (sic) la somme de   VIIJ^m IIIJ^c l. XVIIJ s. IIIJ d.

Plus, que les estatz d'Artois ont ordonné estre paié a la compaignie coulonnel du s^r de Capp[r]es, gouverneur d'Arras, pour ung mois de gaiges, la somme de — IIIJ^c IJ^m LXX l. t. (*sic*)(a)

Font ces parties dessusdict (*sic*) la somme de :
LX^m VIIJ^c IIIJ^xx XIIIJ l. VIJ s. IIJ d.

Et la cotte dudict Arthois en l'aide desdict (*sic*) deux millions, porte :
CVIIJ^m IIJ^c XXXIIJ l. VIJ s. IIIJ d.

Ainsy debveront (*sic*) ledict païs pour reste desdict (*sic*) cotte :
XLVIJ^m IIIJ^c XXXVIIJ l. XIX s. IIIJ d.

(a) *Corr.* IIJ^m IJ^c LXX l. t.

XIV

1578, 3 avril, — Arras.

Lettre des États d'Artois au capitaine [Ambroise Leducq (1)], le sommant de comparaître devant le gouverneur et le conseil d'Artois pour répondre des désordres commis par ses soldats et l'avertissant des mesures que l'on prendrait en cas de refus.

A. Original : Arch. comm. de St-Omer, *Corr. du Magistrat, 1578.*

Monsieur le capitaine. A raison que l'on a eu et a encoires plusieurs plaintes des foulles, mengeries et oppressions que font voz soldats sur le plat pays, a la grande foulle, travail et scandal d'icelluy, dont nous a esté faict advertence, pour donner l'ordre requis, nous avons bien vollu faire ce mot affin que aiez a venir incontinent en ceste ville par devant les gouverneur, president et gens du conseil de ce pays d'Artois, rendre compte des accusations que l'on faict contre vosd. soldats et de les tenir doresnavant en bonne discipline militaire sur paine d'estre procedé contre vous et eulx incontinent par force d'armes comme desobeyssans et rebelles ; mesmes en cas de refuz ou delay, avons auctorisié le prevost des mareschaulx pour faire effectuer ce que dessus et apprehender autant d'iceulx qu'il polra, prendant assistence a tous ceulx qu'il requerra, quy seront tenus ce faire a paine d'estre tenus pour complices et adherens, permectant au dict prevost faire sonner la cloche sur iceulx en cas de besoing, comme se feroyt sur l'ennemy.

(1) Sur ce personnage, v. notre *Correspondance secrète* de SARRAZIN, *passim* et, en particulier, p. 76 n. 3. — Bien que la bandelette fermant la missive et portant l'adresse ait disparu et que la présence de l'original de cette lettre dans la correspondance du Magistrat de St-Omer soit difficilement explicable, le destinataire n'est pas douteux.

A quoy vous adviserez de pourvcoir et, faisant sur ce la fin, prions
Dieu que vous ayt en Sa saincte garde.

Du lieu abbatial St Vaast d'Arras, le tiers jour d'apvril 1578.

Les Estatz du païs et conté d'Artois bien vostres.

Par ordonnance des Estatz,
P. MARCHANT.   (paraphe)
1578

XV

1579, 12 septembre, Mons.

*Traité de réconciliation signé par les commissaires de Philippe II et les
députés des États d'Artois, de Hainaut et de Lille, Douai et Orchies,
approuvé par les députés de Malines, Nivelles, comté d'Alost et châtellenie de Bourbourg, publié à Mons le 13 septembre et à Arras le 20 du
même mois.*

A¹. Original : Arch. dép. du Pas-de-Calais (fonds des États d'Artois), *liasse C 875* (1).
A². (id.) : Arch. de l'État belge à Mons (fonds des États de Hainaut), n° 167.

PUBLIÉ *(d'après A²)* : GACHARD, *Actes des États Généraux des Pays-Bas, 1576-1585...*
t. II, p. 522 à 536 (2).

Philippe, par la grace de Dieu, roy de Castille, de Leon, d'Arra-
gon (a), de Navarre, de Naples, de Secille, de Maillorcque, de Minorcque,
de Sardenie, des Isles, Indes et terre (b) ferme de la mer occeane,
archiduc d'Austrice, duc de Bourgongne, de Lothier, de Brabant, de
Lembourg, de Luxembourg, de Gueldres et de Milan, conte de Habs-

(a) A² : Aragon. — (b) A¹ : terme.

(1) Cet acte se présente sous forme d'un cahier de papier de seize feuillets
(Haut., 0ᵐ33. Larg. 0ᵐ21); le premier folio sert de titre et porte : « Traité d'Arras
faict le xvij° de may xv° soixante dix nœuf au lieu abbatial de Sᵗ Vaast — Juré le
xxix° de juing enssuivant par Son Excellence au camp devant Mastricht — Esclercy
et redigé en forme de placart et publié les xij° et xiij° de septembre oudict an
soixante dix nœuf en la ville de Mons ».

(2) Nous n'indiquons que cette édition, car c'est la seule bonne et elle dispense
de recourir aux antérieures qui sont toutes fort infidèles. Il faut pourtant citer, à
titre de curiosité bibliographique le *Traiclé de Reconciliation faict en la ville d'Arras
le xvij° de may xv°Lxxix...*, publié en 1579 à Douai, par Jean Bogard, imprimeur
attitré des États des provinces réconciliées. Nous avons également jugé inutile de
mentionner les innombrables versions qui existent de ce traité de réconciliation :
nous nous contenterons d'indiquer les variantes présentées par le second original
conservé à Mons et publié par GACHARD.

bourg, de Flandres, d'Artois, de Bourgongne palatin, et de Haynnau, de Hollande, de Zelande, de Namur et de Zutphen, prince de Zwane, marquis du St Empire, seigneur de Frize, de Salins, de Malines, des cité, villes et païs d'Utrecht, d'Overissel et de Groeninghe et dominateur en Asie et en Affricque (a), a tous ceulx quy ces lettres verront, salut.

Comme, apres la retraicte au chasteau de Namur de feu nostre tres chier et tres amé bon frere don Jouan (b) d'Austrice, lors gouverneur et capitaine general de noz Païs Bas, seroient survenuz pluisieurs mal entenduz et discors entre luy et les estatz generaulx de nos dictz païs, lesquelz, ne s'estans peu appaiser par les communications sur ce tenues, auroient engendré, a nostre tres grant regret, une grande et cruelle guerre a la desolation de bonne partie de nos dictz pais; vœullans (c) faire office de pere et de bon prince, ayant, doiz ces derniers troubles, tousjours cerché moiens et voies de reconciliation, finablement par nostre tres chier et tres amé bon nepveur le prince de Parme et Plaisance (d), lieutenant, gouverneur et capitaine general de nosdictz Païs Bas, traictié avecq noz provinces d'Artois, Haynault, Lille, Douay et Orchies, y aiant envoié a ces fins Reverend Pere en Dieu nostre amé et feal damp Mathieu Moullart, evesque d'Arras, Jehan de Noircarmes, chevalier, baron de Selles, gentilhomme de nostre bouche et lieutenant de nostre garde et Guillaume Le Vasseur, seigneur du Valhuon, et leur offert de nostre part l'entretenement de la Pacification de Gand, l'Unyon enssuivye et Edict perpetuel, comme aux deputez des aultres provinces en nostre ville d'Anvers par lettres du xij^e de mars dernier, lesquelles offres par les deputez d'aucunes provinces rejectées et aultrement interpretées que n'estoit nostre intention, auroient par les susdictes trois provinces d'Artois, Haynnau, Lille, Douay et Orchies, mieulx entendans la sincerité de nostre volunté, esté embrassées, ayans icelles trois provinces conceu et advisé quelques poinctz et articles pour sur le pied d'iceulx parvenir a une bonne reconciliation; lesquelz poinctz, apres plusieurs communications tenues en nostre ville d'Arras entre les susdictz deputez de nostre dict nepveur et les deputez d'icelles trois provinces, le xvij^e de may dernier, ont esté concludz; lesquelz, estans presentez a nostre dict bon nepveu en nostre camp devant nostre ville de Maestricht pour en avoir l'agreation, furent trouvez en iceulx aucunes obscuritez et difficultez, a cause de quoy fut illecq aresté que commissaires seroient deputez de nostre part et de nos dictes provinces pour esclarcir, purger et resouldre icelles obscuritez et difficul-

---

(a) A^2 : Phelippe,... roy... d'Aragon, etc., etc., A tous c. q. ...... — (b) A^2 : *Jehan.* — (c) A^2 : *voeillant.* — (d) A^2 : le pr. de P., de Pl., *etc.*

tez et que selon les dictz esclercissemens et resolution seroit entendu
l'agreation et serment que lors en feyt nostredict bon nepveu le prince
de Parme, le vingt nœufviesme de juing dernier ; suivant quoy aurions
envoié de nostre part en nostre ville de Mons nostre tres cher et feal
cousin le conte de Mansfelt, noble baron de Heldrunghe, chevalier de
nostre ordre de la Toison d'Or, de nostre Conseil d'Estat, gouverneur
et capitaine general de nostre ducé de Luxembourg et conté de Chiny
et mareschal de nostre host, et noz amez et feaulx chevaliers messires
Jehan de Noielle (a), seigneur du Rossignol, de nostre Conseil de
guerre, et Adrien de Gomiecourt, seigneur dudict lieu, gentilhomme
de nostre maison, ensamble Jehan de Vendeville, Anthoine Houst,
docteurs es droix, conseilliers et maistres aux requestes ordinaires de
nostre Conseil Privé, et George de Westendorp, aussy docteur es droix
et conseillier de nostre Conseil en Frize ; lesquelz, aians communicqué
sur ce que dessus avecq nostre tres cher et feal cousin, Robert de
Meleun, marquis de Richebourg, seneschal de Haynault, viconte de
Gand, etc.. gouverneur et capitaine general de nostre païs et conté
d'Artois et de noz (b) ville et bailliage de Hesdin, aussy noz chers et
bien amez les deputez de nostredict païs et conté d'Artois, assavoir :
Reverend Pere en Dieu domp Jehan Sarazin, prelat de l'eglise et abbaïe
de Sainct Vaast d'Arras, Maistre Jehan de Goullatte (c), licentié es
droix, chanoine de l'église Nostre Dame audict Arras, Franchois d'Ongnies (d), chevalier, seigneur de Beaurepert (e), Beaumont, etc., Loys
de La Plancque, escuier, seigneur de la Conté (f), Jacques le Pippre,
eschevin de nostre dicte ville d'Arras, et Anthoine Aubron, aussy
licentié es loix, conseillier principal de nostre ville de Sainct Omer ;
nostre tres cher et feal cousin Philippe, conte de Lallaing, etc., gouverneur, capitaine general et grand bailly de nostre païs et conté de
Haynault, et noz chiers et bien amez les deputez de nostredict païs :
Reverendz Peres en Dieu Jacques Froye, abbé de l'eglise et abbaye
Sainct Pierre de Hanon (g), Anthoine Verman (h), abbé de l'eglise et
abbaïe Nostre Dame de Vicongne (i), Lancelot de Peissant, escuier,
seigneur de La Haye, Nicollas de Landas, chevalier, seigneur du Heulle,
nostre pannetier heritable de Haynnault (j), Philippe Frasneau (k),
seigneur de Hyon, chief et Laurent Monissart, second eschevins (l) de
nostre dicte (m) ville de Mons, Loys Corbault et Jacques de la Croix,
seigneur de Caumont, du Conseil de ladicte ville, et Maistre Franchois

(a) A² : Noyelles. — (b) A² : nostre. — (c) A² : Goullart. — (d) A² : Oignyes. —
(e) A² : Beaurepaire. — (f) A² : Comté (lu par GACHARD : Cointe). — (g) A² : Hasnon.
(h) A² : Vermand. — (i) A² : Vicoigne. — (j) A² : Haynnau. — (k) A² : Frasneau. —
(l) A² : eschevin. — (m) A² : d. nostre v. de M.

Gaultier, licentié es loix, premier conseillier et pensionnaire d'icelle
ville; nostre tres cher et feal Maximilian (*a*) Villain, baron de Rassenghien, etc., gouverneur et capitaine general de noz villes et chastelenies
de Lille, Douay et Orchies, Adrien d'Ongnies (*b*), chevalier, seigneur
de Willerval et noz chiers et bien amez les deputez de nosdictes villes
et chastelenies, Floris Vanderhaere, chanoine de Sainct Pierre audict
Lille, Rolland de Vicquez (*c*), escuier, Maistre Claude Miroul, licentié
es loix, Eustace (*d*) d'Aoust, escuier, seigneur de Jumelles, Franchieres,
etc., chief de l'eschevinaige de nostre dicte ville de Douay et Philippe
Broide, aussy licentié es droix, conseillier de ladicte ville et aultres
leurs associez, assemblez en nostre dicte ville de Mons, seroient enfin
tombez d'acord sur icelles obscuritez et difficultez (*e*), sçavoir faisons
que nous, ce que dessus consideré, par la deliberation et advis de nostre
dict bon nepveu le prince de Parme et de ceulx de noz Consaulx
d'Estat et Privé estans lez luy, avons en conformité desdictz articles
ainsy esclercis, pour nous, noz hoirs et successeurs, statué et ordonné,
statuons et ordonnons, par maniere d'edict perpetuel irrevocable et a
tousjours, les poinctz et articles que s'ensuivent :

I

Premiers, que le traicté de Pacification faict à Gand, l'Union, Edict
Perpetuel et Ratiffication de nostre part ensuivy demoureront en leur
plaine force et vigueur, et seront reellement effectuez en tous leurs
poinctz et articles.

II

Et, afin de tant mieulx redresser la confidence entre nosdictz subjectz
en une bonne union et acord pour le service de Dieu, maintenement
de la religion catolicque, apostolicque, romaine, obeissance a nous
deue, ensemble pour le repos, bien et tranquilité de nosd. païs, avons
acordé et acordons oubliance perpetuelle; des deux costez, de tout ce
que poeult avoir esté dict ou faict, en quelque sorte, maniere ou cas
que ce soit, depuis les premieres alterations et a cause d'icelles, sans
en povoir faire aulcune reproche ny recerche, par noz juges fiscaulx
ny aultres, comme de chose non advenue, ordonnant que a cest effect
toutes sentences, decretz et arrestz donnez tant en ces païs que aultres,
ou qu'ilz soient scituez soubz nostre jurisdiction, a cause desdictz
troubles passez, seront roiez et effacez des registres, a la descherge

(*a*) A^2 : Maximilien. — (*b*) A^2 : Ongnyes. — (*c*) A^2 : Vicque. — (*d*) A^2 : Eustasse.
(*e*) A^2 : difficultez *etc.*

absolute de tous ceulx aians suivy l'ung ou l'aultre party contractant;
auquel effect avons deffendu et inhibé, deffendons et inhibons a tous
indifferament, de quelque estat, qualité ou condition qu'ilz soient, de
riens reprocher l'ung a l'aultre a l'occasion des choses passées,
n'estans touteffois en ceste oubliance comprins les ennemis communs
de nous et desdictes provinces reconciliées, bannys, congiez ou appel-
lez aux droix pour avoir conspiré contre quelques villes.

III

Sy avons ratiffié, ratiffions et tenons pour agreable ce que esdictes
provinces reconciliées a esté pourveu (a), conferé et octroié par nostre
frere et nepveu l'archiduc Mathias, les Estatz et Conseil d'Estat, sy
avant que le pooir ordinaire de noz gouverneurs et lieutenans generaulx
en noz Païs Bas s'est jusques a present extendu ; et, au regard des provisions a nous speciallement reservées, a l'instante requeste et priere
desdictz Estatz, les avons pareillement confirmé et confirmons pour
ceste fois, ne fut qu'il nous apparut que les personnes pourveues ne
soient catolicques et qualifiées selon qu'il (b) convient pour exercer
les dictes provisions et estatz, le tout sy avant qu'il ne soit repugnant
ausdictes Pacification de Gand, Unyon, Edict Perpetuel, droix, previleges et franchises du païs, tant en general que en particulier, reser-
vant neantmoins toutes provisions que polroient avoir esté faictes
depuis le xvij^me de may dernier, quy seront tenues pour nulles, ne
comprenant aussy en ce que dessus les provisions des Consaulx d'Estat, Privé et Finances.

IV

Sy ne recercerons, ny ferons recercer personne pour les demolitions
des chasteaux et forteresses, lesquelz chasteaux et forteresses ne pol-
ront es provinces reconciliées estre rediffiées, ny aultres de nouveau
erigées, sans expres consentement des estatz de chascune province en
particulier.

V

Item, acordons, statuons et ordonnons que tous et chascun noz
gens de guerre, Espaignolz, Italiens, Albanois, Bourgoignons et tous
aultres estrangers non agreables aux estatz aceptant ce present traicté,
sortent hors de nosdictz Païs Bas, mesmement du duché de Luxem-

(a) A² : proveu. — (b) A² : que.

bourg, six sepmaines ensuivant la publication de ceste ou plus tost, si le corps d'armée cy apres touché poeult estre formé et mis sus, sy tant est que ce qu'il convient pour leur departement fut plus tost prest; et, en tout cas, sortiront en dedens lesdictes six sepmaines, consideré que lesdictz estatz nous ont promis s'emploier a toute dilligence avecq noz commis sans fraulde, pour avoir ledict corps prest endedens la sortie (*a*) desdictz estrangiers ; et, en dedens aultres six sepmaines enssuivant, hors de nostre conté de Bourgoigne, sans qu'ilz puissent retourner en nosdictz Païs Bas ou y en estre renvoiez d'aultres, n'aiant nous guerre estrangiere et generallement n'en y aiant besoing et necessité par lesdictz estatz bien congnue et aprouvé (*b*), comme aussy lesdictz estatz feront sortir tous Franchois, Escossois et aultres estrangiers, sur lesquelz ilz ont commandement et auctorité.

VI

Et laisseront lesdictz gens de guerre, Espaignolz, Allemans, Italiens, Bourguignons et aultres quelzconcques, a leur sortie des chasteaux et villes, tous les vivres, artilleries et munitions y estans ; et, quant aux artilleries tirées hors des fortresses, icelles seront rendues et remises es lieux dont elles ont esté tirées a la premiere commodité, sans les pooir emmener hors du païs; lesquelz chasteaux et villes desdictes provinces reconciliées avecq lesdictz vivres, artilleries et munitions y estans, nous mettrons, assavoir : celles qui sont soubz le gouvernement de Haynault, en dedens vingt jours de la publication de cestes, et le surplus, ou qu'elles soient assises, en dedans aultres vingt jours enssuivant, es mains de gens naturelz de ces Païs Bas et qualifiez selon les privileges d'iceulx, agreables aux estatz des provinces reconciliées respectivement.

VII

Durant lequel temps de la retraicte et yssue desdictz estrangiers, nous, avecq lesdictes provinces reconciliées, dresserons, a noz frais et despens, ung corps de gens de guerre naturelz du païs et aultres a nous et ausdictes provinces agreables, bien entendu que lesdictes provinces nous assisteront par contributions, en conformité du xxe article suivant, a l'effect de maintenir la relligion catolicque romaine et l'obeissance a nous deue, sur le pied de la Pacification de Gand, Unyon, Edit Perpetuel et ce present traicté en tous leurs poinctz et articles.

(*a*) A² : end. *le jour de l.s.* — (*b*) A² : approuvée.

VIII

Sy, commandons aux estatz et gouverneurs, tant generaulx que particuliers, consaulx et magistratz de Luxembourg et de Bourgoigne, de maintenir et ne souffrir diminuer ou prejudicier en chose que soit l'Edit Perpetuel et ce present traicté en tous leurs poinctz et articles, aussy de ne souffrir passer ny entrer aulcuns gens de guerre au prejudice de ces païs, et de tout ce que dessus, faire serment et donner acte pertinent et suffissant, comme aussy les estatz feront reciprocquement de leur part les debvoirs requis au meisme effect, afin que la traficque et communication soit libre et franche entre lesdictz pays comme elle a esté du passé, et en toute asseurance.

IX

Item, que tous prisonniers seront relaxés d'une part et d'aultre, incontinent apres la publication de ces presentes, sy avant que seront en leur puissance, sans paier aucune ranchon.

X

Au regard des biens saisis, arrestez et maniez de part et d'aultre depuis la Pacification de Gand, tant en nosdictz Pays Bas qu'en Bourgongne et ailleurs, chascun rentrera prestement en tous ses biens immeubles ; et, quant aux meubles, chacun y rentrera aussy, sy avant qu'ilz ne soient allienez par auctorité ou ordre de justice, ou par les magistratz a ce constrainctz par tumulte populaire ; en quoy seront comprins les biens des prisonniers detenus par ceulx de Gand et leurs adherens ; et, quant aux rentes et cherges sur lesdictz biens, l'on se reiglera suivant les les xiiij, xv et xvj^{me} articles de la Pacification de Gand, prenant pied au jour St Jehan-Baptiste xv^c lxxix.

XI

Sy avons maintenu et maintenons tous gouverneurs modernes des païs, villes, places et fortresses reconciliées, commis auparavant la retraicte de feu nostre tres cher et tres amé bon frere le seigneur don Jouan (a) a Namur, comme aussy seront maintenus ceulx quy auront esté pourveus aux gouvernemens vacans par mort ; et, quant aux gouverneurs quy ont esté commis par provision, pour l'emprisonne-

(a) A^2 : Jehan.

ment et detention d'aucuns seigneurs, iceulx commis ausdictz gouvernemens y seront continuez jusques au restablissement et retour desdictz seigneurs prisonniers; bien entendu que si iceulx prisonniers
venoient a morir, il y sera pourveu en conformité de l'article xviiie;
promettant par nous de n'en destituer aulcuns, pourveu qu'ilz aient
tenu le party des estatz durant ces alterations et maintenu la relligion
catolicque romaine sur le pied de la Pacification de Gand, Unyon
depuis enssuivye et Edict Perpetuel et ne fachent cy apres chose prejudiciable a ce present traicté de reconciliation.

XII

Et, pour plus grande asseurance, avons ordonné et ordonnons, en
conformité de l'onziesme article de l'Edict Perpetuel, que lesdictz
estatz des provinces reconciliées, toutes personnes constituez en
dignité, gouverneurs, magistratz, bourgois et habitans des villes, bourgades (a) ou y aura garnison, et les gens de guerre joinctement, aussy
ceulx des villes et bourgades ou n'y a garnison, mesmement tous
aultres aians estatz, charges et offices de guerre ou aultrement, pres-
teront serment de conserver la religion catolicque romaine et la deue
obeissance a nous, suivant ladicte Pacification, Unyon depuis ensui-
vye, Edict Perpetuel et ce present traicté, et de ne recevoir, changer
ou admettre respectivement garnison sans le sceu du gouverneur
general et provincial et l'advis des estatz de chascune province ou
leurs deputez, bien entendu que, en cas de necessité soudaine et
urgente, ledict gouverneur provincial pourvoira aux fortresses ou est
acoustumé y avoir garnison, de gens de guerre neantmoins estans a
nostre serment et service en chascune province.

XIII

Sy promettons ne charger ny faire charger les villes ny plat pays
desdictes provinces reconciliées d'aucuns gens de guerre estrangers,
ny de ceulx du païs, ne fut qu'ilz le desirasent pour quelque guerre ou
peril, ou qu'il soit acoustumé y en estre de tout temps; auquel cas, la
garnison sera de gens de guerre naturelz du païs, agreables ausdictz
estatz respectivement.

XIV

Voulons et ordonnons que en toutes villes et bourgades ou les

(a) A^e : des v. et b.

magistratz ont esté renouvellez depuis le commenchement des troubles extraordinairement, seront redressez et establis selon les usances et previleges de chascun lieu, observez du temps de feu, de tres haulte et glorieuse memoire, l'Empereur Charles nostre seigneur et pere ; aussy que ordre soit donné que lesdictz magistratz soient respectez et obeis comm[e] il convient, pour ne tomber en nouveaux inconveniens.

XV

Sy promettons de nous tousjours servir au gouvernement general de noz Païs Bas de prince ou princesse de nostre sang, aiant les partz et qualitez requises a charge sy principalle et dont en toute raison noz subjectz se debvront contenter ; lequel gouvernera en toute justice et equité selon les droix et coustumes du païs, faisant serment solempnel de maintenir la Pacification de Gand, Unyon depuis ensuivie, Edict Perpetuel et ce present traicté, en tous leurs poinctz et articles, et notament la religion catolicque romaine et nostre deue obeissance ; preadvertissant lesdictz estatz, comme avons acoustumé, quelque temps auparavant, du choix qu'en aurions faict; entendant que nostredict nepveu, pour le souverain desir qu'avons de avant toutes choses procurer le repos et asseurance de noz bons subjectz, se mecte en tout debvoir d'avancher et executer la retraicte desdictz estrangiers et remise des places pour aussy tost estre recongnu et receu audict gouvernement general de nosdictz Païs Bas le terme de six mois, observant les solempnitez acoustumées, et que, pour le meilleur contentement de nosdictz estatz et subjectz, se serve de domesticques naturelz du païs et le moins qu'il poura d'estrangiers et, afin de les plus gratifier, desirons que le nombre d'iceulx serviteurs estrangers n'excede vingt cincq a trente, sans a iceulx estrangers donner aulcune entremise ou maniance des affaires dudict païs (a), aiant neantmoins garde telle que ont acoustumé d'avoir les gouverneurs precedens, prince ou princesse de nostre sang, d'archiers naturelz dudit païs et de haltebardiers aussy naturelz ou allemans, soubz chiefz pareillement naturelz aians les qualitez requises ; avecq lequel nostredict nepveur les dictz estatz des (b) maintenant tiendront bonne corespondence et l'advertiront de tout ce quy se passera, touchant l'execution d'icelluy traicté et qu'en depend, se faisans tous placartz, mandemens et provisions par et soubz nostre nom seullement ; au bout desquelz six mois, se n'avions pourveu audit gouvernement de luy ou d'aultre, ayant les susdites qualitez, iceluy (afin que desordre ou confusion n'advienne)

(a) A² : des a. du p. — (b) A² : doit.

sera administré par le Conseil d'Estat, attendant ladite nouvelle provision.

XVI

Lequel Conseil d'Estat sera par nous formé de douze personnaiges a nostre choix, tant des seigneurs et gentilzhomes que de longue robbe, comme a esté acoustumé, naturelz du païs, dont les deux tierch seront agreables a nosdictz estatz et auront suivy leur party depuis le commenchement jusques en fin; desquelz deux tierch les cinq auront de nous commission acoustumée et les aultres trois, simple provision pour le terme de trois mois, au boult desquelz les pourons (sy tel est nostre plaisir) continuer ou en choisir et commettre d'aultres, qualifiez comme dessus, pour laisser ouverture aux provinces a reconcilier.

XVII

Et avecq l'advis et resolution de la plus sayne partie d'iceulx quy seront tenus prester le mesme serment que devant est dict, se feront toutes depesches comme du temps de nostredict feu tres honoré seigneur et pere l'Empereur Charles, quy seront paraphées au long, de l'ung d'iceulx conseillers, pour obvier aux inconvenients aperceuz.

XVIII

Que a tous gouvernemens que d'ores en avant jusques a six ans prochains pouront tomber vacans esdictes provinces reconciliées, mesmement pour estre chefz de gens de guerre, nous y pourvoirons de naturelz de nosdictz Païs Bas ou estrangers, l'ung et l'aultre agreable aux estatz desdictes provinces respectivement, capables, ydoines et qualifiez, selon les previleges d'icelles ; et, quant a noz Consaulx Privé, des Finances et aultres offices d'importance, nous y pourvoirons pareillement de naturelz du païs ou bien d'aultres, non naturelz, agreables ausdictz estatz ; lesquelz, avant leur reception, seront tenus jurer solempnellement ce present apoinctement et promettre par serment, au cas qu'ilz aperceussent se traicter quelque chose au prejudice d'icelluy, d'en faire advertence aux estatz des provinces, a paine d'estre tenuz pour parjures et infames.

XIX

Avons pareillement ratiffié et ratiffions toutes constitutions de rentes, pensions et aultres obligations, asseurances et impositions que

lesdictz estatz, par l'acord de chascune province, ont faict et passé,
feront et passeront envers tous ceulx quy les ont assisté et furny,
assisteront et furniront de deniers, pour subvenir a leur necessitez et
paiement de debtes contractées a cause de la guerre et troubles passez, en conformité du xviij^e article de nostre Edit Perpetuel.

XX

Et, pour l'advenir, ne seront aulcunement gabellez, taillez, ne imposez aultrement ny par aultre forme ny (a) maniere qu'ilz ont esté du
temps et regne de nostredict feu seigneur et pere Charles Vme et par
consentement des estatz de chascune province respectivement.

XXI

Que tous et quelzconcques previleges, uz et coustumes, tant en
general qu'en (b) particulier seront maintenuz et, sy aucuns ont esté
violez, seront reparez et restituez.

XXII

Seront les dictes provinces reconciliées tenues de renoncer a toutes .
ligues et confederations qu'elles pouroient avoir faict depuis le commenchement des changemens et alterations advenues.

XXIII

Et, pour aultant que lesdictz estatz se tiennent obligez a nostre tres
chere sœur la Serenissime royne d'Angleterre et a monseigneur le duc
d'Anjou, frere du roy tres chrestien, pour la bonne assistence receue
de leur part, nous envoierons, deux mois apres que nostredict nepveu
le prince de Parme et Plaisance sera entré audict gouvernement general, personne de qualité vers iceulx pour faire tous bons offices, et sera
la confederation et anchienne amitié avec nostredicte sœur continuée
reciproquement.

XXIV

Et, pour acroistre l'affection et benevolence que les princes doibvent
porter a leurs subjectz et, reciprocquement, afin qu'iceulx subjectz (c)
soient mieulx inclinez au respect et obeissance qu'ilz doibvent a leur

(a) *A²* : *et.* — (b) *A²* : *que en.* — (c) *A²* : *afin que i. s.*

prince naturel, lesdictz estatz nous ont tres humblement requis et suplié de volloir, a la premiere occasion et au plus tost, envoier par deça l'ung de nos enffans apparant de nous succeder en nosdictz Païs Bas, pour y estre noury et instruict selon la fachon d'iceulx, en toute pieté et vertu convenable, a quoy prendrons regard tel que trouverons convenir.

XXV

Acordons aussy que toutes provinces, chastelenies, villes ou personnes particulieres de nosdictz Païs Bas quy voldront entrer en reconciliation avecq nous sur les mesmes pied et condition de cedict traicté, seront par nous a ce receuz et jouyront du mesme benefice que lesdictes provinces reconciliées, pourveu qu'ilz y viennent vollontairement trois mois apres la reelle sortie desdictz Espaignolz hors de nosdictz Païs Bas.

XXVI

Avons consenty et acordé, consentons et acordons ausdictz estatz de pooir suplier Sa Saincteté, nostre tres cher et tres amé frere, nepveu et cousin l'Empereur, les archevesques de Coloigne et de Tresves et le duc de Cleves, comme zelateurs du bien et repos de la Republicque chrestienne, qu'il leur plaise tenir la main a ce que cedict traicté et apoinctement soit en tous ses poinctz effectué, acomply et inviolablement observé.

XXVII

Et sy, en l'execution et accomplissement de ceste pacification et quy en depend, sourdoit aulcune difficulté et different a wider apres la publication d'icelle, nous et les estatz desdictes provinces reconciliées, deputerons respectivement commissaires pour le tout entendre, apointer et executer ; bien entendu que, par les motz : *agreable (a) aux estalz* mis en plusieurs articles de ce traicté, ne seront exclus les naturelz du païs aians suivy l'ung ou l'aultre party contractant.

XXVIII

Et, afin que tous et chascuns les poinctz et articles cy dessus escriptz, faictz, concludz et arrestez en nostre *(b)* ville d'Arras le xvij^e de may dernier, esclarchis, purgez et resolus en nostredicte ville de Mons le xij^e jour de septembre quinze cens soixante dix noeuf soient bien et reellement

(a) A^3 : agreables. — (b) A^2 : nostre *dicte*.

observez, acomplis et executez et que tout le contenu esdictz articles
soit chose ferme, stable et a jammais permanente et inviolable, avons
le present traicté faict signer par nostredict tres cher et feal cousin le
conte de Mansfelt et aultres noz deputez cy dessus nommez, d'une
part, et les gouverneurs et deputez desdictes provinces et aultres associez, d'aultre ; promectant de ratiffier le tout par noz lettres patentes
en forme deue et acoustumée en dedens trois mois du jour d'huy.

Donné en nostredicte (*a*) ville de Mons ledict (*b*) douziesme jour
dudict mois de septembre xv⁰ soixante dix noeuf.

Pyerre de Mansfelt
J. de Noyelle Rossignol   A. de Gomiecourt
Jehan de Vendville   Ant. Houst
George de Westendorp
R. de Meleun   Jan, abbé de S. Vaast d'Arras
Lois de la Plancque   F. d'Ongnyez   J. de Goulatte
J. Le Pippre
A. Aubron
Philippes de Lalaing
Jaques, abbé de Hasnon
Antoine, abbé de Vicoigne   Lancelot de Peissant
Nicolas de Landas

P. Franeau, 1579
L. Corbault   Jacques de Lacroix   F. Gaultier
L. Monissart
Maxoemilien Vylain   A. d'Ongnyes
Roland de Vicq   Floris Vander Haer
G. Miroul   Eustace d'Aoust   P. Broide

Et comme, depuis ledict traicté d'Arras, ceulx de nos villes et province de Mallines, Nyvelle, de nostre ducé de Brabant, noz deux villes,
païs et conté d'Alost et noz ville et chastelenie de Bourbourg ont par
leurs deputez a ce suffisament auctorisez assisté en nostredite ville de
Mons a l'esclercissement dudit traicté, declairans qu'ilz desirent joyr
de l'effect d'icelluy, nous les y avons admis et receuz, admettons et
recevons par cestes, l'aiant pareillement soubzsignez, de la part des-
dites ville et province de Mallines, Anthoine de Tzeraetz, escuier,
eschevin, et maistre Mathieu Le Clercq, docteur es droix, conseillier
pensionnaire de nosdictes ville et province de Mallines ; de la part de

____

(*a*) *A²* : nostre. — (*b*) *A²* : le.

Nyvelles, Adrian Thime, nostre rentier, Pierre Posti, eschevin, Pierre
La Grue et maistre Pierre Sassene, pensionnaire de nostre dicte ville ;
de la part de nosdictes villes et conté d'Alost, Adrien de Ligny, escuier,
grand bailli de Gavres et Sottinghuen, Regnault du Bayne, escuier,
seigneur de Boissia, et Gerard van Compostelle, bourgmestre de notre
ville de Grandmont ; et de la part de nosdictes ville et chastelenie de
Bourbourg, Jacques Le Duc, eschevin de nostre dicte ville, maistre
Regnier Gardins, premier eschevin et Pierre de Cuppre, greffier et
pensionnaire de nostredicte chastelenie de Bourbourg.

Faict audict Mons, les jour et an que dessus.

Ant. de Tseraerts		Clercq, 1579
Adry. Thime	P. Posty	P. Grue
		P. Sassenus
	Reinault du Beine	
J. Leducq, 1579		Thieraert van Compostelle
Gardins, 1579		De Cupere

Publié en la ville de Mons par le secretaire Vasseur le xiij^e dudict
mois de septembre en la presence de Monsieur le conte de Mansfelt
et aultres deputez de Sa Majesté et les seigneurs gouverneurs et deputez des provinces dessus nommez, moy present greffier.

S. BARAT.

Ce present traicté et tout le contenu en icelluy a esté leu et publié a
la bretecque de la ville d'Arras, chief et capital du pays et conté d'Artois, le dimence vingtiesme jour dud. mois de septembre, par Philippe
d'Assonleville, premier greffier d'icelle ville, en la presence de mond.
seigneur le marquis de Richebourg, gouverneur general, et de Mes-
sieurs les estats dud. pays, comparans a la procession generalle et
sollempnelle pour ce faict led. jour.

Tesmoing

P. D'ASSONLEVILLE.

XVI

[1618, septembre (1)]

*Mémoire anonyme (2) sur les causes qui diminuent le rendement fiscal
de l'Artois : Historique des impôts accordés par la province, principa-
lement depuis le temps du duc d'Albe. — Mauvaise situation financière
due aux charges accumulées des emprunts, aux levées de taxes irrégulières, à la misère du pays provoquée par les guerres, à la ruine
de l'agriculture, etc. — Difficulté d'augmenter le produit des impôts.
— Nécessité de ménager une province dont la fidélité importe fort à
la sécurité des Pays-Bas catholiques.*

A. Original : Arch. gén. du Royaume de Belgique ; Papiers d'État et de l'Audience
reg. n° 688, fol. 163-174.

*Discours sur les considerations pour lesquelles les aydes de la province
d'Artois sont rendues plus difficilles que du passé.*

Les anciens ducz de Bourgongne, relevans les comtez de Flandres et
Artois de la couronne de France, n'ont gueres assamblé leurs Estatz

---

(1) La date est fournie par un passage de ce *Discours* (v. *infra* p. 193).

(2) Quoiqu'il se montre fort bien disposé pour les Artésiens, l'auteur de ce
mémoire s'exprime avec trop de liberté sur la gestion financière des États d'Artois
pour qu'on puisse voir en lui, comme on serait tenté de le faire tout d'abord, un
membre de cette assemblée et, spécialement, un des députés généraux ; une lecture
attentive du document que nous publions montre qu'il le faut imputer à un fonc-
tionnaire, particulièrement bien placé pour éclairer la cour de Bruxelles sur la
situation exacte de l'Artois. Nous serions disposé, pour notre part, à en faire honneur au président du Conseil d'Artois, Renom de France : ce magistrat, allié à la
famille artésienne des Assonleville (cf. notre *Correspondance secrète... de* Sarrazin,
36, n. 6), successeur de son père à la première charge judiciaire de la province,
connaissait mieux que personne les sentiments des États où il avait souvent com-
paru en qualité de commissaire (cf. la *liste chronologique des assemblées,* pp. 109 sqq.).
On peut remarquer que, dans des lettres à l'Archiduc, datées des 13 décembre 1619
(Belg., Ét. et Aud., *688,* fol. 183) et 9 avril 1622 (*Ibid.,* fol. 314), Renom de France
exprime sur l'état misérable de l'Artois des opinions fort semblables à celles du
Discours. Il n'est pas jusqu'au tour historique de ce document qui n'en justifie
l'attribution à l'auteur de l'*Histoire des causes... des révoltes et altérations des Pays-Bas ;*
une preuve décisive semble être l'emploi de certaines expressions caractéristiques,
comme « premiers, seconds, troisièmes troubles » pour désigner les diverses phases
du soulèvement contre les Espagnols, que l'on retrouve dans le *Discours* et dans
l'*Histoire* (par ex. au titre du ch. viii de la Ire partie, des ch. xvi et xx de la IIe
partie, etc.).

ny imposé leurs pays ; au contraire, ledict Artois paioit au roy de France une ayde ordinaire de xiiij^m florins par an, laquelle fut cedée et transportée a feu de tres auguste memoire l'empereur Charles Vme avec le droict de souveraineté, en paiement d'une partie de la ranchon du roy François premier, par le traicté de Cambray.

L'Empereur aussy assembla rarement les Estatz d'Artois, a cause des guerres regnans audict païs et la petite apparence d'en tirer notable fruict. Car, lorsqu'il consuivoit d'iceulx Estatz xx^m a 3o^m florins par un accord, c'estoit ce qu'il povoit esperer (1).

Les garnisons estoient paiées de son domaine, comme de mesmes les fortiffications des places, estant Sa Majesté sy aimé et chery, que les sujectz oublioient touttes les calamitez et incommoditez des guerres, avec sy grande patience et amour qu'il n'y avoit fort audict pays quy ne resista vigoureusement aux ennemis françois.

Apres ladicte cession des Pays Bas, en mains de feu d'immortelle memoire dom Phelippe iie de ce nom, son filz, les Estatz desdictz païs accorderent une ayde pour neuf ans a l'advenant de viiie mille florins par an, laquelle pour ce regard fut appellée novennalle, en laquelle treize provinces concorderent de leurs cottes en ladicte somme, ayant Artois esté tauxée a une sixiesme part de Flandres seulement (2).

Le duc d'Alve, gouverneur general des provinces, aiant succedé a Madame la ducesse de Parme, pour l'entretennement de l'armée qu'estoit en pied, feyt convocquer les Estatz des provinces pour les induire a quelque bonne somme audict effet, desirant tirer deux millions de florins, sur la forme de repartissement des cottes ja usité. Mais ceulx de Flandres et Brabant se rendirent difficilz, alleguans qu'ilz estoient trop surchargez, et que ceste forme avoit esté introduicte durant les guerres contre la France, lors qu'Artois et Haynnault n'estoient en tel fleur comme se retreuvoient, qu'ainsy, pour estre les choses deteriorez d'un costé et meliorez d'un aultre, soutenoient qu'il faulloit faire nouvelle assiette, ou aultre cottisation plus esgalle (3).

____

(1) La première partie de cet historique ne répond guère à la réalité : les sacrifices financiers demandés à l'Artois par Charles-Quint furent, même en valeur nominale, infiniment plus lourds que le _Discours_ ne l'indique (cf. supra, I, 226 sqq.); il faut voir ici une preuve de cette popularité posthume de l'Empereur que nous avons déjà eu occasion de signaler (I, 23o, n. 3). A noter également que, même s'il reposait sur des données exactes, le raisonnement de notre auteur serait ruiné dans son principe par le fait qu'il ne tient nul compte de l'avilissement rapide de l'argent depuis le premier quart du XVIe siècle.

(2) V. supra, I, 95, n. 2.

(3) Nous renvoyons le lecteur à ce que nous avons dit (I, 248 et suiv.) sur la politique financière du duc d'Albe ; le _Discours_ que nous publions donne, du reste, sur cette question de précieux détails.

Pour faire preuve de leur raison, requeroient qu'on mit sups une imposition generalle sur le vin, cervoise, chair, draps et aultres especes quy se consoment par le peuple, ou bien sur le revenu annuel d'un chacun, et que cecy, estant general sur les provinces, causeroit moindre injustice. Au contraire, aulcuns Estatz particuliers, et nommement Artois, ne vouloient ce changement, ains insistoient qu'on proceda comme du passé par cottes.

De ceste difficulté proceda, qu'a l'instance du duc d'Alve, fut mis sups audict pays le C^{me} denier de la value de tout le bien meuble et immeuble d'un chacun, quy fut accordé et executé en l'an 1569.

Mais comme, l'année suivante, l'on ne voulut entrer en un nouveau C^{me} pour l'importance et grandeur de la somme a la charge de chacun heritier et proprietaire, et pour son inegalité et consequence (car tel quy avoit ses filles a marier s'estoit faict plus riche qu'il n'estoit a la reale verité), quelque esprit peu heureux mit en avant au duc d'Alve de demander les Xme et XXme deniers, sçavoir le Xme denier des marchandises et manufactures, et le XXme du revenu des terres et heritages (1).

A cez fins, le duc d'Alve donna charge a Pedro de Arcanti visiter tontes les villes et villages de pardeça, pour sçavoir au plus prez l'importance des manufactures, pour en apres faire le calcul du Xe denier.

Par le besongné duquel se voit particulierement, qu'en l'an 1570, les manufactures revenoient en tout a quarante quatre millions huict cent soixante quattre mille huict cent quatre vingtz trois florins selon l'estimation lors faicte. En quoy les duc[é]s de Luxembourg, Geldres et pays d'Oultre-Meuse, ny Zelande ne furent comprinses.

Assçavoir : Brabant, xj millions 197 mille 416 florins; Flandres, dix millions 407 mille 891 florins; Malines, 262 mille 880 florins; Lille, Douay et Orchies, 8.883 mille 698 florins ; Tournay, 2.359 mille 200 florins; Artois, 1.718 mille 540 florins; Vallenciennes, 5.223 mille 980 florins; Hollande, 2.029 mille 148 florins; Utrecht, 734 mille 900 florins ; Overissel, 1.610 mille 260 florins; Frise, 196 mille 200 florins ; Namur, 454 mille 980 florins.

Oires, le duc, considerant par l'importance dudict x^e denier, esperant qu'il se pourroit mectre en practicque, pressa fort tous les Estatz sur icelluy, decretant, le xixe de Juing 1570, un placcart contenant la forme et maniere qu'il entendoit et vouloit le faire lever.

Mais, comme la levée n'estoit limitée ny restraincte, cela ne fut accordé, alleguans les Estatz qu'on eut payé cincq, six, voires aucunef-

---

(1) Plus exactement, le XXe de la vente des immeubles.

fois, sept fois le Xᵉ denier avant qu'une estoffe fut esté mise en estat de plainié usage; d'aultant qu'un drap eut paié a la vente de la laine au filet, au tisseran, a la vente en gros, et a celle faicte a la detaille par le marchant, et cestuy a celluy quy s'en vouloit servir. Le duc, entendant cela, mit une aultre fois en avant la somme de deux millions de florins paiable par toutes les provinces en un an, mais, pour la treuver, failloit que chacune province entendit et recognut sa portion, pourquoy faire convenoit encores venir aux cottisations, quy estoit retourner au premier differend; par ainsy, rien n'alloit avant.

Par quoy, icelluy duc, par divers edicts du 23, 24 et 27 de febvrier 1571 (1), par l'advis du Conseil d'Estat, modera et reforma ou adoucit ce Xᵉ denier en divers endroictz, le rendant aucunement souffrable et practicable, consentant qu'il ne se leveroit, sinon sur ce que seroit mis en son dernier usage, remectant plusieurs rigeurs de la premiere forme et des instructions des collecteurs, esperant d'en venir par ce moien a chef.

Mais ce nom de Xᵉ denier estoit dezja rendu sy odieux, que la plus part et les plus importantes provinces feyrent excuses de l'accorder.

Touteffois, comme l'on feyt grande et nouvelle instance vers aucunes pour y parvenir et vers quelques aultres (attendu la necessité), on sambloit y proceder d'auctorité souveraine avec rudesse, cela engendra beaucoup de mescontentemens et degoustz parmy le peuple.

Tellement que ce differend, poursuivy par ledict duc et rejecté par les sujectz, fut trouvé par apres (par les heretiques) et recognu matiere avancée pour remuer mesnage par secondz troubles, survenuz durant ce gouvernement.

Les Estatz, pour le terminer, envoierent deputez en Espaingne vers Sa Majesté, offrans lesdicts deux millions par an pour six ans, affin d'estouffer la demande desdicts Xᵉ et XXᵉ deniers, et, entretant, accorderent respectivement quelques sommes (comme ilz disoient) selon leur puissance.

D. Loys de Requesens et de Zuniga, Grand Commandeur de Castille, aiant succedé au duc d'Alve, commença son gouvernement par negotiation avec les Estatz, affin de donner appaisement aux gens de guerre ausquelz l'on debvoit beaucoup, et fut d'advis de tenter fortune sur un second Cᵐᵉ et d'avoir obligations des Estatz, affin de lever par leur credit argent et finances au fraiz du Roy, esperant que cela n'avoit riens de commun avec les deux millions offerts.

Aulcuns desdictz Estatz accorderent un second Cᵐᵉ des immeubles,

_____

(1) 1572 n. st.

et le parfaict de leurs cottes de deux millions, pour les 4 années precedentes ; aultres aimerent mieulz de donner quelque somme pour une fois pour redemption, a commencer apres l'expiration des six années des cottes de deux millions, soubz diverses conditions, quy despleurent audict Commandeur. Les Estatz, persistans aux conditions, aians prins a desplaisance les avantages, services, alterations et propos des gens de guerre, furent cause que les aydes ne furent promptement furnies comme la necessité requeroit, survenans, sur l'execution desdictes conditions, remises quy passerent et durerent jusques aux troiziesmes troubles. Cependant, aucunes bonnes sommes furent furnies, mais la plus saine partie fut levée a rente sur l'obligation des Estatz, a cause que les peuples n'estoient encores sy bien accoustumez a la pratique des moiens ausquelz depuis se sont laissez assujectir. Voires, en d'auculnes provinces, l'on a levé deniers a rente, pour paier le cours des constitutions precedentes.

Apres la mort du Grand Commandeur, les Estatz feyrent aussy des excuses, vers ceulx du Conseil d'Estat.

Depuis, durant la revolte et alteration des peuples, survenue quelque tamps apres, les Estaz Generaulx furent joinctz et uniz a Bruscelles, et commencerent a prendre le gouvernement en main, a faire des levées par impositions de certains moiens, qu'ilz nommerent generaulx (1), pour paier les gens de guerre par eulx levez contre les Espagnolz et le s^r dom Juan d'Austrice, a intention de faire six cent mille florins par mois. Oultre ce, creerent tres grand nombre d'obligations et constitutions de rente, vers tous ceulz quy leur vouloient bailler argent a rente ou finance, revenant a sommes excessives qu'on ne sçaura acquicter ny descharger (2).

Ce qu'aians les Estatz d'Artois recognu, ensamble l'importance desdictes obligations, affin que le desordre ne glissa plus avant, ordonnerent a leurs deputez de n'entrer en ulterieure charges, alleguans qu'ilz avoient oultrepassé leur pouvoir et instructions, revocant en effect leur procure (3).

Laquelle revocation fut cause d'une assemblée a Arras l'an 1578 desdictz Estatz d'Artois, en laquelle, de la part de la generallité, fut proposé la demande de quatrevingtz dix mille florins tout promptement, pour le paiement des reittres du comte Casimir, Palatin du Rhin (4).

(1) V. supra, I, 258.
(2) A plusieurs reprises, des réclamations furent adressées aux États particuliers des provinces réconciliées par des créanciers des États généraux ; il n'y fut, semble-t-il, jamais donné suite.
(3) V. supra, I, 261 et n. 1-2.
(4) Jean-Casimir, fils de l'Électeur palatin, commanda, en effet, une armée de reîtres, à la solde des Etats Généraux.

Ceste proposition ayda en certaine façon aux affaires de Sa Majesté et a la reduction d'aulcunes provinces, prevoiant ceulx d'Artois la difficulté de recouvrer ladicte somme et qu'elle seroit mal emploiée, joinct que leurs deputez rappelez de l'assamblée generalle leur dirent plusieurs choses de la confusion et desordre de leurs finances, sur ce que l'armée avoit esté pourjectée sur lesdictz six cent mille florins par mois ; neantmoingz, par l'estat de gens de guerre acceptez, ledict mois excedoit un million de florins quy fut treuvé un fourcompte hors de la puissance et volonté des provinces.

Ainsy ceulx d'Artois refuserent ceste ayde et, quelques mois apres, suivit la reconciliation des provinces d'Artois, Haynnault et Lille.

Par le traicté desquelles, de l'an 1579, sont ratifiées toutes les constitutions de rentes, pensions et aultres obligations, asseurance et impositions que lesdictz Estatz avoient faict, par accord de chacune province respectivement, et fut dict que, pour l'advenir, lesdictes provinces ne seroient imposez aultrement, ny par aultre forme ny maniere, qu'ilz avoient esté du tamps et regne de l'Empereur Charles Vme, par consentement libre desdictz Estatz (1).

Et comme lesdictes provinces reconciliées furent fort travaillées de guerre, voires desolées par places voisines demeurées en leur revolte, comme Cambray, Tournay, Bouchain, etc., les aydes furent petites pour quelques années, sçavoir jusques l'an 1586, que, lors estant les licences mis sups en portz et villes maritimes de Flandres, les Estatz d'Artois, pour s'en affranchir, accorderent a feue Sa Majesté la somme de 11e mille florins (2), pour lesquelz furnir et treuver, l'on crea novelles rentes a la charge des impostz dudict pays.

Depuis, successivement, iceulx Estatz accorderent quelques aydes, tant pour le paiement des garnisons que subvention de la guerre contre les rebelles et l'entretenement des fortz opposez a Cambray, continuarent tousjours la rencharge desdictes rentes.

La plus grande ayde et levée de deniers qu'ilz feyrent a Sa Majesté fut pour le siege et reduction de Cambray (3) ; car, poussez d'un ardant desir de veoir la province delivrée des François quy y commandoient, feyrent un effort digne de memoire, secourans en ceste saison Sadicte Majesté d'hommes, vivres et d'argent, qu'ilz ont declairé avoir porté, comprins interestz et fraiz, approche un million de florins, en comptant les garnisons et fortiffications, et les prestz faictz a Sa Majesté non encores remboursez.

<hr>

(1) V. supra (II, 182-183) les art. XIX et XX du traité de Mons.
(2) V. supra : *liste chronologique*, II, 81.
(3) En 1594 et 1595.

Oires, bonne partie de la somme fut prins a cours de rente; et, sans cela, estoit impossible de complir le secours.

Mais ç'at esté une faulte et erreur en precedentes levées, par constitutions et obligations desdictes rentes, de n'avoir incontinent treuvé et mis en praticque les moiens proportionnez aux accordz desdictes aydes, pour, hors d'iceulx, rembourser peu a peu le capital, d'aultant que l'interest d'icelles rentes par succession a porté par chacun an cent x mille florins et mieulx (1), lequel at esté paié et satisfaict du revenu procedant des impositions mises sur le vin et bierre audict pays, ayant le moien des aydes esté d'aultant affoibly.

La guerre de France apporta aussy aultre notable diminution d'icelles impositions, par le gast et ruine du plat païs, sejour des armées et secours donné aux villes et places occuppées en France, comm' il est notoire.

De sorte qu'en l'an 1600, tamps de l'accord de l'ayde generalle (2), tauxée pour la cotte d'Artois a 300^m florins, fut besoing de mectre sups les C^{mes} avec lesdicts impostz; aultrement, l'on n'y povoit satisfaire.

Ceste ayde at esté furnie a peu prez d'an en an, jusques a la trefve avec les Provinces Unies (3). Et depuis, iceulx d'Artois ont encores continué, toutesfois avec quelque diminution, telle que de dix a XX^m florins a la fois, en sorte qu'en ce mois de septembre 1618, ladicte ayde est reduicte a cent nonante dix (*sic*) mille (4).

Oultre laquelle, ilz paient l'interest susdict de leurs rentes, et plusieurs villes et baillaiges (voires quasy toutes) souffrent impositions pour la fortiffication des places quy sont toutes frontières, a la descharge du prince. Les frais de la convocation desdictz Estatz (5), gaiges de leurs deputez et receveurs, avec l'audition des comptes et deputation en court, portent an par an XX a XXX^m florins, quy est neantmoings peu, au regard de semblables fraiz que font les aultres provinces.

Mais ceulx procedans et causez par les executions journalieres et forcées pour parvenir au paiement des impostz et aultres levées sont infinis, tant pour la malice des fermiers, sergeans et practiciens comme pour la pauvreté des redebvables.

Davantage, il n'y a ville ny baillaige ou ne se retreuve quelque impo-

---

(1) V. supra, I, 162.

(2) C'est-à-dire votée par les États Généraux ; c'est aussi l'aide qu'on appela abusivement « ordinaire ».

(3) En 1609. C'est, en effet, à partir de 1610, que le subside annuel commença d'être légèrement diminué.

(4) *Corr.* : 190.000.

(5) Il s'agit sans doute des frais d'installation de la salle des séances, car, on l'a vu (I, 31 sqq.), la convocation était l'affaire du pouvoir central.

sition particuliere obtenue partie par necessité (1) (leurs affaires publicques le requerant ainsy), partie pour ouvraiges volontaires.

Que plus est, aulcuns lieux ont obtenu des impostz pour bastimens et fondations de cloistres et lieux pieux, reparation d'eglises et places publicques (1), voires quelques seigneurs pour bastir des maisons propres a y tenir leurs justice, reparer leurs chauchées et choses samblables, ce pendant sans fondement, veu qu'a cause de leurs fiefz, ilz estoient submis a telles charges et joissent des emolumens dependans de leurs chemins et justices, paians en effect leurs debtes aux despens du public.

Tellement que s'y l'on faisoit un amas et calcul de toutes les charges courans presentement au pays contre l'usance du passé, l'on treuvera le tout porter a bonnes sommes.

Une partie procede du desir que plusieurs ont de manier denier, avoir des vacations et commissions, faire leurs affaires, ou rejecter sur aultres les charges qu'ilz doibvent supporter, obtenans les ouctrois audict effect.

Cependant, cez charges affoiblissent les moiens propres pour relever les aydes de Leurs Altezes, demonstrant l'experience que plus l'on impose le vin et la forte biere, tant moindre est la consomption, mesmes que les fraudes accroissent.

Par les comptes de la ville d'Arras se recognoist qu'en un jour ordinaire de marché y avoit anciennement plus de debit de vin en tavernes et hostelleries que maintenant en un mois ou cinq sepmaines.

Ce n'est poinct pour la diminution des peuples quy en donne la cause, mais la pauvreté, lesdictes fraudes et accroissement desdictes charges.

Que ladicte pauvreté soit plus grande qu'on ne croit, l'on asseure Son Alteze qu'on treuvera cent et cent villages en Artois ou la biere n'est recouvrable, et ne s'en brasse aulcune, voires poinct chez les principaulx labouriers.

Que la moictié du peuple ont souffert avant l'aoust indigence de pain et se sont contentez de sy peu que merveille, dont partie estoit emendié.

Que grande partie des paysans couche sur la paille et se contente de la moictié moingz en leur besoingne que ne faict un Flameng ou Brabançon.

Pour aultant qu'Artois est un pays quy a fort peu de traffic, du moingz poinct a l'egal de Flandres et Brabant, les peuples n'y sont aussy sy labourieux ny industrieux qu'en Flandres, au contraire sont

(1) V. supra, I, 143.

plus propres et inclinez aux armes, a l'estude et a l'oisivité, joinct que ledict pays n'est abondant en bois, pasturaiges et aisances, mais bien en terres labourables, desquelles la culture est presentement de grande despence par le rencherissement de toutes choses necessaires audict effect, jaçois les trois années dernieres aient esté assez steriles.

De maniere que, joindant la consideration des charges, tailles et impositions continu des sy longues années, l'on ne se doibt beaucoup esmerveiller de l'estat present dudict pays.

Dont procede que les proces et affaires de justice sont creuz vingt fois plus que du passé.

Que de dix censiers les neuf sont ruinez et appauveriz.

Que les juges depeschent plus d'executoires en un mois qu'on ne souloit avant les guerres en un an.

Que le peuple est grevé par constitutions de rentes et usures.

Qu'on voit quantité de lettres d'induction, attermination, respit et cession de biens.

Que les compaingnies d'hommes d'armes, ensamble les garnisons, ne sont estoffez que de gens faillys et rompuz.

L'on allegue encores quelques aultres causes accessoires, quy sont plus particulieres que generalles.

Assçavoir que, devant les dernieres guerres, les François avoient notable quantité de terres et seigneuries en icelluy païs, et les bailloient en ferme et louaige a vil pris, dont l'on est frustré, pour aultant que maintenant elles sont vendues a ceulx de pardeça quy en tirent l'extreme du revenu.

Que les ecclesiasticques n'estoient cy devant sy grandz mesnagers, et bailloient leurs biens a rendaige plus moderé que pour le jourd'huy.

Que les censiers rencherissent les censes l'un sur l'aultre par telle façon qu'ilz n'y peuvent tenir coup et qu'a ceste occasion avancent leur ruine (1).

Que les accidens des feuz sont frequens au plat païs, et ont appauvry plusieurs labouriers.

Par le discours cy dessus se remarquent les principales causes quy difficultent les aydes. Reste de toucher quelques aultres poincts de consideration quy aydent a mesme fin, et sont aussy a remarquer.

Pour suppler la courtresse des impostz, les Estatz font practiquer la levée des C^{mes}, a proportion d'un tiers ou de la moictié, sur le pied de

____

(1) Ici encore, l'auteur de ce *Discours* anonyme ne remarque pas que l'augmentation des fermages a comme principale cause la diminution notable du pouvoir d'achat de l'argent.

la tauxe de l'an 1569 (1) qui est un moien fort inegal. Car, en quartiers ou les biens sont baillées ordinairement en argent, et l'estoient audict an, comme a Bethune, Laleu et Aire, ceste levée est griefve, a cause que la tauxe portoit lors le Vme denier du revenu (2).

En aultres quartiers, ou les rendaiges estoient en grains, le C^me est supportable, car le bled ne fut lors estimé qu'a xx s. le mencauld.

Laquelle estimation a lieu pour le present : l'on a bien proposé aus dictz Estatz de changer ledict pied, mais, deschargeant un suject pour rencharger l'aultre, cela engendreroit de l'odiosité vers les interessez, ainsi par discretion l'on n'a jugé convenable d'y apporter changement.

Entretant, les plainctes desdictz interessez rendent les accordz des aydes tant plus difficiles.

Pour a ce remedier, l'on a pensé mectre en praticque la voie des tailles (3) et delaisser lesdictz C^mes, mais le tiers estat s'est opposé, comme seul foulé par lesdictes tailles.

Toutes aultres inventions pour lever aydes, sy comme sur la moulture des grains et sur les bestiaulx, ont esté rejectées comme non practicables ou sy odieuses qu'on a redoubté l'usaige et la consequence d'une emotion populaire.

Riens ne seroit plus egal et facile qu'une juste imposition sur le sel ; neantmoingz, elle est abhorrée pour l'exemple des voisins.

Aultre poinct de consideration causant la diminution des accordz, est la persuasion enraciné en quelques ungz du corps des Estatz, qu'ilz ont cy devant contribué et contribuent plus que leur contingent et cotte ancienne (4) a proportion des aultres provinces.

L'on leur a remonstré que Flandres est en un aultre estat que du passé, que les ennemis occuppent plusieurs places et baillaiges bien fertilz, que le pays est foulé par les garnisons, qu'ilz sont chargez de dicquaiges et choses samblables, mais il est mal possible allendroict d'aulcuns de les desabuser entierement.

---

(1) Il n'est pas tout à fait exact de dire que les cahiers du C^me de 1569 ne subirent aucune modification : l'impôt, nous l'avons vu (I, 134), était légèrement plus productif au début du XVIIe siècle que vingt-cinq ans auparavant ; mais il est certain que cette augmentation n'était pas proportionnelle à l'accroissement de la valeur des terres et qu'une refonte complète des rôles eût été nécessaire.

(2) La taxe était même plus forte pour les dîmes, les viviers, les moulins, etc. (V. supra, I, 156-157).

(3) On établit, en effet, 8 aides extraordinaires sur le plat pays en 1603 et, peut-être, fut-il encore question dans la suite de revenir au vieux système fiscal, ce qui expliquerait les démarches faites par les États, entre 1606 et 1614, pour obtenir la revision de l'assiette des aides (I, 122).

(4) Le sixième de Flandres (I, 95, n. 2).

Quelques personnes encores alleguent pour excuser icelle diminution d'aydes, qu'on debvroit soulager le peuple des avantaiges et
proufflctz que certains gouverneurs se font donner en l'extendue de
leurs baillaiges, estimans qu'il y a de l'injustice et de l'exces, et que
c'est une aultre espece d'ayde. Sur quoy se peult dire que cecy n'est
practicqué par les gouverneurs d'Arras ny de St-Omer quy s'en sont
tousjours abstenu, comme ont faict les precedens gouverneurs d'Aire et
Hesdin ; et, quant aux aultres gouverneurs et modernes, se fondent
l'exemple ou sur ceulx ausquelz ilz ont succedé. Mais l'on leur repare
que ledict exemple a commenché durant les troubles de gré a gré,
pour s'exempter des foules des gens de guerre passans et rappassans,
que paravant n'estoit ainsy, et qu'aiant le peuple consuivy la paix, la
raison requeroit que lesdictes furnitures seroient retranchées.

Disent de plus que certains gouverneurs, touchez d'une sinderese
de conscience en ont aultresfois faict restitution aux communaultez
des villages.

Se plaindent d'avantaige de la forme, assçavoir de la voie militaire
au dehors de celle de justice, de la consequence pour la praticque
moderne ez lieux ou les furnitures n'ont esté en usance, aussy bien
que de l'accroissance en aultres, joinct que les places seront a jamais
frontieres.

Ores, jaçois lesdictes furnitures reviennent a peu pour chacune
communaulté et village, que la charge ne soit sy grande comm' il
samble, neantmoingz cecy cause du mal parmy le Clergé et Tiers
Estat, entrevenant en l'assamblée desdictz Estatz, alleguans que ceulx
quy les exigent sont importuns et peult estre qu'ilz ne se rendent sy
populaires, ny sy aggreables comme estoient leurs predicesseurs ainsy
que la nation requiert.

Quoy qu'il soit, aulcuns ont desgoust a ceste occasion, comme l'on
recognoist par leurs discours et, s'ilz povoient, excluroient volontiers
les gouverneurs de leur assamblée esdictz Estatz.

Aultres se plaindent encores, sçavoir les villes, du riglement de
Bapasmes sur la justice militaire, depuis extendue a toutes les aultres
places, alleguans ledict reiglement n'estre practicable, et contenir
plusieurs choses contraires aux usances anciennement gardées et
observées.

Item, du libre passage des chevaulx en France nagueres accordé (1),

----

(1) En dépit des plaintes des États, les Archiducs refusèrent à la fin de 1609 de
rétablir l'interdiction du transit des chevaux en France, édictée par Charles-
Quint (P.-de-C., C 797, fol. 157). Les États revinrent à la charge en juillet 1629, sans
plus de succès, semble-t-il (Ibid., C 799, fol. 599 et 603 v°).

disans que, pour une petite recognoissance, l'on a depuis faict encherir d'un quart le pris desdicts chevaulx dont les sujectz ne se peuvent passer, a raison que les François journellement achaptent et eslevent bon nombre et s'en fortiffient, hantans et frequentans a present tous les marchez.

L'on represente tous ces poinctz affin que l'on soit informé de la reale verité, d'aultant que, pour parvenir aux aydes demandées, est besoing de recouvrer tant les moiens que les bonnes inclinations et volontez de ceulz quy font les accordz. L'on pouroit adjouster a ce que dessus quelques aultres causes particulieres engendrans degoust parmy certaines personnes des Estatz, mais souffira (comme l'on espere) ce que dessus, pour y remarquer le gros et principal.

Philippes de Commines, quy avoit servy le duc Charles de Bourgongne et depuis participé a tous les secretz du roy Loys xime de France, dict en ses *Memoires* que le comté de Flandres est peu de cas, sans ledict pays d'Artois, quy est assis entre la France et eulx, leur estant comme une bride (1).

L'on peult dire ce jourd'huy encores le mesmes, soit que l'on regarde la noblesse et les soldatz qu'elle produict au service de son prince, estant leur fidelité apparu au tamps de toutes les guerres passées, et qu'au contraire les Flamengz sont plus inclins a mutations et revoltes populaires, comme s'est veu par longue suyte d'exemples, ce que doibt estre attribué aux richesses et a la pauvreté de l'une et l'aultre province respectivement.

Partant, attendu l'importance de celle d'Artois, est bien requis de conserver les bonnes volontez des sujectz, affin de les emploier aux occasions contre leurs voisins, pourvoiant equitablement aux plainctes et aux choses de leur soulagement.

Les principaulx ausans dire qu'ilz accordent les aydes pour l'amour et seul respect qu'ilz portent à Leurs Altezes; cessant quoy, ne les accorderoient, et, qu'advenant guerre contre la France, ilz n'ont plus les forces et nerfz pour y resister comm' ilz ont faict par le passé.

---

(1) Commynes, à vrai dire, ne parle pas du rôle de boulevard militaire que joue l'Artois vis-à-vis des Flandres ; il insiste seulement sur le loyalisme des Wallons, chez qui les ducs de Bourgogne avaient toujours trouvé des soldats pour réprimer la turbulence flamande ; voici, du reste, le texte de COMMYNES (éd. B. de MANDROT, II, 61-62) : « Le Roy nostre maistre, qui estoit bien saige, entendoit bien ce que c'estoit de Flandres et que ung conte dudit pays, sans avoir le pays d'Arthoys, qui est assis entre le roy de France et eulx (*les Gantois*), et est comme leur bride, car il s'en tiroit de bonnes gens de guerre pour les aider a chastier quand ilz faisoient les folz : et, pour ce, en oustant oudit conte de Flandres ledit pays d'Arthoys, il le laissoit le plus povre seigneur du monde et sans avoir obeissance, sinon au plaisir de ceulx de Gand. »

XVII

1630, 8 mars, St-Vaast d'Arras

*Les États d'Artois, en réponse à la lettre de Philippe IV du 14 décembre
1629 et aux déclarations faites en son nom le 7 février par le comte
de Solre, présentent au Roi leurs doléances touchant les désordres
qui se sont glissés dans l'administration des Pays-Bas, la désorgani-
sation de l'armée, la décadence du commerce, et proposent les moyens
qui leur semblent propres à y remédier.*

A. Original perdu.
B. Copie authentique contemporaine : Arch. dép. du Pas-de-Calais (fonds des
États d'Artois), *reg. C799*, fol. 639-643.

Les Estatz d'Artois, rejoinctz le cincquiesme de ce mois sur les lettres
que Sa Majesté a esté servye de leur escripre le treiziesme (1) du mois
de decembre passé et la proposition faicte de sa part par le comte de
Solres, chevalier de son Ordre, de son Conseil d'Estat, gentilhomme
de sa Chambre et capitaine de ses archiers de corps, touchant le redressement des foulles et desordres et restablissement du comerce es pays
de pardeça avecq les aultres roiaulmes et estatz de Sa Majesté, declai-
rent, avecq la submission que doibvent des tres humbles subjectz a
leur Roy, qu'ils rendent a Sa Majesté mille actions de graces de l'honneur qu'elle leur faict par ses lettres de la satisfaction qu'elle y tesmoingne de la fidelité et signalez services desd. estatz, tant a Sa Majesté que
ses tres augustes predecesseurs et de l'anchienneté de leur obeissance,
sy avant mesmes que Sa Majesté demonstre a ses subjectz et vassaulx de pardeça une prerogative et primogeniture d'affection et de
bonne volonté au regard de ceulx de sesdicts aultres roiaulmes et estatz.

Ce quy sert ausdicts Estatz d'Artois et leurs successeurs d'obligation
immortelle a la memoire de Sa Majesté et a soy porter en une constante
perseverance et continuation de leur tres humble obeissance, auquel
effect ils luy offrent de leur zele accoustumée (*sic*) leurs vyes, leur sang
et tout ce qu'ils possedent en ce monde.

(1) *Corr. :* quatorziesme. C'est la date qu'indique la copie de la lettre de Philippe IV
qui se trouve au même registre *C799* (fol. 631); GACHARD, qui reproduit cette lettre
dans ses *Lettres des souverains des Pays-Bas...* in : *Bull. de la Comm. roy. d'hist.*, IIe sér.,
I, 365-366) donne la même date; du reste, la lettre d'envoi par les États des doléan-
ces que nous publions répond bien aux « lettres que Vostre Majesté a esté servie de
nous escripre le xiiij^e du mois de decembre passé » (P.-de-C., *C799*, fol. 638).

Ne pouvans neantmoings celer le juste ressentiment qu'ils ont de recognoistre en la conduicte des affaires des effectz et evenemens du tout contraires et esloignez de l'affection et favorables intentions de Sa Majesté mentionnées esdictes lettres.

Ny aussy obmectre de luy representer les desordres glissez en touttes les partyes de l'Estat, assçavoir au gouvernement politicque, en la milice et au comerce, puisque Sa Majesté en permect et auctorise la remonstrance par ladicte proposition.

Pour le premier, concernant ledict gouvernement politicque, en ce que touche le Conseil d'Estat, par l'advis et direction duquel ces provinces ont esté cy devant gouvernées soubs la souveraineté des tres augustes predecesseurs de Sa Majesté, est aboly, du moings privé de ses prerogatives, actions et fonctions accoustumées et d'icelluy les prelatz, chevaliers de l'Ordre et aultres seigneurs principaulx du pays exclus, combien que, selon les loix fondamentalles de l'Estat, ilz y doibvent estre admis comme y interessez plus que nuls autres subjectz de Sa Majesté.

A la suitte de quoy l'honneur et prerogative attribuée de tout temps aux Estatz de chacune province auroient esté diminuées et leurs justes plainctes et humbles remonstrances negligées ou refusées, leurs previleges enffrainctz par la levée de tailles faictes sur le pauvre poeuple sans leur adveu et consentement et aultres samblables contraventions.

Et, d'abondant, les articles decrettez par le feu Serenissime Archiducq a l'assamblée des Estatz generaulx de l'an mil six cens, touchant le redressement des affaires et dont l'execution auroit esté jugée necessaire pour la conservation de l'Estat, demourez sans observance.

Combien touttesfois que, sur l'asseurance de ladicte observance, ces provinces obeissantes auroient accordé des tres grandes aides et particulierement celle d'Artois s'eslargy oultre sa puissance a une aide de trois cens mille flourins pour un an.

A quoy lesdicts Estatz furent portez avecq plus de zele sur l'espoir quy fut donné ausdicts Estatz generaulx que ladicte aide continueroit peu d'années et que les provinces seroient bientost depestrées de ceste funeste et miserable guerre par la reduction des rebelles a la raison.

Et aussy sur la proposition que leur fut faicte que lesdictes aydes seroient emploiées a l'entretenement d'un corps d'armée de naturels du pays et, moiennant icelles, les provinces exemptes de touttes foulles, levées de tailles sur le plat pays pour leur entretenement, furniture de chariotz et de touttes aultres charges.

Les dicts Estatz d'Artois auroient ainsy conditionné par leurs accords, iceulx esté acceptez en ceste forme et les dictes conditions entretenues par le feu Serenissime Archiducq.

Mais ils y voient maintenant une contravention formelle par l'employ des dictes aides au paiement des gens de guerre d'aultres nations, entretenemens et aultres frais estans a la charge de Sa Majesté suivant les accords dud. an mil six cens.

Et les dictes aides mancquer ausdicts soldatz de la nation que l'on auroit prins occasion de repartir en la dicte province d'Artois et aultres, lesquelles en auroient esté mangées et ruinées impugnément, nonobstant les plainctes en faictes.

De plus, la noblesse et aultres officiers de guerre du païs, aians donné tant de proeuves de leur valleur, experience militaire et service aux guerre[s] passées, auroient esté exclus des Consaulx d'Estat et de Guerre et aussy des principalles charges de·la milice, sans consideration de la qualité de leur naissance et merites.

Voires mesures de compecter en faict d'entretenement, egallité de paye, prerogative, honneur, advantaige en bataille, postz es sieges de villes, avecq les officiers de guerre des aultres nations.

De plus, les compaignies de cavaillerye et d'infanterye levées a grands frais par ceulx de la noblesse du pays leur esté ostées et conferées a ceulx d'aultres nations, pour les difficultées moeues sur le commandement, lequel leur touche et appartient selon tout ordre et regle de milice et dont ils ont esté de tout temps en possession.

Quy auroit causé un entier degoust de la noblesse et empesché la concorde et union quy doibt estre entre les gens de guerre de l'armée de Sa Majesté, laquelle, pour ces divisions, n'at faict les exploix que l'on pouvoit attendre d'une nation sy belliqueuse.

Joinct que le mancquement de paye aux soldatz de ladicte armée, icelle se seroit aneantye par la retraicte de plusieurs soldatz de touttes nations vers l'ennemy.

Aians lesdicts soldatz esté forchez a ladicte retraicte, non par l'infidelité, ains par la violence et exces des miseres, disette et pauvreté par eux souffertes.

Le troiziesme desordre est au commerce dont ces provinces obeissantes ont esté sy renommées par tout le monde, au lieu de le favoriser, comme ont faict les tres augustes predecesseurs de Vostre Majesté, il est entierement diverty et anneanty par la retraicte des marchans et artisans voians l'establissement des nouvelles impositions sur les marchandises, augmentation des vielles, comme aussy des peaige [s], droix, tonlieux et l'empeschement quy se donne au passaige d'icelles contre la liberté publicque.

Nonobstant tous lesquels desordres, ces provinces et particulierement celle d'Artois auroient faict paroistre plus que jamais leur zele soubs le regne de Vostre Majesté, durant lequel ils n'ont pas seullement continué lesdictes aides, mais aussy luy accordé plusieurs subsides et souffert une infinité d'aultres surcharges quy les rend (*a*) impuissans de les continuer.

Et avoient conceu quelque espoir que Sa Majesté les en subleveroit, puisque, par ses dictes lettres, elle tesmoingne tant d'affection et desir de soulaiger ses tres fidels subjectz.

Mais ils ont veu des effects contraires en la nouvelle proposition faicte ausdicts Estatz le septiesme du mois de febvrier passé, par laquelle, au lieu de moderer les demandes des aides, l'on les auroit redoublé (1).

Quy a porté lesdicts Estatz a des grandes perplexitez, considerans leur impuissance et ces provinces reduictes a tel exces de miseres qu'elles sont menachées d'une entiere ruine et subversion apparente, sy Sa Majesté n'est servie de les sublever et apporter promptement la main salutaire a ces maulx, selon l'asseurance qu'Elle en donne par sesdictes lettres.

Et, puisque Sa Majesté est servie de leur donner ouverture de proposer les remedes a ces desordres, ils n'en recognoissent de plus convenables qu'en l'observance des loix fondamentalles du pays, le restablissement des Consaulx d'Estat et de Guerre et, en iceulx, admis les principaulx seigneurs et officiers de guerre naturels du pays, aians, par leur naissance, service et experience, mérité ces grades et dignitez.

Que l'autorité et previleges des Estatz soient conservez et iceulx favorisez en leurs remonstrances, selon la justice et equité d'icelles.

Et, a la suitte de ce, que, pour l'advenir, touttes levées de tailles, impositions et aultres charges, sans participation, adveu et consentement des Estatz, cessent.

Que les articles decretez par le Serenissime Archiducq a la dicte assemblée des Estatz Generaulx soient entretenuz.

Au regard de la milice, que Sa Majesté soit servie d'envoier bonne provision de deniers pour l'entretenement de l'armée, comme n'estans ces provinces suffissantes de la maintenir de leurs moiens.

(*a*) B : rends.

(1) Dans des remonstrances, analogues à celles-ci, mais d'un caractère plus particulier, qui avaient été envoyées au Roi le 13 janvier précédent (P.-de-C., *C 799*, fol. 625 v°-628 v°), après avoir constaté que « ceste province d'Artois » a « plus contribué en une année qu'en cincq du règne dud. feu roy Philippes second » (fol. 626 v°), les États avaient émis le vœu « que pour faire cesser les plainctes generalles du pauvre poeuple et l'exces des aydes continuées par sy longue suitte d'années », Sa Majesté « eût pour aggreable d'en modérer les demandes » (fol. 627).

Que les aides des provinces soient emploiées au paiement des gens de guerre de la nation et, moiennant icelles, lesdictes provinces exemptes de touttes foulles, mengeryes et exces de gens de guerre, comme aussy de touttes levées de tailles sur le plat pays, soit pour leur entretenement, fourniture de chariotz comme aultrement.

Que, pour la plus grande prosperité de l'armée de Sa Majesté et les encoraiger, la noblesse et aultres naturels du pays, aians es guerres passées tesmoingné tant de valeur et exposé sy liberallement leurs vies pour le service de Sa Majesté, icelle ait pour aggreable de les admettre aux principalles charges de la milice et leur donner les mesmes honneurs, rangs, postz es armées, rencontres, batailles, es sieges de villes. qu'ont les aultres nations avecq le mesme entretenement et egallité de paye.

Que, pour le dernier quy est le commerce, dont deppend la sustentation, maintenement et accroissement du peuple, que touttes nouvelles impositions establies a l'entrée et sortye des marchandises sans la participation des Estatz soient revocquées comme aussy l'augmentation des vielles et de tous droix, tonlieux et peaiges, et le commerce favorisé comme il a esté du passé.

Et, affin de le promouvoir de tant plus entre les subjectz de Sa Majesté, que touttes les impositions que les Estatz d'une province levent a la charge de l'aultre pour leurs aides et aultrement, soient revocquées, conformément aux anchiens concordatz confirmez par placcart de l'Empereur Charles cincquiesme.

Supplians lesdicts Estatz Sa Majesté d'avoir ceste presente remonstrance pour aggreable, comme tendante a son plus grand service et procedant du zele de ses tres fidels subjectz constituans tout leur bonheur au maintenement de nostre saincte relligion catholicque, apostolicque et romaine, en l'obeissance de Sa Majesté, affermissement de son auctorité souveraine et conservation de ses estatz quy deppendent d'un prompt applicat et observance des remedes cy dessus mentionnez; lesquels negligez ou retardez, accroistreront infailliblement les malheurs et renderont le mal incurable. C'est ce que lesdictz Estatz attendent du soing, affection, clemence et justice de Sa Majesté, laquelle est, d'abondant, suppliée de respondre favorablement sur ceste remonstrance.

Faict au lieu abbatial de Sainct Vaast d'Arras le huictiesme de mars mil six cens trente.

XVIII

1640, 21 janvier, [St Vaast d'Arras]

Les États d'Artois, s'excusant de ne pouvoir, en raison de la misère croissante du pays, augmenter le subside [de 72.000 fl.] octroyé par eux en octobre 1639, accordent pour le semestre de novembre 1639 à mai 1640 une aide mensuelle de 13.000 fl. seulement, à lever, faute d'autres moyens financiers, sur le crédit royal, les intérêts étant à la charge de la province, et supplient le Cardinal-Infant de pourvoir d'urgence à la sécurité de l'Artois menacé d'une nouvelle invasion.

A. Original perdu.

B. Copie authentique contemporaine : Arch. gén. du Royaume de Belgique ; Papiers d'État et de l'Audience, *reg. n°* 690, fol. 352-353.

C. (id.) : Arch. dép. du Pas-de-Calais (fonds des États d'Artois), *reg. C* 799, fol. 1002 v°-1003 v°.

Les Estats d'Artois, rejoints le seiziesme de ce mois pour prendre resolution sur la proposition a eux faite par les comte d'Isemburg et president d'Artois de la part de Son Alteze Royale a leur assemblée du premier d'octobre passé, contenant demande d'une nouvelle ayde, et ayans iceux receu l'acte de la resolution prinse par Sadite Alteze le vingt quatriesme du mois de novembre dernier, par lequel elle declare de ne se pouvoir contenter de la diminution de l'ayde mentionnée audit acte, representent en tres humble submission qu'ils se sont trouvez fort perplez (*sic*) de la resolution prinse par Son Alteze pour l'augmentation dudit accord precedent, eu esgard aux raisons portées en l'acte desdits Estats du vingt deuxiesme d'octobre passé, quy les avoient forcé d'entrer en cette diminution d'ayde, et, entre autres, de la ruyne generale et universelle du plat pays, exposé jusques aux portes de toutes les villes aux excursions et hostilitez des François et icelles entierement ruynées par les logements excessifs des gens de guerre, les desordres qu'ils y commettent et le grand nombre des cantines esquelles les vivendiers vendent librement leurs vins et bieres et aultres consomptions sans impostz, ce quy a reduit tous les moyens desdits Estats en non valoir et insuffisans de satisfaire aux rentes dont ilz sont chargez et leurs mises ordinaires ; c'est pourquoy ilz suplient Sadite Alteze de considerer favorablement et equitablement que ne se peut tirer de cette diminution d'ayde aucune consequence au regard des autres provinces aussy frontieres, attendu qu'icelles sont mieux garanties et asseurées des excursions des ennemis par le benefice des rivieres les traversans que non point celle d'Artois quy n'en at aucune quy ne soit gueable, et de quoy se prevalans lesdits ennemis, ilz auroient rendu les années passées ladite province d'Artois le principal theatre de la guerre, selon qu'ils menacent encorres de faire au printemps prochain, s'il n'y est pourveu par Sadite Alteze ; et, d'autant qu'Icelle declare par l'acte de sa resolution d'avoir connoissance des ruynes et domages souferts par ladite province, lesdits Etats, se confians entierement en sa benignité et justice, la suplient d'avoir pour agreable et estre satisfaite dudit premier accord en tous ses termes et conditions. Et, au regard de la derniere ayde demandée a ladite proposition du premier d'octobre, combien que lesdits Estats ayent subject de s'en excuser en consideration des raisons cy dessus, sy est ce que, pour tesmoigner le debvoir de leur tres humble obeissance et service, ilz se sont encorre efforcez pour cette fois d'accorder la somme de treize mil florins par mois pour demy an commenché le premier de novembre dernier; et, d'autant que la puissance d'y satisfaire leur manque par la decadence entiere de leurs moyens, ilz sont forcez de suplier Sadite Alteze de comander la levée des deniers dudit accord sur son credit, a cours de rente, souz offre que font lesdits Estats d'en payer l'interrest et d'en donner leurs lettres obligatoires, avec les clauses de seuretés ordinaires, a ceux quy les furniront : a faute de quoy ilz ne voyent aucun moyen d'y satisfaire, se faisant le present accord aux charges et conditions et souz les modifications des precedens et, par especial, que la composition, distillation et vente du brandvin demeure libre en ladite province ainsy que du passé et sans que les marchans soient submis (a) d'en avoir octroy de Sa Majesté ou ses comis selon qu'est prescript par les lettres de Sadite Alteze aux president et gens du Conseil d'Artois en datte du vingt deuxisme d'octobre dernier, comme estante cette deffence contre la liberté publicque, impliquant un monopole et, outre ce, fort prejudiciable aux Estats et villes du pays, a cause des imposts qu'ils ont droit de lever respectivement sur ledit brandvin par octroy de Sa Majesté. Au surplus, comme il a pleu a Sadite Alteze, par ses lettres du treiziesme de decembre passé, de donner advis aux Estats des grands apprests des ennemis françois et de leurs levées de gens de guerre et provisions pour se mettre bientost en campagne et que cette province en est principallement menacée, ilz ont jugé estre de leur debvoir de faire tres humble

(a) C : et que les marchans ne soient submis.

instance vers Sadite Alteze a ce qu'elle soit servie d'embrasser serieuse-
ment sa deffence et protection, et, a cet effect, y envoyer au plus tot
les vivres et munitions necessairs, afin que les villes soyent garanties
du peril de se perdre en cas de siège ; et, au regard du plat pays, qu'il
ne demeure exposé en proye et a la discretion des gens de guerre de
l'armée royale, selon qu'il at esté la campagne passée, afin d'oster le
degoust et faire cesser les plaintes du pauvre peuple d'avoir esté plus
cruellement et inhumainement traité des soldats du Roy que des ennemis françois.

Fait le vingt et uniesme de janvier mil six cens quarante (*b*).

(*b*) *B in fine* : H. DESLIONS (*paraphe*). — 1640.

ADDITIONS ET CORRECTIONS DU TOME II

P. 12, 8ᵉ S.	*Ajouter à l'indication des sources de l'assemblée de septembre 1396 :* J. Billioud, *les États de Bourgogne,* 381.
P. 15, 4ᵉ S.	*Ajouter à l'indication des sources de l'assemblée du 2 mars 1414 :* Borel d'Hauterive, *Armorial d'Artois,* 377.
P. 16, 1ᵉʳ S.	*Au lieu de :* **1415, entre le 20 et le 22 septembre ; Arras,** *lire :* **1416, entre le 20 et le 22 septembre ; Arras.** — *L'indication des sources de cette assemblée doit être rectifiée comme suit : St-O., comptes 1416-17 n. st.* (1).
P. 25, 3ᵉ S.	*Au lieu de :* Commissaires : **le comte de Lumey...,** *lire :* **le comte de Ligny...**
P. 26, 2ᵉ S, l. 3.	*Au lieu de :* **reddition d'Étain...,** *lire :* **reddition de Ham.**
P. 28, 3ᵉ S, l. 2.	*Au lieu de :* **coutre,** *lire :* **contre.**
P. 30, titre courant.	*Au lieu de :* 1442-1443, *lire :* 1441-1443.
— n. 1, l. 1.	*Au lieu de :* S. du Clercq, *lire :* J. du Clercq.
P. 41, 6ᵉ S, l. 1.	*Au lieu de :* **1497, 14-18 décembre,** *lire :* **1497, 14-20 décembre.**
P. 42, 2ᵉ S.	*Ajouter à l'indication des sources de l'assemblée du 28 mai 1500 :* Gachet, *Suite du rapport... sur ses recherches dans plusieurs dépôts littéraires de France...,* 95.
— 3ᵉ S.	*Ajouter à l'indication des sources de l'assemblée du 4 juin 1500 :* Gachet, *o. c.,* 96.
— 4ᵉ S.	*Ajouter à l'indication des sources de l'assemblée du 26 novembre 1500 :* Gachet, *o. et l. c.*
P. 44, 7ᵉ S.	*Ajouter à l'indication des sources de l'assemblée du 8 janvier 1509 :* Guesnon... *Charles d'Arras,* nᵒ CCLXXIII, 359.

(1) L'assemblée qui suit se tint bien le 8 nov. 1415 à Douai (St-O., *comptes 1415-16 n. st.*).

P. 45, 4ᵉ S.

Ajouter à l'indication des sources de l'assemblée du 15 septembre 1511 : LE GLAY, *Négociations entre la France et l'Autriche*, I, 455.

P. 46, 4ᵉ S.

Ajouter à l'indication des sources de l'assemblée du 29 novembre 1515 : A. Nat., J 1005, n° 2, fol. 7.

— 7ᵉ S.

Ajouter à l'indication des sources de l'assemblée des 15-19 mai 1516 : A. Nat., *l. c.*, fol. 6 v°.

P. 47, 2ᵉ S.

Ajouter à l'indication des sources de l'assemblée du 15 décembre 1516 : A. Nat., *l. c.*, n° 3, fol. 1.

— 8ᵉ S.

Au lieu de : COMMISSAIRES : ... Jean Jonglet, sʳ de Maretz, *lire :* sʳ des Maretz.

P. 48, 6ᵉ S

Au lieu de : COMMISSAIRES : ... Mᵉ George Despleglen, *lire :* Mᵉ George Despleghen.

P. 5o, 6ᵉ S.

Le seigneur de « Saint-Prix », « gouverneur » du Quesnoy, commissaire à l'assemblée du 4 mai 1529, doit être vraisemblablement identifié avec Antoine de Croy, sʳ de Sempy, prévôt du Quesnoy à la même époque (N., *B 11409*), qui avait déjà tenu les États en 1500 et en 1520. — Du reste, on trouve souvent les formes « St Pi », « St Py » pour « Sempy » (Cte de LOISNE, *Dictionnaire topographique... du Pas-de-Calais*, 357).

P. 53, 7ᵉ S.

Au lieu de : **1539, 25 juin** ; Ibid., *lire :* **1539, 25 juin, Arras.**

—

Ajouter : **1539, 17 juillet** ; Ibid. Assemblée du Tiers aux mêmes fins. (A., *l. c.*, fol. 285 v°).

P. 54, 1ᵉʳ S.

Ajouter à l'indication des sources de l'assemblée des 23-25 nov. 1540 : L. BRÉSIN, *Chroniques...*, éd. MANNIER, 161.

P. 58, 4ᵉ S.

Ajouter à l'indication des sources de l'assemblée des 28 févr.-3 mars 1553 : L. BRÉSIN, *Chroniques...*, éd. MANNIER, 205. — GORGUETTE D'ARGŒUVES, *Un livre de raison en Artois...*, 147.

— 8ᵉ S.

Ajouter à l'indication des sources de l'assemblée des 24-26 août 1553 : GORGUETTE D'ARGŒUVES, *o. c.*, 158.

P. 59, 3ᵉ S.

Ajouter à l'indication des sources de l'assemblée des 24-25 sept. 1554 : L. BRÉSIN, *Chroniques...*, éd. MANNIER, 233.

P. 62, 2ᵉ S, l. 1.

Au lieu de : députés en cours, *lire :* en cour.

P. 68, 5ᵉ S.

Au lieu de : COMMISSAIRE : Maximilien de Longueval, comte de la Roche, *lire :* Fernand de Lannoy, comte de la Roche.

P. 71, 5ᵉ S, l. 3.

Au lieu de : Frédéric d'Ives, *lire :* Frédéric d'Yves.

P. 76, 2ᵉ S, l. 2.

Au lieu de : réconciliaion, *lire :* réconciliation.

P. 8o, 1ᵉʳ S.

Ajouter à l'indication des sources de l'assemblée du 29 janv. 1582 : V. BRANTS, *Jean Richardot...*, 855-858 ;

au lieu de : Belg., Ét. et Aud., *anc. carton 165*, lire : *liasse 1424*.

P. 80, 2° §.   *Ajouter à l'indication des sources de l'assemblée des 6-8 févr. 1582* : GRANVELLE, *Correspondance*, IX, 626-627.

— 4° §.   *Ajouter à l'indication des sources de l'assemblée du 4 mai 1584* : V. BRANTS, *o. c.*, 858.

P. 82, 84, 85, 87, *passim*.   *Au lieu de* : prince de Parme, *lire* : duc de Parme.

P. 85, 3° §, l. 3.   *Au lieu de* : repoussent, *lire* : repousse.

P. 88, 1ᵉʳ §, l. 2.   *Au lieu de* : Mansfeld, *lire* : Mansfeldt.

P. 90, 3° §.   *Ajouter à l'indication des sources de l'assemblée du 4 oct. 1594* : Belg., *l. c.*, fol. 8-9.

P. 98, fin du dernier § de la p. 97.   *Ajouter à l'indication des sources de l'assemblée des 9-16 janv. 1598* : GACHARD, *Collection de documents inédits concernant l'histoire de Belgique*, I, 399-400.

— 5° §.   *Ajouter à l'indication des sources de l'assemblée des 27-28 mai 1598* : BLED, *la Garnison de St-Omer... en 1598*, 295 sqq.

P. 99, 1ᵉʳ §.   *Ajouter à l'indication des sources de l'assemblée des 10-16 juin 1598* : BLED, *o. c.*, 306 sqq.

— 3° §.   *A l'indication des sources, 3° l., au lieu de* : Bibl., *lire* : Bull.

— 4° §, l. 7.   *Au lieu de* : a promesse, *lire* : la promesse.

P. 102, 2° §.   *Ajouter à l'indication des sources de l'assemblée des 12-18 févr. 1600* : GACHARD, *Collection des voyages des souverains des Pays-Bas*, IV, 551.

P. 103, l. 2.   *Au lieu de* : licences, *lire* : licentes.

P. 107, l. 1.   *Au lieu de* : l'Allœu, *lire* : Lalleu.

P. 117, 4° §, l. 3.   *Au lieu de* : Lallœu, *lire* : Lalleu.

P. 125, 4° §.   *Au lieu de* : COMMISSAIRES : le comte de Huochstraten..., *lire* : le comte de Hoogstraeten.

— n. 1, l. 1.   *Au lieu de* : des Archiducs, *lire* : de l'Infante.

P. 129, dernière ligne.   *Au lieu de* : Bays, *lire* : Bas ; *au lieu de* : 365-366, *lire* : 364-365.

P. 132, 4° §, l. 4.   *Au lieu de* : Bergues, *lire* : Bergh.

P. 134.   *Ajouter à la liste* :

1634, 12 septembre ; St-Vaast d'Arras. Assemblée à la main. — Plaintes au sujet d'une aide que le comte de Ste-Aldegonde prétend lever sur le bailliage d'Arras, pour compléter les défenses de la ville.

(P.-de-C., *C 799*, fol. 809 v°-810 v°.)

1635, avant le 31 mai ; Ibid. Assemblée à la main. — Délibérations sur une levée de 1200 élus demandée par le Cardinal-Infant.

(P.-de-C., *l. c.*, fol. 829.)

1635, 30 juin, en l'Hôtel épiscopal. Assemblée à la main. — Rations à fournir à des troupes levées dans le quartier d'Arras.

(P.-de-C., *l. c.*, fol. 838 v°-83g.)

P. 135, 5ᵉ S, 1. 3.   *Au lieu de* : 60.000 fl., *lire* : 160.000 fl.

P. 136, 3ᵉ S.   *Au lieu de* : plus un subside extraordinaire de 150.000 fl., *lire* : qui sera porté à 150.000 fl., si les gens de guerre sont soumis aux impôts sur les boissons.

—   *Ajouter à la liste* :

1637, 12 août ; St-Vaast d'Arras. Refus d'octroyer pour plus de quinze jours l'entretien des élus levés sur le pays.

(P.-de-C., *l. c.*, fol. 928.)

P. 139, 1ᵉʳ S, l. 2   *Ajouter, avant l'appel de note* : Ajournement au 29 juillet.

P. 141, 1ʳᵉ col., l. 9.   *Au lieu de* : seigneur de Vaux, *lire* : seigueur de Vaulx.

P. 144, 2ᵉ col., l. 18.   *Au lieu de* : Jean Passyart, *lire* : Jean Passyart *ou* Paillart, *dit* de St-André.

P. 171, l. 7 et 27.   *Au lieu de* : Rayt-bas, *lire* : Rayt-bus.

P. 189, dernière l.   *Au lieu de* : aucunef., *lire* : aucunes.

SUPPLÉMENT AUX ADDITIONS ET CORRECTIONS DU TOME Iᵉʳ

P. 374, l. 37.   *Au lieu de* : 335, *lire* : 355.

TABLE ALPHABÉTIQUE GÉNÉRALE [1]

(1) Les chiffres se rapportent au numéro des pages; ceux qui sont précédés de
l'indication : II se rapportent au tome II; les chiffres italiques indiquent les
passages les plus importants. — Les noms de personnes sont imprimés en romaines,
les noms de lieux en italiques, les noms de matières en égyptiennes, les noms
d'auteurs en petites capitales, le premier mot du titre des ouvrages anonymes en
capitales italiques. — Les noms propres ont été ramenés à leur forme moderne la
plus usuelle; les graphies anciennes sont indiquées à la suite et des renvois ont été
établis quand il y avait lieu. — Les noms de personnes, sauf exceptions justifiées
par l'usage, doivent être cherchés au patronymique; des renvois ont été faits au
titre nobiliaire. — Les souverains et possesseurs de grands fiefs ont été classés au
prénom. — Pour les noms de lieux, quand ils sont sans indication de pays, c'est
qu'il s'agit de localités françaises; sans indication de département, c'est qu'il s'agit
de localités comprises aujourd'hui dans le département du Pas-de-Calais. — Voici
les principales abréviations employées par nous : A., Arras; ar., arrondissement;
B., Béthune; Bo , Boulogne-sur-Mer; b^on, baron; bull., bulletin; c., canton; cap.,
capitale: ch.-l., chef-lieu; com., commune; c^te, comte; c^sse, comtesse; dép., département; distr., district; éd., éditeur; fl., fleuve; l. d., lieu dit; M., Montreuil-sur-Mer;
m^al, maréchal; m^is, marquis; mém., mémoires; n., note; occ., occidental; or., orien-
tal; prov., province; rég., région; riv., rivière; roy., royaume; septentr., septentrional; sqq., sequentesque; s^r, seigneur; St-O., St-Omer; St-P., St-Pol; t., tome;
v., voyez; vol., volume; etc., etc.

gouverneur intérimaire des Pays-Bas : 328; II, 100.

Angleterre, Engleterre : 23 n. 2, 202, 203, 207 et n. 3, 220, 224 n. 3, 310 et n. 1, 341, 368; II, 28, 29, 36, 37. — Roi d'—, v. Henri V, VI et VIII, Philippe II, Richard II; reine d'—, v. Elisabeth, Isabelle de France. — Bière d'— : 253 n. 4; draperie d'— : 185 n. 4.

Angoulême (duchesse d'), v. Louise de Savoie.

Anjou (duc d'), v. François de Valois; duchesse d'—, v. Louise de Savoie.

Anne d'Autriche, reine d'Espagne : II, 65.

ANSELME DE SAINTE - MARIE (Pierre de Guibours, en religion le P.), *Histoire généalogique et chronologique de la Maison royale de France, des Pairs, Grands officiers de la Couronne et de la Maison du Roy et des anciens barons du Royaume* (Paris, Cie des Libraires associés, 1726-1733; 9 vol. in-fol.) : 11 n. 4, 12 n. 3, 19 n. 2, 20 n.

Anstonyes (Jean), maître des requêtes ordinaires de l'Empereur : II, 49.

Antoine, duc de Brabant : 196, 208 n. 2.

— de Bourbon, duc de Vendôme, plus tard roi de Navarre : 231.

Antoing, Anthoing, prov. Hainaut, Belgique : 40 n. 2.

Anvers, ch.-l. prov., Belgique : 67 n. 4, 92, 163 et n. 1, 255 n. 2, 261, 269, 270 et n. 5, 282-284, 309, 360 et n. 3; II, 42, 46, 75, 174. — Echevinage d'— : 283; bourgmestre d'— : 244.

Aoust (Eustache), sr de Jumelles et de Franchières, chef de l'échevinage de Douai : II, 176, 185.

Aragon, roy. — Roi d'—, v. Ferdinand V le catholique. — Amiral d'—, v. Mendoza (Fr. de); Cortès d'— : 220.

Arbois, ch.-l. c., ar. Poligny, Jura. — Vin d'— : 131.

Arcanti (Pedro d') : II, 189.

Archiducs (les), v. Albert d'Autriche, Isabelle-Claire-Eugénie.

Archives des Etats : XXVIII-XXXI.

Ardres-en-Calaisis, ch.-l. c., ar. St-O. : 203 n. 3, 318 n. 1, 322; II, 33, 95.

Armada (l'invincible) : 310 et n. 1.

Armagnacs (les) : 198, 200, 202; II, 23.

Arouage, v. *Arrouaise*.

Arques, Arcques, c. et ar. St-O. — Quartier d'imposition d'— : II, 167.

Arras, Atrebatum, ch.-l. dép. : XXI, XXIV, XXVIII, XXIX et n., XXXVII, XXXVIII, 7, 12 n. 2, 15 n. 2, 16 n., 20 n., 21, 22 n. 3, 23 n. 2, 24 n. 1, 25, 27 n. 2, 28, 33 n. 2 et 4, 38 n. 3, 39 n., 40 et n. 2, 42 et n. 1, 44 n. 6, 46, 47, 48 et n. 1 et 2, 49 n. 10, 51 n. 2, 52 n. 3, 53 n. 4, 56, 60 n. 4, 61 n. 1, 62 et n. 2 et 5, 63 et n. 2, 66 n. 2, 68 et n. 2, 71 n. 2, 76 n., 77, 78, 81 n. 3, 86 et n. 1, 87 n. 6, 90 et n., 91 et n., 92 n. 5, 94 et n. 5, 101, 103 n., 107 et n. 4, 116 n. 4, 119, 122 n. 9, 126 n. 3, 146 n., 149 n. 6, 150 n. 6, 152 et n. 1, 159, 161 n. 2, 164, 173, 174, 180, 184 et n. 4, 189, 196, 200, 203 n. 1, 205, 206, 209 n. 1, 211 et n. 2, 212, 214, 215, 216 n. 2, 217 et n., 219 n., 220 n. 1, 222, 224 n. 3, 226 et n., 230 n. 1, 231, 235, 236, 245, 251, 253, 262 n. 1, 263, 264 et n. 3, 267, 269, 270 n., 271, 272 et n. 1, 273 n. 2, 274 n. 1, 275, 278 et n. 4, 281 et n., 283, 284 n. 1, 285 n. 5, 286, 288, 300 n. 5, 301, 304 n. 1 et 3, 306 et n. 1 et 3, 314, 315 n. 1, 317 et n. 3, 323 et n. 2, 324 n. 1, 325 n., 327 n. 1, 329 et n. 2, 339 n. 1 et 3, 345 n. 3, 354 n. 1, 357, 361 n. 2, 363 et n. 2 et 3; II, 8, 9, 11, 14-55, 57, 63, 73-76, 79, 82, 89, 103, 121, 139 n. 1, 149-153, 156, 157, 173 et n. 2, 174, 184, 186, 191, 194, 208.

Cité d'—, v. *Cité d'Arras.*

Cour-le-Comte : 48 et n. 3, 167 n. 2, 195; II, 23, 25, 30, 149; Grand Marché : 49, 236; II, 57, 102; Petit Marché : 289; Hôtel de Ville : 49 et n. 2, 64 n. 2, 91 et n. 3, 268; II, 43, 102, 186; Hôtel des États : XXIX, 47 n. 5; Place de la Madeleine : 48 n. 3.

Bourgeois d'— : 45 n. 2, 62, 95 n. 6, 108 et n. 5, 275, 278 et n. 4, 283, 304 et n. 2; II, 73; v. aussi Thieullaine (J.). — Magistrat : XXXVII, 15, 32, 45 et n. 1 et 3, 47, 62 et n. 4, 63, 76 n. 4, 77 et n. 3, 90 n., 91 n. 3, 103 n. 4, 106, 136 n. 6, 152, 173, 212 et n. 1, 213 n., 214 n. 5, 223, 225 n. 2, 297 n. 2; II, 74, 165. — Mayeur : 107, 163 n.; v. aussi : Duval (J. et N.), Le Prevost (J.), Le Merchier (Ant.), Loueuzes (J. de). — Echevins, v. : Canlers (Ant. de), Courcol (P.), Deleval (A.), Doresmieulx (J.), Glen (Eust. de), Gosson (P.), Le Merchier (J.), Le Nattier (J.), Longlet (B.), Martigny (J. de), Vichery (Ch. de). — Conseiller : 68, 91 n. 4, 94 n. 5, 220 n. 1; v. aussi : Bernicourt (J. de), Couronnel (J.), Du Mont-Saint-Eloi (Ch.), La Vacquerie (J. de), Le Sot (J.), Raullin (Ph.); argentier, v. Bertoul (J.), Caulier (J.); greffier : XXI, XXIV, XXV; II, 151, 152, 157; v. aussi : Assonleville (J. et Ph.). — Quinze tribuns, Tribunat des Quinze, v. **Quinze tribuns.** — Archives : XXVIII et

n. 3, XXXVII-XXXIX. — Canonniers : 135 n. 7.

Diocèse d'— : 20 n. 1. — Evêque : 41, 55 n. 4; v. aussi : Cayeu (H. de), Dainville (G. de), Granvelle, Moullart, Poré (M.), Ranchicourt (P. de), Richardot (Fr.), Ruistre (N. de). — Auxiliaire, v. Maupaiet (P.). — Chapitre : 34 n. 1, 41, 106, 162 n. 8, 257 n. 5, 260 n. 4; II, 150, 153 et n. 1. — Chanoines, v. Bassée (C.), Bordey (Fr. de), Durant (J.), Du Vaussel (J.), Goulate (J. de), La Thieuloye (J. de), Le Cambier (L.), Le Carlier (G.), Lengaigne (N. de); prévôt du Chapitre, v. Divion (Ch. de), Du Hamel (P.), Ranchicourt (Ch. de), Roza (J. et N. de); official : II, 150; v. aussi : Boisset (M.); chantres : 290; v. aussi : Gavet (J.); secrétaire, v. Carpentier (J.). — Clergé paroissial : II, 81. — Archidiacre, v. Boisset (Cl. de). — Eglise Notre-Dame, v. *Cité d'Arras;* église St-Gery : 162 n. 8.

Abbaye de Saint-Vaast : XXIX, XXX, XXXV, 24 n. 3, 25 et n. 1, 38 n. 3, 44, 45 n. 1, 48 et n., 49 et n. 10, 64 n. 3, 65 n., 68 n. 1, 69 et n., 70 n. 2, 90 n. 2, 101 n. 1, 106, 107, 131 n. 6, 135 n., 162 n., 163, 167 n., 176, 182 n., 183, 201 et n. 1, 225 n. 1, 226 n. 2, 274 et n. 1, 287, 289, 304 n. 2, 306 n. 2 et 3, 314, 315 n. 2; II, 12-15, 19, 21-23, 28, 31, 34, 39, 42-139, 152, 156, 157, 162, 163, 165, 173 et n. 1, 199, 203, 204, 209, 210. — Abbé : 25 n. 2, 41, 56 et n. 1; v. aussi : Asset (M.), Caverel (Ph. de), Du Clercq (J.), Kerles (J. de), Méricourt (E. et J. de), Montmorency (Rog. de), Moy (J. de), Parenty (Th. de), Ruffault (Jér.), Sarrazin (J.). — Prieur : 38 n. 3, 44; v. aussi : Le Bailly (J.), Novion (N. de), Sarrazin (J.).

Bailliage : II, 150, 209, 210. — Quartier d'imposition : II, 167. — Gouvernance : 156 n. 2, 180 n. 6, 290, 322 n. 3; II, 71; greffier de la Gouvernance, v. Muette (L.). — Gouverneur : 34; II, 197; v. aussi : Bonnières (G. de), Bournonville (O. de), Brimeu (D. de), Contay (G. et Ph. de), Lallaing (Pontus de), Le Josne (G.), Melun (Max. et Rob. de), Noyelles (Adr. de). — Lieutenant du gouverneur : II, 44; v. aussi : Marquais (R. de), Vos (G. de). — Forge de billon : 139 et n. 8, 187 et n. 2; II, 79.

Traité de 1415 : 86, 171, 196 et n.; II, 15. — Paix de 1435 : XXXIII, 40 n. 2, 112 et n. 6, 171, *201-202*; II, 26. — Traité de 1477 : 215. — Traité de 1482 : 216 n. — Traité de réconciliation de 1579 : 286-287; II, 76, 173 n. 1, 174, 184, 185. — Union d'Arras, v. **Union.** — Siège de 1477 : 32. — Siège de 1640 : 363 et n. 1; II, 139 n. 1.

Arrouaise, Arouage, com. Le Transloy, c. Bapaume, ar. A. — Abbé d'— : 41 n. 7, 56 n. 1; v. aussi : Bétencourt (J. de), Imbert (N.).

Artésiens (les) : 215, 266, 293, 300, 308, 313, 326, 344 n., 355; II, 187.

Artevelde (Jacques) : 13.

Artois, comté (1). — Comte d'— : XXXI, XXXIII, 28, 46, 47, 54, 55, 112, 115, 118, 123, 172, 173, 187, 193, 205, 217, 368; II, 148, 157, 158; v. aussi : Charles Quint, Jean sans Peur, Philippe II, Philippe le Hardi, Philippe de Rouvres, Robert I et II d'Artois, etc. — Comtesses d'—, v. Jeanne de Bourgogne, Jeanne de France, Mahaut, Marguerite de France, etc. — Trésor des Chartes d'—, XXXIII, XXXIV.

Capitaine d'—, v. Dampierre (P. de). — Gouverneur d'— : 33 n., 55, 103 n. 1; II, 14, 15, 81, 100, 101, 106, 148, 149, 172; v. aussi : Berghes (Fr. de), Bonnières (G. de), Châtillon (G. de), Crèvecœur (Ph. de), Croy (Adr. et Ch. de), Egmont (Lamoral d'), Isembourg (E. d'), Lallaing (Ch. et Pontus de), Lannoy (F. de), Ligne (prince de), Maisy (Miles de), Melun (Rob. de), Picquigny (Ferry de), Rye (M. de), Sainte Aldegonde, Vilain (M.).

Conseil d'—, v. **Conseil d'Artois.** — Procureur d'—, v. Grignard (R.), La Vacquerie, Le Blond (Q.). — Coutumes d'—, v. **Coutumes d'Artois.**

Composition d'—, v. **Composition d'Artois.** — Receveur général d'— : XXXIII; v. aussi : Du Luiton (S.), Le Woul (R.). — Receveur des aides d'— : 38 n. 3, 117-118; v. aussi : Mansel (J.), Montbertaut (P. de), Widebien (Ch.). — Election, élus d'—, v. **Election, Elus d'Artois.**

Artois « réservé » : XXV n. 6, 40 et n. 1, 46, 363 n. 3.

ARTONNE (André), le *Mouvement de 1314 et les Chartes provinciales de 1315*, dans la *Bibliothèque de la Faculté des Lettres... de Paris*, t. XXIX (Paris, Alcan, 1912; in-8°) : 9 n. 2-4, 10 n. 5.

Asie; dominateur en —, v. Philippe II.

Assemblées « à la main » : *106-107*, 309 n. 1, 317 et n. 2, 318 et n. 7, 320 n. 3, 332 n. 1; II, 63, 80-82, 85, 88, 90-96, 98-101, 103, 105-107, 109, 116-120, 126-128, 209, 210.

Asset (Martin), abbé de Saint-Vaast : 56 n. 3; II, 153 et n. 1.

— (Pierre), sᵣ de Naves, président du Conseil d'Artois : 240 n. 2, 260; II, 59, 61, 62, 65-67, 70, 72.

---

(1) Le mot *Artois* revenant presque à toutes les pages, nous avons jugé inutile d'y renvoyer le lecteur.

Assistance aux Etats : *51-53.*

Assonleville (Christophe d'), s^r d'Hauteville, conseiller d'Etat : 253 n. 2, 256 n. 2, 299 n. 4, 312 n. 1, 316 n. 4; II, 84, 89, 187 n. 2.

— (Jean d'), greffier d'Arras : **XXI**, **XXVIII** n. 3.

— (Philippe d'), greffier d'Arras : 289; II, 165, 186.

Aubigny (b^{on} d'), v. Lens (G. de).

Aubigny-en-Artois, ch.-l. c., ar. S^t-P — Bailliage d'—: II, 150. — Quartier d'imposition d'— : II, 167. — Prieur d'— : 41 n. 8.

Aubremont (Nicolas d'), s^r de Manuy, commandant de la garnison de Saint-Omer : 279.

Aubron (Antoine), conseiller de Saint-Omer : 251, 257, 261 n. 1, 288 n. 5, 301 n.; II, 175, 185.

Auchy (b^{on} d'), v. Bonnières (Ch. et J.).

Auchy-lès-Hesdin, c. Le Parcq, ar. St-P. — Abbaye d'— : 191; Abbé d'— : 41 n. 7, 56 n. 1; v. aussi : Reversé (Ant.).

Audenarde, prov. Flandre orient., Belgique : 300, 309.

Audenfort (Aleaume d'), échevin de Saint-Omer : 203 n. 2.

— (Julien d'), juré au Conseil de Saint-Omer : 63 n. 2.

Audience : 34 n. 2.

Auditeurs des comptes : *168* et n.; II, 62, 71, 154, 165-166.

Augerant (Jean d'), évêque de Chartres, président-clerc de la Chambre des Comptes : 19 et n. 1, 20 n.; II, 8.

Augsbourg, Auspurg, Bavière. — Transaction d'— : **XIX**, 171, *234-235;* II, *156-157.*

Aussimont (s^r de), v. Flory.

Austrade, v. Hoogstraeten.

Authie (l'), riv. : 238.

Autriche, Austrice : 225, 229, 291. — Maison d'— : 115, 220; Archiducs d'—, v. Albert, André,

Charles-Quint, Maximilien, Philippe le Beau, Philippe II, etc.

Auvergne, prov. — Comtes d'—: 39 n. 2; v. aussi : Bertrand Ier et II, Philippe de Bourgogne.

Auxi (Jean IV, s^r d') : 54 n. 5; II, 30.

Auxi-le-Château, ch.-l. c., ar. St-P. : 301, 322 n. 3, 354 n. 1.

Auxois, rég. — Bailli d'— : 371. — Vin d'— : 76 n. 4.

Aveluis (Jean d') : II, 23.

AVENEL (Denis-Louis-Martial), éd. des *Lettres, instructions et Papiers d'Etat* de RICHELIEU.

— (vicomte Georges d'), *Histoire économique de la propriété, des salaires, des denrées et de tous les prix en général, depuis l'an 1200 jusqu'en 1800* (Paris, Impr. nationale, 1894-1904, 5 vol. in-4°) : 142 n. 339 n. 1.

Avesnes-le-Comte, ch.-l. c., ar. St-P. : 143 n. 2. — Bailliage d'—; II, 150; Quartier d'imposition d'—; II, 167.

Axes (duc des), v. Guillaume, duc de Saxe.

Aytona (don Francesco de Moncada, marquis d') : 352, 355 et n. 6.

Azevedo (Pedro Enriquez de), v. Fuentès.

Azincourt, c. Le Parcq, ar. St-P. : 27, 196.

Bailleul, Baillœul (Ant. de), s^r de Bailleul et de Saint-Martin : II, 164 et n. 17.

— (Wallerand de Bailleul-St-Martin?, s^r de) : II, 153 et n. 1.

Baix (David de) : 167 n. 2.

Balagny (s^r de), v. Monluc (Jean de).

Balençon (b^{on} de), v. Rye (Cl. de).

Ballin (Jean), moine de Clairmarais : **XXXIX**, 226 n. 1.

Bapaume, Bapames, Bappalmes, ch.-l. c., ar. A. : 39 n. 1, 40

—, *les Etats de Bourgogne aux XIVe et XVe siècles*, publ. par l'Académie des Sciences, Arts et Belles-Lettres de Dijon (Dijon, au siège de l'Académie, 1922; in-8°) : 371-376; II, 207.

Billy (sr de), v. Robles (Gasp. de).

Binche, prov. de Hainaut, Belgique : 350 n. 1; II, 118.

Biron (mal de), v. Gontaut (Charles de).

BLAES (J.-B.), éd. des *Mémoires anonymes sur les Troubles des Pays-Bas*, v. *MÉMOIRES*.

Blangy, com. Saint-Laurent-Blangy, c. Arras-sud, ar. A. : 363.

— *-sur-Ternoise*, c. Le Parcq, ar. St-P. — Abbé de — : 41 n. 7, 56 n. 1; v. aussi : Penel (M.).

BLED (chanoine O.), *la Garnison de Saint-Omer en 1597 et 1598* (dans les *Mém. de la Soc. des Antiquaires de la Morinie*, t. XXII, pp. 245-326) : 325 n.; II, 209.

—, *La Réforme à Saint-Omer et en Artois jusqu'au traité d'Arras (Episode de la Pacification de Gand), 1577-1579*, dans les *Mém. de la Soc. des Antiquaires de la Morinie*, t. XXI, pp. 201-484 (tir. à part : St-Omer, impr. d'Homont, 1889; in-8°) : 271 n. 5, 272 n. 1, 273 n. 3 et 5, 274 n. 4, 276 n. 5, 277 n. 2 et 3, 278 n. 2 et 4, 279 n. 2, 4 et 5, 280 n. 4 et 5, 281 n. 1 et 3, 282 n. 2 et 5, 283 n. 2 et 4, 284 n. 2, 286 n. 1 et 2, 287 n. 1, 3 et 5, 288 n. 1 et 4; II, 73-76.

—; *Thérouanne. Une ville disparue*, dans le *Bull. hist. de philolog. du Comité des Travaux historiques et scientifiques*, 1894, pp. 191-216 (tir. à part : Paris, impr. Nationale, 1895; 28 p. in-8°, 3 pl. h. t.) : 238 n. 1.

Blois, ch.-l. dép., Loir-et-Cher : 112 n. 3, 116 n. 3.

Blondel, fondeur à Arras : 164.

— (Jean), bailli de Vermandois : 11 n. 2.

BOCH (Johannes), *Historica narratio profectionis et inaugurationis Serenissimorum Belgii principum Alberti et Isabellæ, Austriæ archiducum, et eorum optatissimi in Belgium adventus rerumque gestarum et memorabilium, gratulationum, apparatuum et spectaculorum in ipsorum susceptione et inauguratione hactenus editorum, accurata descriptio*, auctore Johanne BOCHIO (Anvers, T. Moretus, 1602; pet. in-fol.) : 329 n. 2.

Boffles (François de), sr de Souchez : XXXVI, 53 n. 2, 321 n. 2.

Bogard (Jean), imprimeur à Douai : II, 173 n. 2.

Bois-Bernard (sr de), v. Du Bois (J.).

Bois-le-Duc, Bolduc, ch.-l. de prov., Brabant septentr., Pays-Bas : 280 n., 345 n. 5, 349, 351, 353, 354; II, 129.

Boisschot (Ferdinand de), bon de Saventhem, chancelier de Brabant : II, 128.

Boisset (Claude de), doyen de Poligny, archidiacre d'Arras, chef du Conseil Privé : II, 48, 50-51.

— (Mercurin), official d'Arras : 104 n. 4; II, 140.

Boissia (sr de), v. Du Beine (R.).

Boissons (droits sur les) : 69 n. 6, 71 n. 2, *131-132, 154-155*, 313 n. 1, 335-336, 340 n. 2, 360; II, 53 sqq., 107, 153-155, 166, 168, *194*, 210. — **Exemptions**, v. **Exemptions fiscales**.

Bolin (Mathieu) : 329 n. 3.

Bomy, c. Fauquembergues, ar. St-O. — Trêve de — : 233.

Bonnard (Claude de), sr de Gommegnies, gouverneur de Béthune : II, 46.

Bonne d'Artois, duchesse de Bourgogne : II, 21.

pitaine général de tous les pays du duc de Bourgogne : 54 n. 5, 63 n. 1 et 2, 203 n. 3; II, 26-28, 30-36.

— (Jean de), s^r de Froidmont, conseiller d'Etat : II, 73.

— (Philippe, bâtard de) : 54 n. 5; II, 41.

Bourguignons (les) : 201, 202, 302; II, 79, 177, 178.

Bournel (Hugues), s^r d'Estiembecque, gouverneur de Bapaume : II, 170, 171.

— (Jean), *probablement* s^r d'Estiembecque : II, 164.

Bournonville (duc de), v. Hénin-Liétard (Al. de).

— (Oudard de), s^r de Capres et de Ranchicourt, c^te d'Hénin-Liétard, gouverneur d'Arras : 59 et n. 4, 247, 257, 279 n. 3, 281 et n. 2, 285 n. 8, 286 n. 7, 297 n. 2, 298 n. 1; II, 71, 73, 164, 172.

Bours (s^r de), v. Noyelles (Pont. de).

BOUTHIOT (Th.), *Louis XI et la ville d'Arras. Episode de la guerre contre Marie de Bourgogne (2 juin 1479-13 octobre 1487)*, dans les *Mém. de l'Académie... d'Arras*, 2e sér., t. Ier, pp. 133 sqq. (tir. à part : Arras, impr. Courtin, 1867; in-8°) : 216 n.

Boves, anc. lieu dit, com. Arras : 38 n. 3.

Brabançons (les) : 183 n. 3, 208 n. 4, 222, 293; II, 194.

Brabant, duché : 48 n. 1, 94, 95 n. 1 et 2, 252, 256, 293, 334 n. 2, 356, 369; II, 107, 185, 188, 189, 194. — Duc de — : 28, 196; v. aussi : Antoine, Jean IV, Charles-Quint, Philippe II, etc. — Président de —, v. Jonglet (J.). — Chancelier de —, v. Boisschot, Van der Vorst. — Etats de — : 89 n. 4, 253, 256, 327 n. 3; II, 188. — Greffier des Etats de — : v. Maes (Ph.).

Brancas (André de Villars), v. Villars Brancas.

Brant (J. de), greffier de Saint-Omer : II, 165.

BRANTS (Victor), *la Belgique au XVIIe siècle. — Albert et Isabelle, études d'histoire politique et sociale* (Louvain, impr. Peeters et Paris, H. Champion, 1910; in-8°) : 330 n. 1, 333 n. 4, 334 n. 2, 340 n. 3, 350 n. 4.

— *Un ministre au XVIIe siècle; Jean Richardot, chef-président du Conseil privé des Pays-Bas (1597-1609)*, dans le *Bull. de la Classe des Lettres et des Sciences morales et politiques et de la classe des Beaux-Arts* [de l']*Académie royale des Lettres*, 1901, pp. 831-914 : 304 n., 327 n. 2; II, 208, 209.

—, éd. du *Recueil des ordonnances des Pays-Bas*, v. RECUEIL.

Bréda, prov. Brabant septentr., Pays-Bas : 345 n. 4 et 5, 347, 349, 358 n. 3.

Brédenarde, pays de l'ancien Artois. — Quartier d'imposition de — : II, 167.

Brême, Bremen, ville libre, Allemagne : 253 n. 4.

BRÉSIN (Louis), *Chroniques de Flandre et d'Artois. Analyses et extraits pour servir à l'histoire de ces provinces de 1482 à 1560*, par E. MANNIER [Paris J.-B. Dumoulin), 1880; in-8°] : XL, 119 n. 3, 211 n. 2, 227 n., 229 n. 2, 230 n. 1, 231 n. 2; II, 208.

Bretagne (duché); duc de —, v. Jean V le Bon.

Bretagne (Arthur de), v. Richemont.

Breteuil, ch.-l. c., ar. Clermont, Oise : 201, 203 n. 3; II, 26.

Brétigny, com. Sours, c. et ar. Chartres, Eure-et-Loir. — Traité de — : 16.

Brézé (m^al de), v. Maillé-Brézé.

Brigaude (s^r de), v. Marbais (Philibert de).

Brigittines (religieuses) : 135 n. 5.

Brignais, c. St-Genis-Laval, ar. Lyon, Rhône : 21.

Brimeu (David de), gouverneur d'Arras : II, 23, 24, 30.

— (Guy de), s^r d'Humbercourt : 56 n. 3, 313; II, 37.

Briois (Jean), premier conseiller au Conseil d'Artois : II, 98, 108.

Bristel (Aleaume), abbé de St-Bertin : 16, 23 n. 2, 119 n. 5.

Broide (Philippe), licencié ès lois, conseiller de Douai : II, 176, 185.

Brongniart (Antoine), receveur général des Etats : 149 et n., 337 et n. 1; II, 119, 121.

Broude (François), échevin de St-Omer : 108 n.

Brugeois (les) : II, 28.

Bruges, ch.-l. de prov., Flandre occ., Belgique : xx, 52 n. 1, 68 et n. 4, 87 et n. 6, 94, 203 n. 1, 208 n. 5, 309; II, 24, 38, 58. — Evêque de—, v. Driutius (R.).

Bruxelles, Brouxelles : xix, xxxi, xxxiv, 28, 34 n. 5, 47, 48 n. 2, 67, 68 et n. 4 et 6, 69 n. 2, 70 n. 2, 77, 79, 81 n. 1, 82 et n. 3, 83, 87 n. 6, 89 n. 4, 91, 92, 146 n., 182 n. 6, 220, 240 n. 2, 250, 251, 253 n. 2, 255, 257 et n. 4, 258 et n., 260 et n. 2, 263 n. 2, 264 et n. 3, 274, 285 et n. 4, 309 et n. 1, 317 n. 4, 319 et n. 1, 327 et n. 3, 328 et n. 6, 330 et n. 2, 332 n. 1, 343 n. 1, 350 et n. 2, 362, 375; II, 36-38, 42, 43, 46-48, 51-56, 58-63, 65, 67, 102, 132, 133, 159, 161, 170, 191. — Pensionnaire de — : 94 n. 5. — Cour de —, Union de —, v. **Cour**, **Union de Bruxelles**.

Bryas (Bernard de), s^r de Royon : II, 170, 171.

— (Jacques de), gouverneur de Mariembourg : 328 n.

Bucquoy, Busquoy, c. Croisilles, ar. A. — Quartier d'impo-

sition de — : II, 167. — Dame de —, v. Châtillon-St-Pol (J. de). — Cte de —, v. Longueval (Ch. de).

Bugnicourt (s^r de), v. Lallaing (Pontus de).

Bullot (Jean), abbé du Mont-St-Eloi : 76 n. 1, 203 n. 2.

[**Bultel**], *Notice de l'état ancien et moderne de la province et comté d'Artois*, par M. *** (Paris, Guill. Desprez et Guill. Cavelier, 1748; in-18; 9 tabl. h. t.) : 33 n. 3, 35 n. 1, 107 n. 2, 117 n. 1.

Burgos, prov. Vieille-Castille, Espagne : 221, 252.

Bussemaker (d^r C. H. Th.), *De Afscheiding der Waalsche Gewesten van de Generale Unie* (Harlem, F. Bohn, 1895-1896 : 2 vol. in-8°) : 248 n. 2, 268 n. 1 et 4, 269 n. 1, 274 n. 1, 276 n. 1, 277 n. 1, 2 et 6, 278 n. 4, 279 n. 1 et 3, 280 n. 3 et 6, 281 n. 2, 283 n. 4, 285 n. 1, 5 et 6, 286 n. 1 et 2, 287 n. 4, 292 n. 1; II, 72, 74-76.

Cadier (Léon), les *Etats de Béarn depuis leurs origines jusqu'au commencement du XVIe siècle; étude sur l'histoire et l'administration d'un Pays d'Etats* (Paris, Picard, 1888; in-8°) : 2 n. 1, 5 n. 1 et 3, 31 n. 1.

Calais, Calays, ch.-l. c., ar. Bo. : 112 n. 2, 120 n., 144 n. 2, 197 n. 1, 226 n. 2, 318 et n. 1, 322; 27, 86, 95. — Bailli de — : II, 148-149.

Calaisis, rég. : 145.

Callery (Alphonse), *Histoire de l'origine des pouvoirs et des attributions des Etats généraux et provinciaux jusqu'aux Etats de 1355* (Bruxelles, Vroment, 1881, in-8°) : 1 n., 4 n. 1.

— *Histoire du pouvoir royal d'imposer depuis la féodalité jus-

tiques (Paris, Impr. nationale, 1887-1908; 10 vol. in-4°) : 112 n. 8.

Cateau-Cambrésis, v. *Le Cateau*.

Catelet (le), v. *Le Catelet*.

CAUCHIE (chanoine Alfred) et VAN DER ESSEN (Léon). *Inventaire des Archives farnésiennes de Naples au point de vue de l'histoire des Pays-Bas catholiques* (publ. par la Comm. roy. d'hist. de Belgique; Bruxelles, Kiessling, 1911; in-8°) : 295 n. 1 et 2, 298 n. 1, 315 n. 4.

Cauchon (Pierre), évêque de Beauvais : II, 22.

Caudebec-en-Caux, ch.-l. c., ar. Yvetot, Seine-Inférieure : 314.

Caulier (Jean), conseiller d'Arras : 203 n. 2.

— (Jean), s^r d'Agny, maître des requêtes ordinaires de l'Hôtel, puis président du Conseil Privé, enfin, président du Conseil d'Artois : 174; II, 44-45, 49-50.

Caumont (s^r de), v. La Croix (J. de).

Caverel (Philippe de), prieur, puis abbé de St-Vaast, député général : 103 n., 306 n. 2, 330 n. 2 et 3, 342 n. 3; II, 144.

CAVEREL (Philippe de). *Ambassade en Espagne et en Portugal (en 1582) de R. P. en Dieu Dom Jean Sarrazin, abbé de St-Vaast* [éd. A. d'HÉRICOURT], n° 3 des *Documents concernant l'Artois publ. par l'Académie d'Arras* (Arras, impr. A. Courtin, 1860; in-8°) : 303 n. 2, 304 n. 3, 306 n. 2-4, 307 n. 1, 308 n. 1.

Cayeu (Hugues de), évêque d'Arras : 76 n. 1; II, 22.

« Ceinture de la Reine » (droit de) : 113 n. 1.

Centième denier (sous Philippe le Bel) : 8, 338, 339 n. 3.

— sur la valeur des terres : 70 et n. 4, 133-134, 135 n. 5, 151 n. 3, 152 n. 3, *156-157*, 243 et n., 248

sqq., 258, 259 et n. 1, 321 n. 3, 335 et n. 3, 337 n. 1; II, 63, 64, 66-70, 75, 104, 165, 166, 189, 190, *195-196*. — Exemptions du —, v. **Exemptions fiscales.**

Cercamp, com. Frévent, c. Auxi-le-Château, ar. St-P. — Abbé de — : 41 n. 7, 56 n. 1.

Céréales (droits sur les) : 132 et n., 155-156; II, 55, 58, 196. — Commerce des — : *184-185*, 343 et n. 3; II, 16, 59, 83, 86, 114, 116, 117, 122.

Cervoise (droits sur la) : 131 et n. 1.

Chabannes, secrétaire du chancelier Duprat : 226 n. 2.

Chalemart *ou* Chalemard (Jean), conseiller du Roi : 21 et n. 1.

Chambre des comptes de Lille : XXXIII, XXXIV, 23 n. 2, 26 n. 1, 68 et n. 4, 104 n. 5, 112 n. 2, 121 et n. 1, 122, 126 n. 1. — Conseiller maître à la —, v. Le Prevost (Ph.), Rebreuviettes (J. de).

— de Paris : XXXII et n., 127.

— Président clerc de la —, v. Augerant (J. de).

CHAMPOLLION - FIGEAC (Jean-Jacques). *Documents historiques inédits tirés des collections manuscrites de la Bibliothèque royale et des archives ou des bibliothèques des départements* (dans la *Collection de documents inédits sur l'histoire de France*) [Paris, Firmin-Didot, 1841-1848; 4 vol. in-4°] : 209 n. 1; II, 37.

Chapitres (députés des) : 41, 44, 45, 61.

Chariots (réquisition des) : 143 et n. 1, 311, 316 n. 4, 332 et n. 2, 333 n. 3, 345 et n. 5, 357 n. 4; II, 81-83, 85, 86, 89, 92-94, 103, 106, 107.

Charles V, roi de France : 16, 17, 20 n. 1, 21, 22, 23, 27, 33 n. 2, 51 n. 2, 53 n. 3, 55 n. 3, 62 n. 2, 113, 119 n. 5, 120 n., 187; II, 8-10.

— **VI** : 24 et n. 2, 27 et n. 2 et 3, 39 n., 86, 124 n. 5, 126 n., 194, 195 ; II, 10-16.

— **VII** : 39 n. 2, 75, 87, 92 n. 2, 115 et n. 3, 196, 200, 207, 208, 215 ; II, 22, 28, 29, 32-33, 35.

— **VIII** : 55 n. 2, 115, 119 n. 1, 125 et n., 126 n., 217, 218.

— **IX** : 113 n. 1.

Charles-Quint, archiduc d'Autriche, puis roi de Castille, puis Empereur : XIV, XXIV n. 1, XXVI, XXXIV, 23 n. 2, 28, 29 n. 2 et 3, 47, 52 n. 3, 54, 60 n. 4, 67 et n. 4, 68, 69 n. 1-2, 72 n. 2, 74 n. 3, 76, 80, 81 n. 1, 82 n. 1, 87, 91, 95 n. 1, 96 n. 1, 98, 99, 103 n. 1, 104 n. 4, 112 et n. 5, 117, 118, 122 n. 9, 130, 131, 135 n. 2, 137 et n. 2, 138 n. 1, 140, 146 n., 147 n. 4, 154 n. 1, 156 et n. 5, 168 n. 4, 170 n. 2, 171 et n. 3, 173-177, 181 n. 4, 184 n. 4, 185-189, *221-241*, 242, 244 n. 1, 246, 260, 285, 292, 293, 298 n. 5, 323 n. 3, 327, 329 et n. 1, 335 n. 5 ; II, 44, 46, 48, 51, 53, 55-57, 152-156, 158, 160, 161, 181-183, 188 et n. 1, 192, 197 n. 1, 203.

Charles de France, duc de Berry : 209 n. 1.

— le **Téméraire**, c^te de Charolais, puis duc de Bourgogne : XIV, XX, 34 n. 4, 38 n. 3, 54 et n. 3 et 5, 56 n. 3, 63 n. 1, 97, 127 n. 2, 208 et n., *209-213*, 214 n. 5, 215, 217 et n. 2, 218 ; II, 34-40, 198.

— d'**Egmont**, duc de Gueldre : 220, 222.

Charlin (Jehan), clerc : XXV n. 7.

Charnacé (b^on Hercule de), ambassadeur français à La Haye : 353 n. 1.

Charolais (comté de) : 325 n. 2.

— C^tes de —, v. Charles le Téméraire, Philippe le Bon ; C^sse de —, v. Bourbon (Isabelle de).

Charte aux Normands : 5, 9.

Chartres, ch.-l. dép. Eure-et-

Loir : 318 n. 1. — Evêque de —, v. Augerant (Jean d').

Châtillon (Gaspard de Coligny, duc de) : 361.

— (Gaucher de), s^r de la Ferté en Ponthieu, conseiller du Roi, gouverneur d'Artois, capitaine général de la ville de Reims : 19 et n. 2, 20 n., 22 n. ; II, 8.

Châtillon-St-Pol (Jeanne de), comtesse de la Marche, dame de Carency, Bucquoy, etc. : 43 n. 4.

Cheminées (impôt sur les) : *133* et n., 150 n. 5 ; II, 79, 104 ; v. aussi : **Feux** (impôt sur les).

Chevreuse (Pierre de), conseiller du Roi : 22 n. 3 ; II, 9.

Chevrot (Jean), évêque de Tournai, chef du Grand Conseil : 54 n. 5 ; II, 28, 30.

Chièvres (s^r de), v. Croy (Guill. de).

Chimay (prince de), v. Croy (Charles de) ; p^sse de — : 354 n. 1.

Chiny (comté de) : II, 175.

Chocques, c. et ar. B. — Abbé de — : 41 n. 7, 56 n. 1 ; v. aussi : Tesson (Ant.).

Chucquet (Jean), maître des requêtes ordinaires de l'Hôtel de l'Empereur : 224 n. 3 ; II, 46.

Chupperel (Oudard), maître des requêtes de l'Hôtel et conseiller du duc de Bourgogne : 207 n. 3 ; II, 33, 34.

Cinquantième denier (sous Philippe le Bel) : 8.

— **de la valeur des meubles** : *134*, *158-159*, 243 et n.

Cité d'Arras : 42 et n. 4, 46, 65 n. 1, 119, 149 n. 6, 152 n. 2, 160 n. 1, 161 n. 2, 214, 298 n. 2, 313 n., 345 n. 3, 363 n. 2 ; II, 8, 41, 151. — Cathédrale : 290 ; hôtel épiscopal : 49 et n. 1, 218 n. 2 ; II, 37, 41, 66, 151, 210 ; hôtel des « Pochonnetz » : 49 n. 1. — Echevins de — : 42 n. 4. — Brigittines de — : 135 n. 5 ; Religieuses de la Paix de — : 135 n. 5.

Clairmarais, c. et ar. St-O. :
II, 105. — Abbé de — : 41 n. 7,
56 n. 1 ; v. aussi : Canteleu (Ant.
de). — Moine de —, v. Ballin
(J.).

Claro (Giulio) : 166 n. 6.

Clauwin (Guillaume), avocat
au Conseil d'Artois, député
général : 104 n. 3 ; II, 141.

Clergé : XXVI-XXVII, 53 n. 3 et
4, 66, 67, 68 n. 1, 69, 70 et n. 1
et 4, 71 n. 2, 78-79, 90, 91 n. 4,
93, 98 n. 1, 104 et n. 1, 107, 184
n. 4, 185 n. 6, 189 et n. 6, 190-
191, 196, 201 n. 1, 212, 233, 249-
251, 264, 266, 275, 297, 304, 306
n. 1, 321, 330 n. 3, 352, 366 ; II,
8, 23, 24, 26, 27, 38-40, 43, 44,
51, 52, 56, 62, 81, 197. — Composition de l'ordre du — : 36, 41 ;
ordre de séance du — : 56 ; séances particulières du — : 60, 64-
65 ; II, 8, 17-19, 62, 71. — Emprunt sur le — : II, 72. — Exemptions du —, v. **Exemptions fiscales.**

Clèves (duc de), v. Guillaume.

Clèves (Adolphe de — et de la
Marck), s^r de Ravestein, lieutenant général du duc de Bourgogne : 58 n. 3, 63 n. 1, 66 et
n. 3, 67, 212 et n., 213 et n., 224 ;
II, 39-40.

Clugny (Ferry de), évêque de
Tournai : 212 ; II, 39.

Cluny, ch.-l. c., ar. Mâcon,
Saône et Loire. — Abbé de —,
v. La Brosse (S. de).

Cocquillaut (Jean), chanoine
de St-Omer : 203 n. 2.

Coligny (Gaspard de), v. Châtillon (duc de).

*COLLECTION de documents
inédits concernant l'histoire de
Belgique*, éd. GACHARD (Bruxelles, L. Hauman, 1833-1835 ; 3 vol.
in-8°) : 325 n. 2, 326 n. 2, 327 n. 2 ;
II, 209.

Collioure, c. Argelès-sur-Mer,
ar. Céret, Pyrénées-Orientales :
307.

Cologne, ch.-l. de régence,
Prusse rhénane : 278 n., 285 n. ;
II, 75. — Archevêque de —, v.
Truchsess von Waldburg (G.).

COLOMA (Carlos), *las Guerras
de los Estados Baxos, desde el
año de M. D. LXXXVIII hasta
el de M. D. XCIX;* [Amberes
(Anvers), « en la officina de Juan
Bellero », 1635 ; in-8°] : 312 n. 1,
315 n. 2, 317 n. 1, 4 et 5, 318 n. 1
et 6, 320 n. 2, 4 et 6, 322 n. 1
et 2, 323 n. 1, 324 n. 1.

Comines, c. Quesnoy-sur-
Deule, ar. Lille, Nord. — Con-
vention de — : 280.

Commerce : 185, 344, 345 n. 1,
368 ; II, 86, 112, 113, 194, 200,
203 ; v. aussi : **Céréales** (commerce des).

« **Commis** » des Etats, v. **Députés généraux.**

Commissaires aux Etats :
XXXIII, 19, 21, 22 n. 3, 24, 26,
51 n. 2, 52 n. 3, 53 n. 3, *54-57*, 58,
60, 61, *62-63*, 66, 71, *72*, 75-77,
96, 98, 189 et n. 1, 342 et n. 3 ;
II, 7 sqq., *passim.*

Commynes (Philippe de) : II,
198 et n. 1.

COMMYNES (Philippe de), *Mémoires*, éd. B. de MANDROT (*Collection de textes pour servir à
l'étude et à l'enseignement de
l'histoire;* Paris, Picard, 1901-
1903 ; 2 vol. in-8°) : II, 198 n. 1.

Compiègne, ch.-l. ar., Oise :
17 n. 3, 196.

« **Composition** » d'Artois :
XXXII-XXXIII, 18 sqq., 112, 113 et
n. 1, 114, 115, 118, 120 n., 142,
193, 228 ; II, 7 sqq., 151 n., 188.

Composition des Etats : 35 sqq.,
373 ; II, 146.

Compte général des impôts :
167-168; II, 56, 92, 94, 165-172 ;
v. aussi : **Auditeurs des comptes.**

Comtat Venaissin, prov. : XIII,
6.

Comté (la), v. *Franche-Comté.*

Kenink, 1889-1899; 5 vol. in-8°) :
300 n. 3, 301 n. 2.

— *inédits concernant la ville et le siège du bailliage d'Amiens, extraits des registres du Parlement de Paris et du Trésor des Chartes*, éd. Ed. MAUGIS, t. III, *XV*[e] *siècle (1397-1471)*, in : *Mémoires de la Société des Antiquaires de Picardie. — Documents inédits concernant la province* (Amiens, Yvert et Tellier; Paris, Aug. Picard, 1921; in-4°) : 375.

DOGNON (Paul), *les Institutions politiques et administratives du pays de Languedoc, du XIII*[e] *siècle aux guerres de religion* (Toulouse, Privat, 1895; in-8°) : 2 n., 6 n. 6.

Dôle, ch.-l. ar., Jura : 104 n. 4.

Doléances : *72-74* et *passim;* II, 23 sqq., *passim.*

Dommages de guerre (réparation des) : II, 94.

Dommartin, com. Tortefontaine, c. Hesdin, ar. M. — Abbé de — : 41 n. 7, 56 n. 1; v. aussi : Ghiers (M. de), Sénéchal (J.).

Dompierre (Hue de). receveur des aides : 98 n. 1.

Doresmieulx (Adrien), conseiller second, puis principal de St-Omer : 181 n. 2, 269 n., 271 n. 4, 274 n. 1, 325 n., 330 n. 2; II, 165.

— (Jacques), échevin d'Arras : 274 n. 1.

— (Martin), greffier de l'Election, puis des Etats d'Artois : XXIV-XXV et n., XXVI.

— (Pierre), clerc : XXV n. 7.

Douai, ch.-l. ar., Nord : 17 n. 2, 23 n. 2, 46, 155, 156 et n., 184, 231, 272, 277 n. 6, 278 et n. 2, 281, 287, 324 n. 1, 329, 343 n. 5; II, 9, 16, 17, 162 et n. 2 et 3, 173 n. 2. — Hôtel de ville de — : 277 n. 6; portes de — : 156 n. 3.

— **Magistrat de** — : 143; chef de l'échevinage de —, v. Aoust (E. d'); conseiller de — , v. Broide (Ph.). — Châtellenie de —, v. *Lille, Douai et Orchies* (châtellenie de).

Doublet (Nicolas) : XXV n. 7.

Douchy (s[r] de), v. Courcol (P.).

DOUËT D'ARCQ (L.), éd. de la *Chronique* d'Enguerran de MONSTRELET.

Doulchet (Benoît), lieutenant de Bapaume : 100 n. 4.

Doullens, ch.-l. ar., Somme : 239, 278 n. 3, 281 n. 5, 318 et n. 1, 320 et n. 2 et 4, 321 et n. 1, 322 n. 3, 357 n. 6; II, 20, 92-94. — Gouverneur de —, v. Porto-Carrero.

Draperie : 184-185.

Driutius (Remy), évêque de Bruges : 262 n. 4.

Drumez (Allard de Croix, *dit* de), v. Croix (All. de).

Du Beine, Du Bayne (Regnault), s[r] de Boissia : II, 186.

Du Bois (Geoffroy) : 8 n. 7.

— (Jean), s[r] de Bois-Bernard, député général : 101 n. 4; II, 141.

Du Bos (Tristan), s[r] de Famechon, conseiller du Roi et de la comtesse d'Artois, gouverneur de Lille, puis bailli de Vermandois : 20 n., 21 n. 2, 22 n. 3, 55 n. 3; II, 8, 9.

Dubruille (P.) : II, 162 n. 3.

Du Clercq (Jacques), s[r] de Beauvoir : 206 et n., 209 n. 1.

DU CLERCQ (Jacques), Mémoires..., éd. Fr. de REIFFENBERG (Bruxelles, Lacrosse, 1823; 4 vol. in-8°) : XXXIX, 87 n. 6, 206 n. 1 et 3, 208 n. 4, 209 n. 1; II, 30 n. 1, 34-37, 207.

Du Clercq (Jean), abbé de St-Vaast : 76 n. 1, 203 n. 2.

Du Fresne (Jean), le fils, prévôt de Montreuil : 120 n.

DU FRESNE DE BEAUCOURT (m[is] Gaston). *Histoire de Charles VII* (Paris, libr. de la Société bibliographique et A. Picard, 1881-1889; 6 vol. in-8°) : 197 n. 3, 198 n. 2, 202 n. 2.

Du Grospré (Jean), président du Conseil d'Artois : 373 n. 1 ; II, 125-133.

Du Hamel (Pierre), prévôt du chapitre d'Arras : II, 34.

Du Luiton (Sauwale), receveur général d'Artois : 15 n. 1.

DUMONT (Jean), *Corps univer-sel diplomatique du droit des gens* (Amsterdam et La Haye, 1725-1739; 18 vol. in-fol.) : 113 n. 2, 114 n. 3, 228 n. 1.

Du Mont-Saint-Eloi (Charles), conseiller d'Arras : 65 n. 4, 96 n. 2, 236; II, 160.

Du Mont-Saint-Eloi (Jean), s^r de Vendin, député général : 102 n. 7; II, 145.

Dunelmensis (episcopus), v. *Durham* (évêque de).

Dunkerque, ch.-l. ar., Nord : 309.

Du Ploich (Jean), chanoine de Saint-Omer : 328 n., 330 n. 2, 331 n. 1.

Duprat (Antoine), chancelier de France : 226 n. 2.

Durant (Jacques), chanoine d'Arras, député général : II, 140.

Durham, ch.-l. comté, Angle-terre. — Evêque de —, v. Hat-field (Thomas de).

Du Saultoir (Andrieu) : xxv n. 7.

Du Savelon (Jacot) : 33 n. 2.

DUSSERT (abbé A.), *les États du Dauphiné aux XIVe et XVe siè-cles*, dans le *Bull. de l'Académie delphinale*, 5e série, t. VIII (Gre-noble, impr. Allier, 1915; in-8°) : 2 n., 5 n. 1 et 3, 6 n. 4, 12 n. 1 et 2, 31 n. 1, 51 n. 1.

Du Val (Jacques), s^r du Natoy, mayeur d'Arras, député général : 103 n. ; II, 145.

— (Nicolas), s^r du Natoy, avocat au Conseil d'Artois, puis mayeur d'Arras, député général : 126 n. 3, 328 n., 330 n. 2, 335 n. 4 ; II, 145.

Du Vaussel (Jean), chanoine d'Arras, député général : 101 n. 3 ; II, 142, 164 et n. 8.

DUVERNOY (Emile), *les États généraux des duchés de Lorraine et de Bar jusqu'à la majorité de Charles III (1559)* (Paris, A. Pi-card, 1904, in-8°) : 2 n., 6 n. 2 et 8.

Eaucourt, com. Warlencourt-Eaucourt, c. Bapaume, ar. Arras. — Abbé d'— : 41 n. 7, 56 n. 1.

Ecluse (l'), v. *Lécluse*, *Sluis*.

Ecossais : II, 178.

Ecosse, roy. : 207. — Reine d'—, v. Marie de Gueldres.

Edit perpétuel (de Marche-en-Famène) : 259 et n. 4, 285 ; II, 70, 77, 99, 174, 176-181, 183.

Edouard III, roi d'Angleterre : 12 n. 2, 13, 120 n.

Egmont (Charles d'), duc de Gueldre, v. Charles d'Egmont.

— (Lamoral, c^te d'), prince de Gavre, gouverneur de Flandre et d'Artois : 54 n. 5, 103 n. 1, 165 n. 8, 167 n. 5, 246 et n. 1, 247; II, 61, 62, 162, 163.

— (Louis, c^te d') : 354 et n. 1.

— (Philippe, c^te d') : 273 n. 5, 312 n. 2.

Election d'Artois : 40 n. 2, 48 n. 3, 116, 120, 124 n. 3, 375. — Greffier de l'—, v. Canteleu.

Eléonore d'Autriche, reine dou-airière de France : 81 n. 1.

Elisabeth, reine d'Angleterre : 263 et n. 3, 264; II, 72, 183.

Elus d'Artois : xxiv n. 1, xxxv. 24, 25, 27 n. 2 et 3, 34 et n. 6, 30 n., 62 n. 2, 115 n. 3, 116, 117 et n., 119 et n. 1, 120 n., 121 n. 2, 122, 125 n. ; II, 11-15, 19-23, 29-31. — V. aussi : Bonnier (G.), Le Borgne (N.), Le Josne (G.), Pin-chon (R.).

Elz (Jakob von), archevêque de Trèves : II, 184.

n. 4; II, 15, 16, 22, 27, 107, 114, 187, 189, 194, 196. — Comtes de —, v. Charles - Quint, Louis de Nevers, Philippe II, etc; comtesses de —, v. Marguerite de France, etc. — Quatre Membres de — : II, 74, 114. — Gouverneur de —, v. Croy (Adr. et Ph. de); président de —, v. Le Sauvage (J.). — Etats de — : 86, 222, 253; II, 105, 188. — Sixième de —, v. **Sixième de Flandres**; tonlieu de —, v. **Tonlieu de Flandres.**

Flandre maritime : 300, 309.

— *wallonne :* 13, 131 n. 1, 272, 375.

Flandres (Jacques de), bourgeois d'Arras : 268, 297 n. 2.

Fléchin, c. Fauquembergues, ar. St-O. : 151 n. 1.

Fléchin (Guilbert de), sr de Wamin : II, 150.

Flencques (sr de), v. Pressy (M. de).

Flesy (sr de), v. Berghes (J. de).

Flory (... de), sr d'Aussimont : II, 164.

Fonck (Jean) : 307.

Fontaines (Pierre de) : 178.

— (Renaud de), évêque de Soissons : II, 22.

Forest (sr de), v. Contay (Ph. de).

Formezan (sr de) : 278 n. 3.

Fosseux (bon de) : 37 n. 3.

Français (les), Franchois : 211 n. 2, 213 n. 1, 229 n. 2, 275, 297 n. 1, 299, 301 n., 311, 314 n., 318 n. 2, 320, 323, 324 n. 3, 330 n. 3, 356-358, 361, 362; II, 94, 134, 139 n. 1, 178, 192, 195, 198, 204, 206.

France, Franche : 27, 28 n. 1, 33 n. 2, 66 n. 1, 74 n., 92 n. 2, 98, 111, 113 n. 1, 116, 117, 122, 127 et n. 1, 143, 145, 155, 169, 176, 184 n. 1, 185, 186, 194, 205, 208, 210, 213 n. 1, 218, 220, 221 et n. 1, 223-225, 228, 229, 231, 232, 237 et n. 2, 238, 245, 252, 260, 263, 278 n. 3, 280, 306 n. 2, 310-312 et n., 314 n., 316 et n. 2 et 5, 324 n. 3 et 5, 325,

335 n. 1, 343, 344 n., 346 et n. 1, 352, 353 et n. 1, 354 n. 1, 356, 357 n. 6, 361, 363, 368, 369, 372, 375; II, 28, 29, 36, 84, 87, 89, 147, 187, 188, 193, 197, 198 et n. 1. — Roi de — : 41 n. 5, 55, 112, 114, 116 et n. 5, 118, 188, 193, 194, 202, 215, 217, 218, 375; II, 60, 84, 147, 148, 187, 198 n. 1; v. aussi : Charles, François, Henri, Jean, Louis, Philippe; reine de —, v. Isabeau de Bavière; reine douairière de —, v. Eléonore d'Autriche. — Cour de — : 113. — Amiral de —, v. Bourbon (Louis, bâtard de); chancelier de —, v. Oriolle (P. d'); pairs de —, v. **Pairs de France.** — Vins de — : II, 101.

France (Jérôme de), président du Conseil d'Artois : II, 82-91, 93-97, 99-108.

— (Renom de), sr de Noyelle-Vion, président du Conseil d'Artois, puis du Grand Conseil : 47 n. 2, 55 n. 4, 336 n. 4, 342 n. 3, 343 n. 1, 344 n. 4, 345 n. 2, 348 n. 3; II, 109-116, 118-125, 128, 187 n. 2.

FRANCE (Renom de), *Histoire des causes de la désunion, révoltes et altérations des Pays-Bas (1555-1592)...,* éd. Ch. PIOT (Bruxelles, Hayez, 1886-1891; 3 vol. in-4°) : 279 n. 1; II, 187 n. 2.

Franche-Comté ou *comté de Bourgogne :* 307, 325 n. 2, 353, 369; II, 97, 99, 178, 179. — Vin de—, 131.

Franchières (sr de), v. Aoust (E. d').

François Ier : 33 n. 4, 112 et n. 8, 118, 225, 226 n. 2, 227-229, 231-233; II, 152, 188.

— de Valois, duc d'Alençon, puis d'Anjou : 263, 265, 268, 269, 271 et n. 4, 276, 280 et n. 5, 297 n. 1, 300-302; II, 73, 75, 183.

Frasneau, Franeau (Philippe), sr de Hyon, chef échevin de Mons : II, 175, 185.

Bourgmestre de —, v. Van Compostelle.

Grand Conseil : 32, 58 et n. 6, 63 n. 2, 67, 76, 204 ; II, 77-78. — Chef du —, v. Chevrot (J.), Filastre (G.), France (R. de) ; maître des requêtes au —, v. Nigri (Ph.).

Grandes compagnies : 21, 170 ; II, 8.

Granson, c. Vaud, Suisse : 212.

Granvelle (cardinal Antoine Perrenot de), évêque d'Arras : XL, 80 n. 1, 91 n. 4, 104 n. 4, 190 n. 3, 236, 240, 247, 296, 299 n. 4 ; II, 140, 159, 161.

GRANVELLE (Antoine Perrenot de), *Correspondance... (1565-1583)*, éd. Ch. PIOT et POULLET (Bruxelles, Hayez, 1877-1896 ; 12 vol. in-4°) : XL, 279 n. 1, 297 n. 1, 305 n. 2 et 4, 306 n. 2, 307 n. 1 ; II, 209.

Grave, prov. Brabant septentr., Pays-Bas : 341.

Gravelines, ch.-l. c., ar. Dunkerque, Nord : 143, 144 n. 2, 145 n. 3, 276 n. 5, 286, 357 ; II, 86. — Gouverneur de —, v. Pardieu (V. de).

Graves, rég. — Vin de —, 131.

Greffe des Etats : XXII-XXVIII ; greffiers, v. Deslions (H.), Doresmieulx (M.), Hanotel (V.), Marchant (P.) ; greffier-adjoint, v. Barat (S.).

Grégoire XIII, pape : 262 ; II, 184.

Grenoble, ch.-l. dép., Isère : 172.

Grignard (Renaud), procureur d'Artois : II, 50-51.

Groningue, Grœninghe, Gronegen, ch.-l. prov., Pays-Bas : 316 ; II, 89. — Sr de —, v. Philippe II.

Gueldre, Ghueldres, Geldres, prov., Pays-Bas : 234, 272, 279, 280 n., 309 ; II, 189. — Duc de —, v. Charles d'Egmont, Philippe II. — Guerres de — : 73 n. 1, 210, 220-222, 224 ; II, 43.

GUESNON (A.), *Documents iné-dits sur l'invasion anglaise et les Etats au temps de Philippe VI et de Jean le Bon*, dans le *Bull. hist. et philolog. du Comité des travaux historiques et scientifiques*, 1897, pp. 208-260 (tir. à part : Paris, Impr. nationale, 1898 : 52 p. in-8°) : 12 n. 2 et 3, 15 n. 2, 20 n. 2, 34 n. 6, 40 n. 2, 97 n. 1 ; II, 8.

—, éd. de l'*Inventaire chronologique des Chartes... d'Arras*, v. INVENTAIRE...

Guillaume, duc de Clèves : II, 184.

—, duc de Saxe : 208 et n. 2.

Guillebaut (Guy), trésorier du duc de Bourgogne : II, 23, 25.

Guinecourt (sr de), receveur du 100e denier : 360 n. 5.

Guînes, Guynes, ch.-l. c., ar. Bo. : 120 n.

Guise, ch.-l. c., ar. Vervins, Aisne : 198 et n. 3 ; II, 20, 21.

Guyenne, prov. : II, 11. — Duc de —, v. Louis de France.

Habarcq (Jean de) : II, 164.

Habsbourg, Habspurgum. — Cte de —, v. Charles-Quint, Philippe II, etc. — Maison de — : 172.

Hainaut, Haynnau, Henao, etc., prov. de Belgique : 95 n. 2, 187 n. 1, 199, 200, 205, 207 n. 4, 210, 224 n. 3, 251, 252, 263, 265, 270 et n. 4, 272-274, 276, 277 et n. 6, 278 et n., 279 n. 5, 280 n., 281 et n. 5, 285, 286 et n. 1, 287 et n., 288, 305, 352, 357 n. 4 ; II, 81-83, 107, 122, 123, 125, 131, 174, 178. — Cte de—, v. Philippe II ; Cesse de —, v. Jacqueline de Bavière. — Grand-bailli de —, v. Lallaing (Emm.-Ph. et Ph. de), Noircarmes (Ph. de) ; sénéchal de —, v. Barbençon (P. de), Melun (R. de) ; pannetier de —, v. Landas (N. de). — Etats provinciaux de — : 67 n. 5, 88 n., 130 n. 1, 143, 144, 203 n. 1, 205 n. 1, 222, 253,

256 n. 4, 268, 269, 270 n. 4, 272 et n. 4, 274 et n. 1, 279, 281, 284, 305 n. 2, 349 n. 1; II, 74-76, 80, 81, 173, 188, 192. — Houille de —, v. **Houille de Hainaut.**

Halloy (s^r de), v. Gosson (Fr. de).

Ham-en-Artois, Hen lès Lilers, c. Norrent-Fontes, ar. B. — Abbé de — : 41 n. 7, 56 n. 1; II, 150.

— *-en-Vermandois*, ch.-l. c., ar. Péronne, Somme : 201 ; II, 26, 207.

Hambourg, Hamburcq, ville libre, Allemagne : 253 n. 4.

Haméricourt, Esméricourt (Gérard d'), abbé de Saint-Bertin et évêque de Saint-Omer : 91 n. 4, 247; II, 159, 161, 163 et n. 3.

Hangouart (Guillaume), président du Conseil d'Artois : 54 n. 5, 168 n. 4; II, 53-54.

Hannedouche (Sébastien), conseiller de St-Omer : 66 n.

Hannescamps (s^r d'), v. Croix (All. de).

Hanot (Gaspard), abbé de Hautmont : 330 n. 3.

Hanotel (V.), greffier des Etats: XXV, XXVII.

Harcourt (Jeanne de), c^{esse} de Namur, dame de Béthune : 43 n. 4.

Hardenthun, com. et c. Marquise, ar. Bo. : 203 n. 3; II, 33.

Harlin (Adrien de), abbé de Ruisseauville : II, 164 et n. 7.

Hasnon, c. St-Amand, ar. Valenciennes, Nord. — Abbé de St-Pierre de —, v. Froye (J.).

Hatfield (Thomas de), évêque de Durham : 12 n. 2.

Hattron (Hector), avocat à la Gouvernance d'Arras : 180 n. 6.

HAUTECLOCQUE (c^{te} Gustave de), *Arras et l'Artois sous le gouvernement des archiducs Albert et Isabelle - Claire - Eugénie (1598-1633), dans des Mém. de l'Académie... d'Arras*, 2e sér., t. VI, pp. 7 sqq. (tir. à part : Arras,

Courtin, 1873; in-8°) : 329 n. 2-4, 334 n., 354 n. 1; II, 99-102.

—, *le Président de Richardot et les Etats généraux des Pays-Bas de 1598* (dans les *Mém. de l'Académie d'Arras*, 2e série, t. X, 1879; pp. 138-174) : 327 n. 2, 328 n. 1 et 2.

Hauteville (s^r d'), v. Assonleville (Chr. d').

Hautmont, prov. Hainaut, Belgique. — Abbé de —, v. Hanot (G.).

Haut-passage (droit de) : 113 n. 1, 145.

Haverskerque, Haveskerke, c. Merville, ar. Hazebrouck, Nord : 155 n. 3. — B^{on} d'—, v. Montmorency (Nic. de).

Havré (m^{is} d'), v. Croy (Ch. Ph. de).

Havroult (s^r de), v. Helfault (R. de).

Hay (David), abbé du Mont-St-Eloi, député général : II, 140.

Heldrunghe (b^{on} de), v. Mansfeldt (P.-E. de).

Helfault (Robert de), s^r de Havroult : 247; II, 164.

Hen lès Lilers, v. *Ham-en-Artois*.

Hénin (c^{te} de), v. Bournonville (O. de).

Hénin-Liétard, c. Carvin, ar. B. : 35 n. 3, 39 n. 1, 40 n. 2, 42 et n. 5, 56 n. 1. — Abbaye d'— : 41 n. 7; abbé, v. Glen (B. de). — Bailliage d'— : II, 150.

Hénin-Liétard (Alexandre de), duc de Bournonville : 353.

HENNE (Alexandre), éd. des *Mémoires anonymes sur les troubles... et des Mémoires* de Pontus PAYEN, v. *MÉMOIRES...*, PAYEN (P.).

Henri II, roi de France : 113 n. 1.

— III : 265, 301, 310, 312 et n. 1; II, 183.

— IV : 113 n. 1, 310, 312, 317, 318 et n. 1, 319, 324 n. 1; II, 89.

— V, roi d'Angleterre : 111 et n. 2, 115 n. 2.

— VI : 112 et n. 2, 185 n. 7, 198 ; II, 35.

— VIII : 231 n. 4.

Hénuin, com. Audruicq et de Saint-Folquin, c. Audruicq, ar. St-O. — Capitaine du fort d'—, v. Bery (G. de).

HÉRICOURT (c^{te} Achmet d'), éd. de l'*Ambassade de... Jean Sarrazin... de Ph. de* CAVEREL, *des Troubles d'Arras... de* W. OBERT, v. CAVEREL, OBERT.

Herlin (Jean), député général : II, 141.

Hermes de Wynghene, conseiller au Conseil Privé : 166 n. 1.

HERVIEU (Henri), *Recherches sur les premiers États généraux et les assemblées représentatives pendant la première moitié du XIVe siècle* (Paris, Thorin, 1879 ; in-8°) : 35 n. 1 et 2, 36 n. 1.

Hesdigneul, Hesdignœulx (s^r d'), v. Desplancques (Pierre).

Hesdin, Hesdinfert, ch.-l. c., ar. M. : 13, 14 n. 1, 18, 19, 39 n. 1, 40 et n. 2, 42 et n. 1, 46, 52 n. 2, 53 n. 4, 69, 91 n., 92 n. 5, 122, 165 n. 3, 189, 210 et n. 2, 219 n., 220, 232-233, 238-240, 242 n. 1, 304 n. 1 et 2, 322 n. 3, 323, 357, 359, 362 ; II, 7, 10, 17, 21, 23, 25 n. 1, 32, 36-39, 43, 59, 82, 83, 150, 166, 170, 171. — Château d'— : 46 ; église St-Martin d'— : 49 ; II, 36. — Echevinage d'— : 168 n. 3 ; canonniers d'— : 135 n. 7. — Chapitre d'— : 41 et n. 9, 191. — Gouverneur d'— : 356 n. 4 ; II, 198 ; v. aussi : Gomiecourt (Adr. de), Melun (R. de) ; lieutenant d'—, v. Lemaire (P.). — Bailliage d'— : 40, 41, 234, 240 n. 1, 322 n. 3, 356 ; bailli : 14 n. 1 ; receveur du bailliage, v. Estocart. — Quartier d'imposition d'— : II, 167.

Hesdinfert, v. *Hesdin*.

Heuchin (s^r de), v. Quiéret (G.).

— (Jean de), s^r de Staple, mayeur de St-Omer : 100 n. 3, 101 n. 2.

Heulle (s^r du), v. Landas (N. de).

Heussenstamm (Sébastien von), archevêque de Mayence : II, 156.

Hèze (b^{on} de), v. Hornes (G. de).

Hierges (b^{on} d'), v. Berlaimont (G. de).

Hireçon (Thierri d'), prévôt d'Aire : 10 n. 5, 11.

HIRSCHAUER (Charles), l'*Artois et le Xe denier (1569-1572) ; le Voyage en Espagne de Nicolas de Lengaigne et de Philippe Prevost*, dans la *Revue du Nord*, t. II, 1911, pp. 215-235 (tir. à part : Lille, impr. Lefebvre-Ducrocq, 1911 ; 21 p. in-8°) : 248 n. 2, 251 n. 1 ; II, 63-65.

—, *les États d'Artois et la Joyeuse Entrée de Philippe, prince d'Espagne, à St-Omer et à Arras*, dans le *Bull. hist. de la Société des Antiquaires de la Morinie*, t. XII, pp. 422-436 (tir. à part : St-Omer, impr. d'Homont, 1908 ; 15 p. in-8°) : 47 n. 4, 49 n. 4 et 9, 54 n. 4, 62 n. 3, 63 n. 3, 64 n. 1 et 2, 65 n. 1, 69 n. 4, 137 n. 4, 161 n. 2, 235 n. 5 ; II, 57.

—, *Note sur les sceaux des États d'Artois jusqu'au XVIIe siècle*, dans les *Mém. de la Comm. départementale des Monuments historiques du Pas-de-Calais*, t. II, pp. 561-571 (tir. à part : Arras, Repessé, Cassel et Cie, 1908 ; 13 p. in-4° ; 2 pl. h. t.) : XX n. 1, XXII n. 4. XXIII n. 1, 160 n. 5, 161 n. 6 et 7, 162 n. 8, 199 n. 3.

—, *la Rédaction des coutumes d'Artois au XVIe siècle* (dans la *Nouvelle Revue historique du droit français et étranger*, ann. 1918, pp. 43-64) : 172 n. 1, 173 n. 1, 221 n. 2, 223 n. 1 ; II, 43, 45, 52, 54.

—, *les Troubles d'Artois de 1577-*

1578, extr. de *Rome et Belgique*, recueil publ. par l'Institut historique belge de Rome, 2ᵉ fasc. (Rome, Bruxelles et Paris, 1920; 16 p. in-8°) : 264 n. 2.

—, éd. de la *Correspondance secrète... de Jean* SARRAZIN.

Hocquet (Nicolas), échevin de Bapaume : II, 165.

Hollandais (les) : 293, 320, 330 n. 3, 349.

Hollande, prov. Pays - Bas : 95 n., 115, 145, 199, 200, 205, 210, 222, 234, 253, 255, 259 n. 4, 272, 293, 309, 312, 314 n. 2, 331 et n. 1, 341, 345, 349 n. 1, 352, 356, 369; II, 22, 86, 102, 110, 113, 189; v. aussi : *Provinces-Unies*. — Cᵗᵉ de —, v. Philippe II; cᵉˢˢᵉ de—, v. Jacqueline de Bavière — Etats de —, 205 n. 1.

Hongrie, Hongherie, Hon - guerye, roy. — Roi de —, v. Jean Zapoly, Ladislas. — Croisade de — : 29 n. 2, 194 et n. 3.

Hoogstraeten, Hoochstraten, Austrade (cᵗᵉ d'), v. Lallaing (Alb.-Fr., Ant. et Ch. de).

Hopperus (Joachim) : 252.

Hornes (Guillaume de), bᵒⁿ de Hèze : 256 n. 2, 273 n. 5.

Houdain, ch.-l. c., ar. B. : 46; II, 26. — Quartier d'imposition de — : II, 167.

HOUDOY (Jules), *l'Impôt sur le revenu au XVIᵉ siècle; les Etats de Lille et le duc d'Albe*, dans les *Mém. de la Société des Sciences et Arts de Lille*, 3ᵉ sér., t. X, pp. 299-383 (tir. à part : Lille, Danel, 1872; 92 p. in-8°) : 128 n. 1, 157 n. 2, 260 n. 1.

Houille de Hainaut (impôt sur la) : 143-144; II, 122-125, 131.

Houst (Antoine), docteur ès lois, conseiller et maître des requêtes au Conseil Privé : II, 175, 185.

Hucqueliers (Sohier de), clerc des Etats : **XXV** n. 7, **XXIX** n. 2.

Hugonet (Guillaume), chancelier de Bourgogne : 54 n. 5, 98 n. 1, 210, 212 et n. 1, 213; II, 139.

Hulst, prov. Zélande, Pays-Bas : 323.

Humbercourt, c. et ar. Doullens, Somme : 275. — Sʳ d'—, v. Brimeu (G. de).

Hyon (sʳ de), v. Frasneau (Ph.).

Imbert (Nicolas), abbé d'Arrouaise : II, 164 et n. 4.

Immeubles (20ᵉ denier sur le revenu des) : II, 54.

— (20ᵉ denier sur la vente des), v. **Vingtième denier**.

— **urbains et suburbains** (impôts sur les) : II, 54, 58.

Imposition (quartiers d'), v. **Quartiers d'imposition**.

— foraine : 113 et n. 1, 142, 375, 376.

Impôt. — Vote de l'— : 1-29, 142, 143, 291, 363, 366, 372; II, 82, 183. — Variation de l'— : 140-142, 376. — Publication de l'— : 122-123, 149. — Levée de l'— : 122-127, 146-169, 360; II, 104, 105, 108, 122. — Affermage, régie des —, v. **Affermage**, **Régie des impôts**. — Exemptions d'—, v. **Exemptions fiscales**.

— fonciers, v. **Terres** (impôt sur les).

— **immobiliers** : 133-134; v. aussi : **Dixième**, **Centième**, **Vingtième denier**, **Cheminées** (impôt sur les), etc.

— **indirects** : 130-133.

— **irréguliers** : 311, 314 n. 2, 331; II, 82-84, 86, 89, 92, 94, 97, 109, 110, 135, 193-194, 200, 202.

— **royaux** : 6 sqq.

— **sur les revenus**, v. **Revenus** (impôts sur les).

Inchy (bᵒⁿ d'), v. Gavre (B. de).

Indes : 81 n. 4. — Roi des —, v. Philippe II.

---

(1) Cet ouvrage, sans titre, tables ni introduction, n'a pas été mis dans le commerce ni en distribution.

Bruxelles, Jésuites; *St-Omer*, Jésuites anglais, Jésuites wallons.

« Johannistes » (les) : 265-266, 268.

Jonglet (Jean), président de Brabant : 58 n. 3, 212 ; II, 39.

— (Jean), s^r des Maretz, maître des requêtes ordinaires de l'Hôtel de l'Empereur : II, 45, 47, 48, 50, 53, 154, 208.

Jouy (Jean de), prévôt des maréchaux : 182 n. 11.

— (Raoul de) : 12 ; II, 7, 147 et n. 1.

« **Joyeuse Entrée** » : 54, 60 et n. 4, *188*, 219 et n. 1, 224-225, 235-237, 240, 329 et n. 2, 368, 369 ; II, 46, 52, 57, 65, 99, 102, 157.

Juan d'Autriche (don), dom Jehan, dom Jouan, gouverneur des Pays-Bas : 259-261, 264 n. 3, 265, 267, 269, 286 n. 1, 296 ; II, 174, 179, 191.

Jullien (Jean), clerc des Etats : XXV n. 7.

Jumelles (s^r de), v. Aoust (E. d').

Jussy (s^r de), v. Saint-Vérain (E. de).

Kerles (Jacques de), abbé de St-Vaast : 57 n. 2, 220 n. 1.

KERVYN DE LETTENHOVE (b^on Constantin-Bruno), *les Hugue- nots et les Gueux; essai historique sur vingt-cinq années du XVIe siècle (1560-1585)* (Bruges, Bey- aert Storie, 1883-1885 ; 6 vol. in-8°) : 286 n. 5.

KERVYN DE VOLKAERSBEKE, collab. de DIEGERICK.

La Bassée, ch.-l. c., ar. Lille, Nord : 156 et n. 1, 298 n. 2.

La Belure (s^r de), v. Berghes (J. de).

La Berguerie (Guillaume de), conseiller de la c^esse d'Artois : 21 n. 2 ; II, 8.

La Brosse (Simon de), abbé de Cluny : 55 n. 3, 120 n. ; II, 8.

La Conté (s^r de), v. La Plan- que (L. de).

La Croix (Jacques de), s^r de Caumont, membre du Conseil de la ville de Mons; II, 175, 185.

La Cueva (cardinal Alonso de), m^is de Bedmar : 350, 352.

Ladislas, Lancelot, roi de Hon- grie; 208 et n. 2.

La Ferté (b^on de) : 300 n. 3.

— en Ponthieu (s^r de), v. Châ- tillon (G. de).

La Force (Jacques Nompar de Caumont, duc de) : 361.

La Forge (Henry de), receveur des aides d'Artois : 118 n. 1 et 2.

La Grue (Pierre) : II, 186.

La Haye, cap. Pays-Bas : 352, 353 n. 1.

La Haye (s^r de), v. Marbais (Ph. de) et Peissant (L. de).

Lalain (Simon de), bailli d'A- miens : 115 n. 3.

Lalemant (Guillaume) : 10 n. 2.

Lallaing (Albert-François de), c^te de Hoogstraeten, s^r d'Achi- court : 354 n. 1.

— (Antoine de), c^te de Hoogs- traeten, chef des finances : 246.

— (Antoine de), s^r de Mon- tigny, bailli de Lens : II, 44.

— (Charles de), c^te de Hoogs- traeten, gouverneur d'Artois : II, 125, 209.

— (Emmanuel-Philibert de), b^on de Montigny, grand-bailli de Hainaut : 273 et n. 5, 279-282 ; II, 75, 78.

— (Georges de), c^te de Renne- bourg, b^on de Ville, gouverneur de Frise : 279.

— (Philippe, c^te de), grand- bailli de Hainaut : 279, 305 n. 1 ; II, 175, 185.

— (Pontus de), s^r de Bugni- court, gouverneur d'Arras, puis d'Artois : 91 n. 4, 165 n. 8, 240 n. 2 ; II, 59, 159, 161.

Le Catelet, ch.-l. c., ar. Saint-Quentin, Aisne : 320 et n. 3, 321 n. 1 ; II, 92.

LECESNE (E.). *Histoire d'Arras depuis les temps les plus reculés jusqu'en 1789* (Arras, Rohart-Courtin, 1880; 2 vol. in-8°) : 15 n. 4, 20 n., 272 n. 3, 315 n. 2, 324 n. 2, 329 n. 2.

Le Chable (Nicolas), receveur des aides d'Artois : 117, 118 et n., 127 n.

— (Roland), receveur des aides d'Artois : 127 n.

Le Clercq (Mathieu), docteur ès lois, conseiller pensionnaire de Malines : II, 185-186.

Lécluse, c. Arleux, ar. Douai, Nord : 76, 313 n. ; II, 83.

Lecocq (Baudoin), procureur fiscal de l'Empereur : II, 51.

Le Courant (Pierre), bailli d'Amiens : 13.

Le Crotoy, c. Rue, ar. Abbeville, Somme : 28 n. 1, 198 et n. 3, 204 ; II, 20.

Le Cuvelier (Robert) : 24 n. 3.

Leducq (Ambroise), capitaine de lansquenets : 269, 271 et n. 1, 272 et n. 1; II, 73, 172 et n. 1.

— *ou* Le Duc (Jacques), échevin de Bourbourg : II, 186.

LE FÈVRE DE SAINT-RÉMY (Jean). *Chronique* de Jean Le Fèvre, seigneur de Saint-Rémy, éd. F. MORAND (Paris, Renouard, 1876-1881; 2 vol. in-8°) : XXXIX, 195 n. 3, 196 n. 1 ; II, 15.

Le Fleton (Jacques), 160 n. 1.

Leganez (m^{is} de), v. Mesia (don D. de).

LE GLAY, *Négociations diplomatiques entre la France et l'Autriche durant les trente premières années du XVIe siècle* (Paris, Impr. royale, 1845; 2 vol. in-4°) : 116 n. 5, 221 n. 1, 226 n. 2; II, 208.

— éd. de la *Correspondance de Maximilien...*, v. *CORRESPONDANCE*

LEGRAND (Albert), *Correspondance inédite... des généraux de Charles-Quint avec les mayeur et échevins de St-Omer à l'occasion du siège, prise et destruction de Thérouanne en 1553* (dans le *Bull. hist. de la Soc. des Antiquaires de la Morinie*, t. II, pp. 932 sqq.) : 238 n. 1 et 2.

Le Grand (*vraisemblablement* Herman), dit de Gomicourt, s^r de Neuvireuil : II, 118.

Le Hamel. — Dame du —, v. Moyencourt (M. de).

Le Josne (Guillaume), s^r de Contay, élu d'Artois, puis gouverneur d'Arras : 121 n. 1; II, 37.

— (Robert), bailli d'Amiens : II, 23.

Lemaire (Pierre), lieutenant d'Hesdin : 45 n. 4.

Le May (Jean) : 203 n. 2.

Le Merchier (Antoine), mayeur d'Arras : 330 n. 2.

— (Jean), échevin d'Arras, député général : 102 n. 4, 103 n. 4, 104 n. 5, 108 n., 165, 279; II, 143-145, 166.

Lenain (Regnauld), doyen de Bapaume : 100 n. 4.

Le Nattier (Jean), échevin d'Arras, puis receveur général des Etats : 148 n. 2, 4 et 5, 149; II, 165.

Lengaigne (Nicolas de), doyen du chapitre d'Arras : 251 et n. 1, 252, 253, 260, 306.

Lens, ch.-l. c., ar. B. : 17 et n. 2, 39 n. 1, 40 n. 2, 42 et n. 1, 46, 53 n. 4, 63, 66 n. 2, 91 n. 3, 92 n. 5, 100 et n. 4, 161 n. 2, 165 n. 1, 182 n. 1, 189, 220 n. 1, 226 n. 1, 359; II, 9, 48, 150. — Echevinage de — : II, 166; mayeur, v. Maillet (H.); greffier, v. Tolbault (P.). — Chapitre de — : 41. — Bailliage de — : 175, 322 n. 3; II, 150; bailli : 10 n. 2; v. aussi : Coupigny (J.

com. et c. Hesdin, ar. M. : 239
n. 3.

Maisy, Mésy (Miles de), s^r
d'Achicourt : 11 et n. 5 ; II, 7,
147 et n. 1.

Majorque, Maillorque, île
d'Espagne. — Roi de —, v. Philippe II.

« Malcontents » (les) : 273 et
n. 5, 279 et n. 2.

Mâle (Louis de), v. Louis de
Mâle.

Malet (Thomas), conseiller du
duc de Bourgogne : II, 36, 38.

Malines, prov. Anvers, Belgi-
que : 32 n. 5, 47, 48 n. 1, 67 n.
5, 90 n. 3, 221, 222, 261, 309 ; II,
42, 43, 45, 48, 52, 173, 185, 189.
— Echevins de —, v. T'seraerts
(Ant. de) ; conseiller pension-
naire, v. Le Clercq (Math.). —
Seigneur de —, v. Philippe II.
— Gouverneur de —, v. Noyelles
(Pont. de).

Malpau (d^r), échevin de Saint-
Omer : 272 n. 1, 273 n. 3, 274 n. 4.

Maltôtes : 7 sqq.

Mandat impératif : 61, 374.

MANNIER (E.), éd. des *Chroniques* de L. BRÉSIN.

Mansel (Jean), receveur des
aides d'Artois : 25 n. 3.

Mansfeldt (Charles, c^te de) :
316, 317 n. 2, 318 n. 2 ; II, 88.
— (Ernest, bâtard de) : 346
n. 1.
— (Pierre-Ernest, c^te de), b^on
de Heldrunghe, gouverneur du
Luxembourg, puis, par intérim,
des Pays-Bas : 84 et n. 2, 256 n.
2, 289, 313 et n. 3, 314 n., 315
et n. 4, 316 et n., 317 n. 1, 318,
327 n. 1 ; II, 77, 86, 87, 175, 185,
186.

Manuy, Masnuy (s^r de), v. Aubremont (N. de).

Marbais (Philibert de), s^r de
La Haie, Brigaude et Lambrechies : II, 69.

Marchant (François), agent en
cour des Etats : 79 et n. 5.
— (Pierre), greffier des Etats :
XXV et n. 3, XXVII, 150 n. 4, 268-
269.

Marche-en-Famène, prov. Luxembourg, Belgique. — Edit perpétuel de —, v. **Edit perpétuel.**

Marchiennes, ch.-l. c., ar.
Douai, Nord. — Abbé de —, 36
n. 2, 41 et n. 8.

Marck, Merc, c. Calais, ar. Bo. :
120 n. — Bailli de — : 11 n. 5.

Marcoing, ch.-l. c., ar. Cambrai, Nord : 298 n. 3 ; II, 78.

Maréchaussée : 181, 182, 368 ;
v. aussi : **Police. Prévôt des maréchaux.**

Maretz (s^r des), v. Jonglet (J.).

Marguerite d'Autriche, d^sse et
c^sse de Bourgogne, d^sse de Savoie,
régente des Pays-Bas : XL, 28 n. 1,
47, 48 n. 1 et 2, 54, 67 et n. 5,
68 n. 2 et 4, 72 n. 2, 77, 122 n. 9,
127 n., 172-175, 219 et n. 4, 222
et n. 1, 223, 224, 228, 374 ; II, 43,
45, 49, 52, 152.
— de Flandre, c^sse d'Artois : 19.
— de Flandre, d^sse de Bourgogne, c^sse d'Artois : 22 n., 194,
376.
— de France, c^sse de Flandres
et d'Artois : 19 n. 2, 20 n. 2, 21
et n. 2, 22 n. 3, 26 et n. 1, 33
n. 2, 54 n. 1, 114 et n. 4, 124 n. 5,
187-188, 193 ; II, 8, 10.
— de Parme, d^sse de Parme et
de Plaisance, gouvernante des
Pays-Bas : 246, 247, 299-300, 304
n. 1, 305 n. 2, 307 et n. 1 ; II, 77,
79, 163, 188.
— d'Yorck, d^sse de Bourgogne :
213.

Marie, reine de Hongrie, gouvernante des Pays-Bas : 32, 54,
58 n. 3, 59 n. 1, 82 n. 3 et 5, 102
n. 2, 137 et n. 2, 146 n., 159 n. 6,
186, 229, 231, 232 et n. 1, 233 n. 4,
234 n. 1, 237 n. 4, 238 et n. 2, 239,
240 et n. 2 : II, 154, 159.

— -*en-Pévèle*, c. Pont-à-Marcq, ar. Lille, Nord : 9.

— -*en-Vimeu* ou *Mons-Boubert*, c. St-Valéry-sur-Somme, ar. Abbeville, Somme : 198.

MONSTRELET (Enguerrand de), *la Chronique* d'Enguerran de MONTRELET, éd. L. DOUËT D'ARCQ (Paris, Vᵛᵉ Renouard, 1857-1862; 6 vol. in-8°) : XXXIX, 195 n. 3, 197 n. 2, 198 n. 1; II, 14, 15, 17, 18.

Montbertaut (Pierre de), receveur des aides d'Artois : 26 n. 1, 117 n. 3, 194 n. 2.

Monts-de-Piété : 139 et n. 7.

Montdidier, ch.-l. ar., Somme : II, 20, 23.

Montereau-faut-Yonne, ch.-l. c., ar. Fontainebleau, Seine-et-Marne : 197.

Mont-Hulin, l. d., com. Menneville, c. Desvres, ar. Bo : 318 n. 1.

Montigny (bᵒⁿ de), v. Lallaing (Emm.-Ph. de); sʳ de —, v. Lallaing (Ant. de).

Montluc (Jean de), sʳ de Balagny, gouverneur de Cambrai : 318 et n. 1, 320.

Montmorency (Antoine de), sʳ de Croisilles : 220 n. 1; II, 153 et n. 1.

— (Guillaume de), sʳ de Neuville-Vitasse, député général : II, 145.

— (Jean de), cᵗᵉ d'Estaires, maître de l'Hôtel de l'Archiduchesse : II, 127.

— (Nicolas de), bᵒⁿ d'Haverskerque, sʳ de Vendegies, cᵗᵉ d'Estaires, chef des finances : 183 n. 2, 339 n. 1 et 3, 342 n. 3; II, 108, 110, 111, 113-115.

— (Philippe de), sʳ d'Achicourt, chef des finances : II, 61.

— (Robert de), sʳ de Wismes, grand-bailli de St-Omer : II, 156-157.

— (Roger de), abbé de Saint-Vaast, député général : 104 n. 1; II, 66, 142, 163.

Montreuil-sur-Mer, ch.-l. ar. : 125 n., 318 n. 1; II, 24. — Prévôté de — : 172, 216 n. 2; prévôt, v. Du Fresne (J.), Le Vasseur (R.), Renty (O. de).

Mont-Saint-Eloi, c. Vimy, ar. A. : 357 n. 6, 362. — Abbé du — : 41, 56 n. 1, 165 n. 8; v. aussi : Alennes (M. d'), Bullot (J.), Delaruelle (G.), Feucy (J. de), Hay (D.).

MORAND (F.), éd. de la *Chronique* de Jean LE FÈVRE, sʳ de Saint-Rémy, v. LEFÈVRE DE SAINT-RÉMY.

Morat, c. Fribourg, Suisse : 213 et n. 1.

Morbecque, Morbeck, Morbesques (Jean, sʳ de — et de Rebecques), gouverneur d'Aire : II, 164 et n. 15, 171.

— (Roland de), conseiller et maître des requêtes de l'Hôtel de l'Archiduc : II, 45.

Morel (Adrien) : XXVIII n. 3.

— (Adrien), sʳ de Tangry, député général : 104 n. 2, 108 n. 8, 165, 279; II; 143.

Moriensart (sʳ de), v. Le Vasseur (Fr.).

Morins (cité des), v. *Thérouanne*.

Moullart (Mathieu), évêque d'Arras : 106, 268 n. 6, 269, 275-276, 281 n., 282, 289, 290, 328 n. 1, 330 n. 2 et 3, 331 n. 1; II, 74, 165, 174.

Mouton (Guillaume), huchier : XXIX n. 1.

Moy (Jean de), abbé de St-Vaast : II, 50.

Moyencourt (*probablement* Marie de), dame du Hamel et de Senlesches : 37 n. 1.

« **Moyens généraux** » : 140, 150 n. 5, 151 n. 3, 258 et n. 5, 259 et n. 1, 260, 266, 269, 274; II, 69, 70, 72-74.

Muette (Louis), greffier de la gouvernance d'Arras : II, 153.

Muhlberg, Saxe Prussienne. — Bataille de —, 234.

MULLER (P.-L.), éd. des *Documents concernant les relations entre le duc d'Anjou et les Pays-Bas*, **v. DOCUMENTS.**

Namur, ch.-l. prov. Belgique : 34 n. 1, 92, 176, 261, 304 n. 1, 306 n. 3, 307 ; II, 44, 78, 174, 179. — Comté de — : 187 n. 1 ; II, 189 ; c^te de —, v. Philippe II ; comtesse de —, v. Harcourt (J. de).

Namurois (le), rég. : 352.

Nancy, ch.-l. dép., Meurthe-et-Moselle : 213.

Naples. — Roi de —, v. Philippe II.

Nassau (Guillaume de), prince d'Orange : 262, 265-267, 269, 272, 292, 294, 297 et n. 1, 300, 305.

— (Louis, c^te de) : 252.

— (Maurice de), prince d'Orange : 309, 312, 316, 320, 330 n. 3, 341.

Navarre, roy. : 369. — Roi de —, v. Philippe II.

Naves (s^r de), v. Asset (P.).

Nédonchel, .c. Heuchin, ar. St-P. : 155 n. 3.

Nédonchel (Antoine de), s^r du Quesnoy : II, 164.

— (Charles de), s^r de Liévin, député général : II, 141.

Nepveux (Gilles), ferronnier : XXIX n. 1.

Neufvillette (Adam de), receveur de la dame de Béthune : 43 n. 4.

Neuss, prov. du Rhin, Prusse occid. : 210-212.

Neuville, Nœfville, Nœufville (s^rde), v. Montmorency (Ant. de).

— (Jean, s^r de), député général : II, 141.

Neuville-Vitasse (s^r de), v. Montmorency (Guill. de).

— (Hugues, s^r de) : 220 n. 1.

Neuvireuil (s^r de), v. Le Grand (H.).

Nevers (c^te de), v. Jean sans Peur.

Nice, ch.-l. dép., Alpes-Maritimes. — Trêve de — : 229.

Nicolas V, pape : 207.

Nicopoli, Bulgarie : 194, 205.

Nielles (Jean de), s^r d'Olhain : 195 ; II, 18, 150.

Nigri (Philippe), grand archidiacre de Thérouanne, maître des requêtes au Grand Conseil, chancelier de la Toison d'Or : 166 n. 1, 190 n. 3 ; II, 51.

Nimègue, prov. de Gueldre, Pays-Bas. — Paix de — : 363 n. 3.

Nivelles, Nyvelle, prov. Brabant, Belgique : II, 173, 185, 186. — Echevins de —, v. Posti (P.) ; rentier de —, v. Thime (Adr.) ; pensionnaire de —, v. Sassene (P.).

Noblesse : 53 n. 3 et 4, 60 n. 2, 66, 67 n. 4 et 5, 68 n. 1, 69 et n. 1, 70 et n. 1 et n. 4, 71 n. 2, 78-79, 90, 92, 98 n. 1, 104 n. 2, 107, 184 n. 4, 189 et n. 6, 196, 212, 233 et n. 4, 249-251, 257, 264, 267, 275, 286 n. 1, 321, 352 et n. 3, 366, 373 ; II, 25, 28-30, 38-40, 43, 44, 52, 56, 88, 97, 150. — Composition de la — : 36-38, 40-41 ; II, 146. — Ordre de séance de la — : 56. — Séances particulières de la — : 58, 65 ; II, 8. — **V. aussi : Exemptions fiscales.**

Nœufville, v. Neuville.

Noircarmes (s^r de), v. Sainte-Aldegonde (Max. de).

— (Jean de), b^on de Selles : 247, 280 et n. 6, 281 et n., 282 ; II, 75, 174.

—, Noircermes (Philippe de), s^r de Ste-Aldegonde, grand bailli de Hainaut, gouverneur de Cambrai, grand bailli de Saint-Omer, chef des Finances de Philippe II : II, 64, 164 et n. 12.

et n. 2, 121 n. 1, 125, 126 n., 128, 185 n. 6, *197-209*, 215, 234, 292 ; II, *17-23, 25-37.*

— le Hardi, duc de Bourgogne : 26 n. 1, 27 n. 1, 117 n. 3, *193-194;* II, 11, 12.

— de Bourgogne, c^te de Boulogne et d'Auvergne : 14.

— de Rouvres, duc de Bourgogne et c^te d'Artois : 18 et n. 1, 19 n. 2, 20 n., 33 ; II, 7.

—, fils aîné de Robert Ier d'Artois : 7 n. 2.

Picardie, prov. : 9, 86, 113, 197-198, 200-202, 208 n. 4, 210, 300, 301, 375 ; II, 17-19, 22, 25-28, 31.

Piccolomini (Octave) : 362 et n. 2.

Picquigny, ch.-l. c., ar. Amiens, Somme : 324 n. 1.

Picquigny, Piquegni (Ferry de), vidame d'Amiens : 10 et n. 3-5, 11 et n. 5 ; II, 7, 147 et n. 1.

Pie II, pape : II, 35.

Pinchon (Richard), élu d'Artois, puis procureur général du duc de Bourgogne : 120 ; II, 36-38.

Piot (Charles), éd. de l'*Histoire des... altérations des Pays-Bas* de Renom de France et de la *Correspondance* de Granvelle, v. France (R. de), Granvelle.

Pirenne (Henri), *Histoire de Belgique*, tomes I à V, seuls parus (Bruxelles, Lamertin, 1900-1922 ; 5 vol. in-8°) : 32 n. 4, 87 n. 7, 88 n. 1 et 2, 144 n. 2, 194 n. 1 et 5, 197 n. 4, 199 n. 2, 202 n. 2, 204 n. 1 et 2, 205 n. 1 et 2, 208 n. 1, 3 et 5, 210 n. 1, 213 n. 3, 218 n. 1, 235 n. 1 et 4, 242 n. 2, 248 n. 2, 296 n. 1, 299 n. 4, 308 n. 3, 314 n. 3, 320 n. 2, 326 n. 3, 327 n. 2, 330 n. 1, 333 n. 2 et 4, 334 n. 2, 340 n. 3, 349 n. 1 et 2, 352 n. 2 et 3, 355.

Plaisance, duché. — Duc de —, v. Farnèse (Al. et R.) ; duchesse de —, v. Marguerite de Parme.

Plantin (Christophe) : 284 n. 1.

Plat-pays. — Députés du —, 38-39, 374.

Plessis-lès-Tours, com. La Riche, c. et ar. Tours, Indre-et-Loire. — Traité de — : 301.

Police : II, 59 ; v. aussi : **Maréchaussée.**

Poligny, ch.-l. ar., Jura. — Doyen de —, v. Boisset (Cl. de).

Pont-à-Vendin, Pont-à-Wendin, c. Lens-est, ar. B. : 156 n. 1, 182 n. 1.

Pont-du-Gy ou *Pont d'Ugy,* l. d., com. Duisans et Etrun, c. Vitry et Arras, ar. A. : 143 n. 2. — Quartier d'imposition du — : II, 167.

Pont-Rémy, c. Ailly-le-Haut-Clocher, ar. Abbeville, Somme : 314 n.

Ponthieu, rég. : 203 n. 3.

Poperinghe, prov. Flandre occ., Belgique : 308 n. 2.

Popuelle, Popieulle (Odet de), capitaine d'une compagnie wallonne : 182 n. 1.

Poré (Martin), évêque d'Arras : II, 19.

Porto-Carrero *ou* Puerto-Carrero (Hernan Tello), gouverneur espagnol de Doullens : 323.

Portugal, roy. : 115, 298 n. 5, 307 ; roi de —, v. Jean Ier.

Posti (Pierre), échevin de Nivelles : II, 186.

Poullet, éd. de la *Correspondance* de Granvelle.

Pragmatique sanction : 171, 235-236.

Pratz (Philippe), secrétaire d'Etat : 55 n. 4.

Prennes (Gérard de), agent des Etats en cour : 374.

Préséance aux Etats (ordre de) : 55-56.

Présence aux Etats : 51-53.

Presport (Théodore) : 166 n. 5.

Pressy (Michel de), s^r de Flencques, député général : II, 143.

Prestations en nature : 142-143,

pièces plus signalées du progres et besongné faict en la ville d'Arras et ailleurs, pour parvenir à une bonne paix et reconciliation avec Sa Majesté catholique par les Estatz d'Arthois et deputez d'autres provinces, par ou chascun peult cognoistre la bonne et sincere intention des dictes provinces reconciliées (Douai, J. Bogard, 62 ffnc., pet. in-8°) : 278 n. 2, 280 n. 1, 282 n. 2 et 5, 286 n. 3; II, 75, 76.

— *des Ordonnances des Pays-Bas; règne d'Albert et d'Isabelle,* éd. V. BRANTS, t. Ier, seul paru (Bruxelles, impr. Groemaere, 1917) : 325 n. 2, 326 n. 1.

Régie des impôts : 147, 150-152.

REIFFENBERG (Frédéric de), éd. des *Mémoires* de Jacques DU CLERCQ.

Reims, ch.-l. ar., Marne. — Capitaine général, v. Châtillon (G. de).

Reingout (Jacques), commis des finances et trésorier de l'Epargne de Philippe II : II, 69.

« **Rejonction** » (séance de) : 64-66.

RELATIO ad Sacram Cæsaream Majestatem eorum quæ per Suæ Majestatis commissarios in negotio pacificationis Belgicæ, Coloniæ peracta sunt, anno M. D. LXXIX; ex germanico in latinum sermonem traducta (Coloniæ, apud Lud. Alectorium et hæredes Jac. Soteris, 1579; in-fol.) : 286 n. 3; II, 76.

Rellinghem, v. *Rodelinghem.*

Rely (s^r de) : 37 n. 2.

Renesse (René de), c^{te} de Warfusée : 353.

Rennebourg (c^{te} de), v. Lallaing (G. de).

Rentes par lettres (impôts sur les) : 71 n. 2, 134-135, 157-158, 336; II, 55.

Rentes sur les Etats : XXIII, XXVIII, 147, *160-162,* 311, 321 et n. 4, 335 et n. 5, 336 et n. 5, 345 et n. 4, 360; II, 49, 54, 111, 112, 158, 159, 166-169, 193.

Renty, c. Fauquembergues, ar. St-O. : 165 n. 3, 180 n. 4, 239, 322 n. 3; II, 83. — Gouverneur de — : 170.

Renty (Oudard de), châtelain de Tournehem, puis prévôt de Montreuil : 21, 373.

Requesens y Zuniga (don Louis de), amiral de Castille, gouverneur des Pays-Bas : 83 n. 2, 190 n. 3, *254-256,* 293; II, 190, 191.

Revenus (impôts sur les), v. **Cinquantième, dixième, vingtième denier; Gain des marchands** (impôt sur le); **Rentes par lettres** (impôt sur les); **Traitements** (impôt sur les). — Exemptions, v. **Exemptions fiscales.**

Revenu commercial, v. **Gain des marchands.**

— **foncier** (impôts sur les), v. **Immeubles** (20e denier sur le revenu des).

Reversé (Antoine), abbé d'Auchy : II, 164 n. 3.

— (J.), v. Le Reversé.

Revestain, v. Ravestein.

Rhin, fl. — Palatin du —, v. Jean-Casimir. — Armée du — : II, 100, 102. — Vin du — : 131.

Richard II, roi d'Angleterre : 27 n. 3.

RICHARD (Jules-Marie), *Deux plans de Thérouanne* (dans le *Bull. de la Commission des Antiquités départementales du Pas-de-Calais,* t. V, n° 2, 1879; pp. 103-127; pl. h. t.) : 32 n. 6 et 7; II, 58.

—, *Mahaut, comtesse d'Artois et de Bourgogne (1302-1329)* (Paris, Champion, 1887; in-8°) : 9 n. 4, 238 n. 1.

Richardot (François, évêque d'Arras : 247, 303 et n. 4, 304 n. 3, 305 n. 1; II, 163 et n. 2.

Ruffault (Jean), trésorier général de Charles-Quint : 112 n. 2.

— (Jérôme), abbé de St-Vaast, député général : 107 n. ; II, 140, 156, 157.

Ruisseauville, c. Fruges, ar. M. — Abbé de — : 41 n. 7, 56 n. 1; v. aussi : Harlin (A. de).

Ruistre (Nicolas de), évêque d'Arras : 57 n. 2, 220 et n. 1 ; II, 44.

Rullecourt (s^r de). v. Olhain (J. d').

Rume (s^r de), v. Beaufort (Ph. de).

Rumilly, Romilli, c. Hucqueliers, ar. M. — Prieur de — : 41 n. 8.

Ruremonde, prov. Limbourg, Pays-Bas : 354; II, 108.

Rye (Claude de), b^on de Balençon : 357 et n. 5; II, 134.

— (Marc de), m^is de Varambon, gouverneur d'Artois : 165 n., 312 n. 3, 323 et n. 1 ; II, 84-86, 89-92, 100.

Rymersch (s^r de), v. Ghistelles (Arth.).

Sacquespée (Jean), receveur des aides d'Artois : 117 n. 3; II, 18, 23.

Sailly-en-Ostrevent, c. Vitry, ar. A. : 11 n.

Saint-André (fort de) : 330 n. 3.

— -*au-Bois*, com. Gouy-St-André, c. Campagne-lè-Hesdin, ar. M. — Abbé de — : 41 n. 7, 56 n. 1; v. aussi : Ostrel (J. d.).

Saint-André (Jacques d'Albon de), m^al de France : 238 n. 4, 239 et n. 1.

— (Jean de), v. Passyart (J.).

Saint-Aubert, c. Carnières, ar. Cambrai, Nord. — Abbé de — : 36 n. 2, 41 et n. 8.

Saint-Augustin, com. Clarques, c. Aire, ar. St-O. — Abbé de — : 41 n. 7, 56 n. 1.

Saint-Bernard, prov. d'Anvers, Belgique. — Abbé de —, v. Van der Noot.

Saint-Deliz (Antoine de), lieutenant du bailliage d'Amiens : 172.

Saint-Denis, ch.-l. ar., Seine : II, 150.

Saint-Germain-en-Laye, ch.-l. c., ar. Versailles, Seine-et-Oise : 10 n. 2.

Saint-Hilaire-Cottes, c. Norrent-Fontes, ar. B. : 151 n. 1.

Saint-Jean-au-Mont, com. Clarques, c. Aire, ar. St-O. — Abbé de — : 41 n. 7, 56 n. 1; v. aussi : Fachin (J.).

Saint-Jore (Jean de), conseiller du c^te d'Artois : II, 148, 149 et n. 2.

Saint-Martin (s^r de), v. Bailleul (Ant. de).

— (Perret de) : 20 n. 2.

Saint-Mauris (Jean de), président du Conseil suprême : 54 n. 4.

Saint-Omer, ch.-l. ar. : **xx**, **xxxi**, **xxxix**, 13, 14 n. 2, 15 n. 1, 16, 21, 24 n. 2, 25, 28 n. 1, 33 n. 4, 40, 42 et n. 1, 44 n. 6, 46, 47, 52 n. 3, 53 n. 4, 56, 61 n. 1, 62, 63 et n., 64 n. 2, 65 n. 1, 66 n., 68, 69, 71 n. 1, 76 n. 1, 77 et n. 3, 81 n. 3, 87 n. 6, 91, 92 n., 100 et n. 4, 101 et n. 2, 103 n., 119 et n., 120 et n., 123 et n. 3, 124 n. 5, 125 n., 127 n. 1, 149 n. 5, 150 n. 5, 152 n. 1, 161 n. 2, 164 n. 7, 167 n. 5, 189, 201 n. 2, 204 n. 6, 211, 214 n. 3, 216 n. 2, 219, 220 n. 1, 226 et n., 230, 233 n. 4, 236, 239 n. 1, 279, 301 n., 318 n. 7, 322 n. 2, 359, 361 et n. 2, 362, 363 n. 3; II, 7, 15, 19-21, 28, 29, 32-35, 39, 57, 58, 78, 80, 102, 148-150, 153. — Etats de la ville : 62 n. 1. — Echevinage de — : **xxxviii**, 7 n. 2, 28 n. 1, 34 n. 1, 45 n., 62 et n. 5, 63 n., 66 n., 76 n. 4, 91 n., 100, 101 n. 1, 103 n. 4, 107 n. 4, 120 et n., 123 et n. 3, 152 n. 2, 161 n. 4, 164 n. 7, 167 n. 5, 204 n. 6, 225 n. 2, 238 n. 2, 251, 257 n. 5, 328 n. 4; II, 165; échevins, v. Audenfort (Al. d'), Bersacques (J. de), Gamel (Al.), Le May (J.); jurés au Conseil, v. Rebecque (Al. de); mayeur, v. Bersacques (J. de), Heuchin (J. de); conseiller de —. v. Aubron (Ant.), Doresmieulx (Adr.), Hannedouche (S.), Locquet (G.), Sus-Saint-Léger (J. de); conseiller second, v. Richebé (J.); clerc de l'argenterie, v. Mondrelois; greffier, v. Brant; archives : XXXII, XXXVIII-XXXIX; II, 172 n. 1.

Evêché de — : 190; II, 58; évêque : 41; v. aussi : Haméricourt (G. d'), Six (J.). — Chapitre de de — : XXXVI, 41, 42 n., 52 n. 4, 274 n. 4, 327 n. 1; prévôt, v. Melun (Fr. de); chanoines, v. Campdaveine, Du Ploich (J.), Tilly (M. de); collégiale N. D. de — : 49; II, 42. — Abbaye de Saint-Bertin : XXXV, XXXVI, 7, 49, 52 n. 4, 183, 190, 201 n. 1, 230, 236, 267 n. 1; II, 42, 53, 57, 71; abbé : 41, 56 et n. 1; v. aussi : Berghes (A. de), Bristel (Al.), Espaigne (Eng. d'), Haméricourt (G. d'); prieur : 61 n. 4; grenetier : 44 et n. 1, 78; v. aussi : Falcuez. — Jésuites anglais : 136 n. 7; Jésuites wallons : 162 n. 8; Urbanistes : 135 n. 7.

Bailliage de — : 100, 175, 322 n. 3, 357; bailli : 44 n. 1; II, 148, 149; grand-bailli de —, v. Montmorency (R. de), Noircarmes; gouverneur de — : II, 197. — Quartier d'imposition de — : II, 167.

Saint-Pol-sur-Ternoise, ch.-l. ar. : 39 n. 1, 40 n. 2, 42 et n. 1, 46, 53 n. 4, 77 n. 3, 92 n. 5, 167 n. 2, 180, 182 n. 1, 317 et n. 1 et 3, 327 n. 1, 363 n. 3; II, 25, 88, 89, 91, 93. — Chapitre de — :

41 et n. 9, 181 n. 2, 325. — Sœurs grises : 135 n. 7. — Lieutenant de — : 317 n. 2. — Quartier d'imposition de — : II, 167.

—, comté : 20 n. 1, 39 n., 40 n. 2, 152 n. 1, 232-233, 239 n. 1, 322 n. 3, 362. — Cte de —, v. Luxembourg (L., P. et W. de); c^{sse} de —, v. Luxembourg (M. de).

« Saint-Prix » (s^r de), *vraisemblablement* : Croy (Ant. de), s^r de Sempy.

Saint-Quentin, ch.-l. ar., Aisne: II, 20.

Saint-Riquier, c. Ailly-le-Haut-Clocher, ar. Abbeville, Somme : 203 n. 3.

Saint-Valéry-sur-Somme, ch.-l. c., ar. Abbeville, Somme : 128 n. 1, 201; II, 25.

Saint-Venant, c. Lillers, ar. B.: c., ar. Abbeville, Somme : 128 n. 1, 201; II, 25.

Saint-Vérain, Saint Varain (Etienne de), s^r de Jussy, conseiller du c^{te} d'Artois : II, 148, 149 et n. 1.

Sainte-Aldegonde (s^r de), v. Marnix (Ph. de), Noircarmes (Ph. de).

— (Maximilien, c^{te} de), s^r de Noircarmes, gouverneur d'Artois: 373 n. 1; II, 86, 128-134, 209.

Salins, ch.-l. c., ar. Poligny, Jura. — S^r de —, v. Philippe II.

Salisbury, ch.-l. comté, Angleterre. — Evêque de —, v. Maupaiet (P.).

Samer, Samer au Bos, ch.-l. c., ar. Bo. — Abbé de — : 41 n. 8.

Sandoval (Francisco Gomez de), v. Lerme (duc de).

Sardaigne, Sardenie, roy. — Roi de —, v. Philippe II.

Sarrazin (Jean), grand-prieur, puis abbé de St-Vaast, puis archevêque de Cambrai, député général, conseiller d'Etat : 44 n. 4, 48 n. 6, 59 et n. 4, 79, 104 n. 5, 107, 264 n. 3, 265, 267, 269, 270

140, 157 n. 2, 248 sqq.; II, 63-65, 81, 189-190

— sur le **gain des marchands, sur les rentes par lettres, sur le revenu des immeubles**, v. : **Gain des marchands** (impôt sur le), **Rentes par lettres** (impôt sur les), **Immeubles** (20e denier sur le revenu des).

Vitoria, ch.-l. prov. Alava, Espagne : 252.

Vitry-en-Artois, ch.-l. c., ar. A. — Quartier d'imposition de — : II, 167.

Vos (Gérard de), s^r de Beaupré, lieutenant du gouverneur d'Arras, député général : 101 n. 3; II, 143.

Vrolan, com. Recques, c. Ardres, ar. St-O. : 203 n. 3.

VUITRY (Ad.), *Etudes sur le régime financier de la France avant la Révolution de 1789* (Paris, Guillaumin, 1883; 2 vol. in-8°) : 1 n., 8 n. 4 et 6, 12 n. 4, 15 n. 3, 16 n. 3, 17 n. 3, 19 n. 1, 22 n. 4, 73 n. 3.

WADDINGTON (A.), *la République des Provinces-Unies, la France et les Pays-Bas espagnols de 1630 à 1650* (Paris, Masson, 1895-1897; 2 vol. in-8°) : 350 n. 3, 351 n. 2, 352 n. 3. 353 n. 1 et 3, 354 n. 1, 355 n. 4, 356 n. 1 et 2.

Waal, fl. : 330 n. 3.

Wallons, Valones : 275, 279, 280 n., 282, 285 et n. 3, 289, 291-294, 296-298, 302, 303, 306-308, 348 n. 1; II, 198 n. 1.

Wamin, Wamain (s^r de), v. Fléchin (G. de).

Wandonne, com. Audincthun, c. Fauquembergues, ar. St-O. : 124 n., 125 n.

WAQUET (Henri), *le Bailliage de Vermandois aux XIIIe et XIVe siècles; étude d'histoire administrative*, fasc. 213 de la *Bibl. de l'Ecole des Hautes-Etudes*

(Paris, Champion, 1915; in-8°) : 21 n. 2, 22 n. 3, 34 n. 6; II, 10.

Warfusée (c^te de), v. Renesse (R. de).

Warlincourt (Guillaume de) : 168 n. 2.

Watten, c. Bourbourg, ar. Dunkerque, Nord : II, 114.

Waudripont, Wautripont (Antoine de), conseiller et maître des requêtes ordinaires du Roi : II, 47.

Waudrus (les), com. Warluzel, c. Avesnes-le-Comte, ar. St-P. : 234 n. 1; II, 56.

Weellemans (Cornille), greffier des Etats généraux : 263 n. 5.

Werquignœul, v. Verquigneul.

Westendorp (Georges de), docteur ès lois, conseiller au Conseil de Frise : II, 175, 185.

Westrehem, c. Norrent-Fontes, ar. B. : 155 n. 3.

Wez de Bourgonne (chemin du): II, 162 et n. 1.

Widebien (Charles), receveur des aides d'Artois : 121 n., 336 n. 3.

Wignacourt (Charles de), conseiller d'Arras : 113 n. 1, 328 n.
— (Charles de), s^r d'Ourton : II, 164.

Willerval (s^r de), v. Ongnies (Adr. d').

Wionville (s^r de) : 37 n. 3.

Wismes (s^r de), v. Montmorency (R. de).

Withmor, Wittamor, Witteboir (cap^ne) : 81 n. 4.

Wouters, agent en cour des Etats : 79.

Ypres, prov. Flandre occ., Belgique : 280 n., 283, 309. — Diocèse d' — : 41 n. 5; évêque d' — : 262 n. 4. — Grand-bailli d' —, v. Ghistelles (Arth. de).

Yves (Frédéric d'), abbé de Maroilles : 190, 262, 263 n. 1, 281 n. 5; II, 71.

Ligugé (Vienne)

Imprimerie E. Aubin.

Carte de l'Artois par quartiers d'imposition (1570)

Avis au Relieur

Cette carte doit être reliée en face de la page 146 du tome II

Henri PIRENNE
Professeur à l'Université de Gand

HISTOIRE DE BELGIQUE

Vient de paraître :

Tome V. — *Fin du régime espagnol. Le régime autrichien. La révolution brabançonne et la révolution liégoise.* In-8 de 584 pages. **30 fr.**

Publiés précédemment :

Tome Iᵉʳ. — *Des origines au commencement du XIVᵉ siècle.* In-8 de 462 pages, 4ᵉ édition . . . . **15 fr.**

Tome II. — *Du commencement du XIVᵉ siècle à la mort de Charles le Téméraire.* In-8 de 509 pages et une carte en couleurs, 3ᵉ édition. . . . . **25 fr.**

Tome III. — *De la mort de Charles le Téméraire à l'arrivée du duc d'Albe dans les Pays-Bas (1567).* In-8 de 510 pages, 2ᵉ édition. . . . . **25 fr.**

Tome IV. — *La révolution politique et religieuse. Le règne d'Albert et d'Isabelle. Le régime espagnol jusqu'à la Paix de Munster (1648).* In-8 de 648 pages. . **15 fr.**

ALBUM BELGE DE DIPLOMATIQUE, *recueil de fac-similés pour servir à l'étude de la diplomatique des provinces belges au moyen-âge,* publié sous la direction de M. Henri PIRENNE ; album grand in-4° contenant 76 pages de texte et 32 superbes planches en hélioteinte . . . . **50 fr.**

ALBUM BELGE DE PALÉOGRAPHIE, *recueil de spécimens d'écritures d'auteurs et de manuscrits belges (VIIᵉ au XVIᵉ siècle),* par J. VAN DEN GHEYN, S. J., conservateur des manuscrits à la Bibliothèque royale de Belgique ; album grand in-4° contenant 68 pages de texte et 32 superbes planches en hélioteints . . **50 fr.**

CUMONT (Franz), *Comment la Belgique fut romanisée* ; 121 pages in-8, 67 fig. . . . . **7 fr. 50**

CUVELIER (Joseph), archiviste général du Royaume, *Les origines de la fortune de la Maison d'Orange-Nassau ; contribution à l'histoire du capitalisme au moyen-âge ;* 114 pages in-8, 1 planche. . . . . **4 fr. 50**

GOSSART (Ernest), *Les Espagnols en Flandre* ; 341 p. in-16 . . . . **5 fr.**

— *Espagnols et Flamands au XVIᵉ siècle :*

    I. *L'établissement du régime espagnol dans les Pays-Bas et l'insurrection,* XII-329 pages in-8. . . . . **7 fr. 50**

    II. *La domination espagnole dans les Pays-Bas à la fin du règne de Philippe II,* VIII-303 pages in-8 . . . . **7 fr. 50**

    III. *Charles-Quint, roi d'Espagne, suivi d'une étude sur l'apprentissage politique de l'Empereur,* VIII-277 pages in-8. . . . . **7 fr. 50**

HIRSCHAUER (Charles), *Correspondance secrète de Jean Sarrazin, grand prieur de Saint-Vaast, avec la Cour de Namur (1578)* ; XXXVII-173 pages in-8 ; 1 planche. **12 fr.**

HUBERT (Eugène), recteur de l'Université de Liège, *Correspondance de Maximilien de Chestret, agent diplomatique du prince-évêque de Liège à Paris et à la Haye (1785-1794)* ; 370 pages in-4 . . . . **25 fr.**

LECLÈRE (Léon), *la Question d'Occident : les Pays d'entre deux de 843 à 1921.* — *Régions rhodaniennes — Alsace et Lorraine — Belgique et Rhénanie.* In-8. . . . . **12 fr. 50**

LEURIDENT (F.), *Lettres et billets inédits du prince de Ligne et de ses familiers* ; 1ʳᵉ série ; 170 pages in-8, un portrait, frontispice et deux planches . . . . . **5 fr.**

— *Inventaire sommaire des archives du château de Beloeil.* In-8 . . . . **10 fr.**

PERGAMENI (Charles), *l'Esprit public bruxellois au début du régime français,* XI-269 pages, in-8 ; 17 planches. . . . . **10 fr.**

PIRENNE (Henri), *Bibliographie de l'Histoire de Belgique.* 2ᵉ édition ; XVI-268 pages, in-8. . . . . **10 fr.**

SMETS (G.), *la Chronique de Dino Compagni.* 119 pages in-8. . . . . . . **5 fr.**